HEYNE FILMBIBLIOTHEK

JAMES DEAN

Seine Filme - sein Leben

von DAVID DALTON

Deutsche Erstveröffentlichung

WILHELM HEYNE VERLAG
MÜNCHEN

HEYNE FILMBIBLIOTHEK
Nr. 32/72

Titel der amerikanischen Originalausgabe:
JAMES DEAN – THE MUTANT KING

Deutsche Übersetzung: Antoinette Gittinger
Redaktion: Willi Winkler

2. Auflage

Umschlag- und Rückseitenfoto: Dr. Konrad Karkosch, München
Umschlaggestaltung: Atelier Ingrid Schütz, München
Printed in Germany 1985
Satz: Fotosatz Völkl, Germering
Druck und Verarbeitung: Ebner Ulm

ISBN 3-453-86072-1

Inhalt

Für B.A.M.

DANKSAGUNG

Ich bin all jenen Fans zu Dank verpflichtet, die mir für diese Neuausgabe über Jimmy schrieben: Bob Rees, Allen Abshier, David K. Bunton, Thomas Crown, Tom Fagan, Sharon Hauser, Elizabeth Milo, Larry F. Minor, und für die Organisation der gesamten Korrespondenz Sylvia Bongiovanni.

Ich möchte Antonia für ihre gelegentlichen Einblicke danken, Tina L'Hotsky, Valerie Boyd und Sylvia Price für ihren gelehrten Rat, Steve Yaeger für die Discographie und David Loehr – dem Oberdeanologen – für die Aktualisierung der Bibliographie.

Größten Dank schulde ich Carol Mann, meiner Agentin mit der Geduld einer Juno, Bob Miller, meinem Lektor und Antrieb, und Diane Mancher, die uns alle zusammengebracht hat. Nicht zu vergessen Sara Jones und Richard Sassin, die einander an Scharfsinn in nichts nachstanden. Und zuletzt – aber zuerst in meiner Wertschätzung – meinem Mitarbeiter und geistigen Führer, dem unermüdlichen, geflügelten Lynkeus mit dem trockenen unbarmherzigen Witz, dem *primum mobile* dieser Neuausgabe, Coco Pekelis.

Vorwort

Die heftige Psychodramatik in James Deans Leistung in *East of Eden* wirkt noch heute auf die, die mit ihm zusammenarbeiteten, zurück. Zwanzig Jahre, nachdem Dick Davalos neben Jimmy den Aron gespielt hatte, schien dieser noch nicht in der Lage zu sein, die Auswirkungen seines Kontakts zu Jimmy abzuschütteln. 1973, nach einem Interview mit Davalos für dieses Buch, begleitete ich ihn zu seinem Wagen. Mit erschreckender Plötzlichkeit drehte er sich um und schrie mit schriller Stimme: »Bist du fertig?« Man konnte hören, wie die japanischen Gärtner entlang des gesamten Mulholland Drive ihre Harken absetzten, und ich fragte mich – beinahe gelähmt durch seinen Ausbruch –, was ich wohl gesagt haben könnte, um einen solch unergründlichen Zorn hervorzurufen. Erst später wurde mir klar, daß es ein Zitat aus *East of Eden* war und Davalos noch immer den Aron spielte; zwei Jahrzehnte später trug er dieses Zitat immer noch mit derselben unterdrückten Wut vor, wie er sie auf James Dean losgelassen hatte, bevor dieser ihn zu Boden schlug. Was für einen Schlag dieses Phantom ihm verpaßt hatte!
In der Kraft, mit der Jimmy in seinen Rollen anziehen konnte, liegt etwas Lähmendes; nicht nur, daß sie »wirklicher als das wirkliche Leben« scheinen, sondern auch, daß sie ein ungezwungenes Eigenleben fortführen, besonders nach dem Tod. Das ist es, nehme ich an, was Geister ausmacht, und wenn James Dean ihrer aller entrückter Inkubus ist, ein kolossaler CinemaScope-Spuk, dann ist es Jimmys eigene Angst, die Davalos fürchtet.
Es ist genau so, wie es Tacitus über die Rachegeister sagte: »Sie schüchtern ein, damit nicht sie selbst sich fürchten müssen.«
»Besessenheit«, sagt William Burroughs, »ist die Grundangst. Es gibt nichts, was man mehr fürchtet oder was beschämender ist, als nicht man selbst zu sein.« Und es liegt etwas absolut Haarsträubendes in der rücksichtslosen Art, mit der Jimmy sich selbst den Rollen, die er spielte, preisgab, indem er sie mit der Dringlichkeit und Verzweiflung eines Liebhabers in einer autoerotischen Umarmung an sich zog. Beinahe beseelend nahm

er die Rollen in Besitz und doch war er derjenige, der von ihnen durchspukt und nie von ihrem eifersüchtigen Griff freigelassen wurde.
James Deans Identifikation mit seinen Charakteren war total. Motivation und Handlung gingen ineinander über. Selbstverkörperung und blinde Identifikation wurden *die* Merkmale des neuen Stars. Heranwachsende, genauso wie Schauspieler, haben sich noch nicht entschieden, wer sie sein wollen (zumindest nicht, wer sie *für immer* sein sollen), und sich selbst zu spielen, sich als einen Anderen darzustellen, ist die bevorzugte Art der Wiedererschaffung eines Jugendlichen. Jimmy stellte nicht nur sich selbst dar, sondern auch *uns*.
Als das erbitterte Kind von Eltern, die sich selbst betrügen, definiert sich James Dean in *Rebel Without a Cause*, als den künftigen Begründer einer neuen Gesellschaft. Durch die Einflüsterung, daß Teenager ihre eigene Familie schaffen könnten und durch Ausdehnung sogar eine Gesellschaft aus Jugendlichen, setzte *Rebel* die Idee einer Jugendkultur in Bewegung, und James Dean wurde zum Totem der Teen-Bewegung – zum Sammelpunkt für Fans, die sich gegenseitig an ihrer Schutz- (und Trotz-)Farbe erkennen können: Blue Jeans, rote Jacken, Stiefel, Himmelfahrtsfrisur oder einfach am Verhalten.
Allein in den USA gab es bereits ein Jahr nach seinem Tod vier Millionen beitragzahlende Mitglieder des James Dean Memory Ring und anderer Clubs, die sich ihm nach seinem Ende widmeten. Keine exklusive Gruppe, gewiß, aber das bloße Ausmaß seiner Anhängerschaft spricht für sich; im nächsten Abschnitt des Jugendtraums verschmolz sie mit dem Rock n' Roll: Es war gut, ein Teenager zu sein, vor allem ein entfremdeter, verletzbarer und potentiell ausbrechender. Teen zu sein wurde zum vollendeten Status; das Brandmal der Jugend wurde nun selbst gebrandmarkt und so zum Ehrenmal. Mit jeder Geste bestand Jimmy auf dem unantastbaren Wert der Jugend. Er hatte die Unterdrückten befreit und die pubertierende Meute, ob es nun gut oder schlecht war, auf die Welt losgelassen.
Am Anfang standen *East of Eden* und die Jugendrebellion, die er in seiner Breitwandbrust barg. 1956 war es zu spät, darüber nachzudenken, ob es eine gute Idee war oder nicht. So war es nun einmal, und kein Höchstmaß an Moralschelten würde irgend etwas ändern können. Die grenzenlose Suggestionskraft

von James Deans Image weihte nahezu jede jugendliche Pose, solange sie nur in irgendeiner Form eine Anspielung auf Jugendrevolte, Frustration, Selbstbestätigung, Entfremdung oder sonstige Arten des Sturms in sich barg, so wie sie von ihm eingebracht wurden. King Elvis nahm James Dean buchstäblich zum Vorbild (auch wenn man Jimmy kaum *dafür* verantwortlich

machen kann) und huldigte dem Regisseur von *Rebel*, Nick Ray, auf Knien in der Kantine der Warner Brothers. Elvis wollte der »James Dean des Rock n' Roll« genannt werden! Genauso wie Frank Sinatra erfolgreich (wenn auch ironisch) den feinfühlig angehauchten Macho dem Stil nach Montgomery Clift abschaute, versuchte Elvis in *King Creole* schamlos, eine Szene aus *Rebel* zu kopieren (wo Jimmy mit seinem Vater zusammenstößt). Die Drehbuchautoren Herbert Baker und Michael Vincente Gazzo wurden vom Produzenten Hal Wallis ausdrücklich gebeten, ihre Bearbeitung (von Harold Robbins' »A Stone for Danny Fisher«) so nahe wie möglich an *Rebel* zu halten, so daß für das junge Publikum die Parallele zwischen Elvis und Dean unzweifelhaft wäre.
Und dann wäre da noch seine androgyne Nachkommenschaft – Mick Jagger, David Bowie, Jackie Curtis. Jimmy erweiterte den Spielraum zugelassener männlicher Verhaltensformen. Für Jimmy war es in Ordnung, gefühlvoll zu sein oder ein Macho oder beides zugleich. Und als James Dean konnte man sich überall bewegen. Was man von Brando oder Elvis nicht sagen konnte, die zu unhandlich und theatralisch waren, um bequem in das durchschnittliche Vorstadtwohnzimmer zu passen. Auch wenn er oft das Attribut »der erste Rockstar« angehängt bekommt, könnten Jimmys Bongomanie und sein gefühlloses Gitarrenklampfen in *Giant* – es war so schlecht, daß Chill Wills ihm am Schluß eine Gitarre über den Kopf schmetterte – ihn ebenso als den ersten Punker qualifizieren und zwar auf der Grundlage aggressiven Halbkönnens. Es gibt auf jeden Fall eine Abstammungslinie von James, dem Täuferjohannes des Pop, zu dem selbstquälerischen Mönch des Punk, Sid Vicious. James Dean ging dem Rock n' Roll voraus und wird ihn am Ende wohl überleben.
Im Frühjahr 1974 habe ich aufgehört, an diesem Buch zu schreiben, aber durch Biographomanie und ungebremste Verehrung getrieben – ein chronischer Zustand, den Macaulay die »Lues Boswelliana« nannte – hat es nicht aufgehört, sich selbst zu schreiben. James Deans hypnotische Kraft hat in den nahezu zehn Jahren seit der Erstveröffentlichung dieses Buches zugenommen, zweifelsohne im Zuge ziemlich niedriger Ansprüche bei der Hochhaltung eines Heroenglaubens in den Siebzigern. Mehr denn je seit den Fünfzigern ist James Dean heute die inte-

grierende Heiligenfigur schlechthin. Er ist ein amerikanisches Objekt, dessen Wesen konzentrierte Energie ist, eine Vergegenständlichung von Verhaltensweisen, die unmittelbar und einfach genug sind, um zu einer Marke zu werden, deren Wert, wie der der Cola-Flasche, durch ständiges Wiederholen bekräftigt wird.
In Tokio gibt es heute Dutzende von Puzzles und Einkaufstaschen mit aufgedruckten Photos von James Dean, manche auf Leinen, andere auf Sakkos in Nieten-Stickerei und meist mit ehrfürchtigen Inschriften: »Es ist eine Tatsache, daß James Dean für drei spielte.« Mit solchen Taschen tragen japanische Punks verehrungsvoll ihre Kostüme der Fünfziger, und Chuck Berry wird in Kassettenform an Wochenenden in den Park verpflanzt.
Unter den Kleinkunsterzeugnissen, die man noch heute in Frankreich findet, sind ein James-Dean-Federkasten und ein James-Dean-Schlüsselanhänger mit einem Profilbild Jimmys aus *East of Eden* und der Inschrift: »Nur drei Filme und doch für immer in uns.«
In den Achtzigern machte Levi-Strauss eine Serie Werbespots, bei denen er James-Dean-Doppelgänger benutzte. Besetzung und Produktionsteam gingen nach Marfa in Texas (wo *Giant* gedreht worden war), um den ersten Spot vor der Fassade des alten Reata Anwesens abzudrehen, wobei man offenbar nicht mitbekommen hatte, daß es schon vor langer Zeit zerfallen und in Einzelteilen von Fans abtransportiert worden war. Nachdem man einen Behelfsbau, der Reata so ähnlich wie möglich war, hochgezogen hatte, zeigt der Werbefilm eine Jeans und Cowboyhut tragende Schauspielerin, die ihre bestiefelten Beine in einem alten Rolls-Royce Kabrio hochlehnt – in Anlehnung an die klassische Pose James Deans in *Giant.* In Frankreich ist Jimmys Image traditionell so mit Blue Jeans verwoben, daß eine riesige Anschlagtafel außerhalb von Paris nur sein Gesicht zeigen muß, um für Jeans zu werben.
Dann gibt es noch die »echten« Stücke vom »echten Kreuz«: »Die Krönung meiner James-Dean-Erinnerungsstücke«, schreibt ein Mitglied des James Dean Memory Rings, »ist ein Pflasterstein von Reata, wie er in *Giant* benutzt worden war. Dazu habe ich einen der Zaunpfähle, an denen Dean vorbeiging, als er im selben Film sein Land absteckte.«

Dieser Fetischismus kehrt in Robert Altmans Stück und Film, *Come Back to the Five und Dime, Jimmy Dean, Jimmy Dean,* wieder, in dem ein Fan (gespielt von Sandy Dennis) ein verrottetes Stück Pfefferkuchen hegt und pflegt, als geheiligtes Andenken an seine Statistenrolle in *Giant.*

1977, am zweiundzwanzigsten Jahrestag seines Todes, wurde eine Meile vom Schauplatz seines fatalen Unfalls, der Highway 46, entfernt, ein Ehrenmal für ihn geweiht. Das Monument aus rostfreiem Edelstahl umgibt einen Baum vor dem Postamt von Cholame in Kalifornien. Es soll die Kurve der Straße darstellen, auf der Jimmy starb. Errichtet wurde es von einem Unternehmer aus Tokio, Seito Ohnishi, der ein Fan von James Dean geworden war, nachdem er *East of Eden* gesehen hatte.

Als ich 1973 zum ersten Mal James Deans Heimatort, Fairmount in Indiana, besuchte, gab es noch keine Postkarten von Jimmy, keine Souveniraschenbecher und keine Gedenktafeln in der Aula seiner Schule. Man konnte – auf Anfrage – in einem dortigen Restaurant noch Erinnerungsdeckchen bekommen, und es gab noch ein paar Exemplare der Gedenkausgabe der *Fairmount News.* Aber die Bewohner der Stadt schienen es satt zu haben, über ihren berühmtesten Sohn zu sprechen. Dahinter steckte der Argwohn der Quäker gegen Götzendienst, Ruhm und Reichtum, und eine bodenständige Philosophie, die ihnen durch Jimmys Schicksal bestätigt schien. Jimmy hatte versucht, besser zu sein als sie, seine Herkunft zu vergessen, aber am Ende waren sie es, zu denen er zurückgeholt wurde. Sein Leben zu opfern für seinen Lebensstil, war eine so extreme Haltung, daß sie in ihren Augen seinen Erfolg praktisch vernichtete.

1980 (25 Jahre, nachdem Jimmy im Fairmount-Park-Friedhof zur letzten Ruhe gebettet worden war) stimmte seine Heimatstadt nach langem Hin und Her zu, des silbernen Jahrestags von Jimmys Tod mit einem viertägigen Festival zu gedenken, das nun jährlich stattfindet. Fairmounts Ehrung für Jimmy bestand aus einem Lassowettbewerb, Gottesdiensten und einer »Grand Old Opry«, in deren Mittelpunkt Elvis Presleys früherer Schlagzeuger D. J. Fontana stand. Lee Strasberg und Martin Sheen schlossen sich mit anderen Berühmtheiten dem Komitee an. Sheen, der seine Hochachtung für Dean mit der Verkörperung des Charles Starkweather in *Badlands* (der sich auch an Jimmy orientierte) bewiesen hatte, stiftete eine bronzene Gedenktafel

für die örtliche Schule und weihte einen Bronzestern an Jimmys Geburtsort, nahe bei Marion ein. Sheen sprach auch an Jimmys Grab: »Jim Dean und Elvis waren die Wortführer einer ganzen Generation. Als ich vor vielen Jahren auf der Schauspielschule in New York war, hieß es, wenn Marlon Brando neue Maßstäbe für Schauspieler gesetzt hatte, dann hatte James Dean es für den Lebensstil der Menschen getan.«
Sara Jones, die Agentin in dem Punkfilm *Smithereens!,* besuchte das Museum von Fairmount während des Festivals im letzten Jahr: »Das Museum ist randvoll mit Erinnerungsstücken. Sie haben vor, zum nächsten Festival in ein Haus um die Ecke zu ziehen. In einem Glaskasten sind die Cowboystiefel, die Jimmy in *Giant* trug. Viele Dean-Utensilien sind in solche Vitrinen eingefaßt, einschließlich der Trophäen, die er 1955 bei Autorennen in Palm Springs gewonnen hatte, drei erste Plätze und ein zweiter. Unter einem Photo von Jimmy, auf dem er sein Lieblingshemd trägt, weiße Baumwolle mit roten Streifen, ist das echte Hemd. Sie haben Photos von Jim, wo man ihn – bei seinem letzten Besuch zu Hause – auf einem »Sweetheart«-Ball sieht. Photos von seinem Schlafzimmer auf dem Bauernhof, von der Schulmannschaft, von der Übergabe seines Abschlußzeugnisses, ein Bild seiner Mutter ... Jimmys Bongos sind da und Schultrikots. Auch ein markierter Pflasterstein mit den Hand- und Fußabdrücken, die Jimmy als Kind auf dem zementierten Scheunenboden hinterließ, ist vorhanden. Genauso die Maske, die in *Giant* benutzt worden war, um das Make-up für sein Altersgesicht zu entwerfen. Kurz: alle Gegenstände von Fairmounts größtem Sohn.
Nur die schillerndsten Bilder von Begebenheiten aus Jimmys Kindheit sind überliefert: ein aus Pappkarton gebasteltes Theater mit Puppen als Schauspielern; Jimmy, wie er den Sarg seiner Mutter im Trauerzug begleitet, wie er ihr in der Aussegnungshalle einen Wunschzettel unter das Kissen schiebt – das Wunschspiel. Da die nötigen Einzelheiten unbekannt sind, ähneln diese verschwommenen Bilder folkloristischen Motiven. Sie sind leblos geworden, vielleicht, weil die Überlebenden so oft die gleiche Geschichte erzählen mußten, oder weil vielleicht für viele die Angelegenheit zu persönlich ist. Jimmys Vater, Winton, lebt in ständiger Angst vor dem Dean-Kult. Unablässig verfolgt vom Geist seines Sohnes, packt er, wann immer Journa-

listen oder Fans seinen Aufenthaltsort herausfinden, seine Sachen und verschwindet.
Es gibt auch solche, die meinen, daß Jimmy den Unfall überlebt hätte und noch unter uns wäre. Die geistreichste Idee stammt von Jackie Curtis, der glaubt, daß Andy Warhol James Dean *war* (dies wäre eine Erklärung für dessen Perücke und blasses Aussehen). In den Jahren nach seinem Tod erhielten Warner Brothers Tausende von Briefen, die an einen lebenden James Dean addressiert waren. Der Star als mystisches Wesen, Ersatz für Heilige, Könige, Helden, sogar Götter, ist bereits eine Spielform des lebenden Todes.
Natürlich glaube auch ich, daß James Dean lebt. Aber wo? Einen furchtbaren Moment lang habe ich geglaubt, es herausgefunden zu haben. Und die Wahl wäre typisch für Jimmy gewesen: ein schäbiges, heruntergekommenes Hotel nahe dem Times Square. 1973 mietete ich mich im Iroquois-Hotel in der 45. Straße ein (wo Jimmy im Sommer 1952 ein Zimmer mit Bill Bast bewohnt hatte), um das Gefühl von Jimmys ersten Tagen in New York nachzuvollziehen. Der Portier wußte die Nummer des Zimmers, in dem James Dean gewohnt hatte: 802. »Danach fragen sie alle«, sagte er. Das Hotel war nicht ganz belegt, also glaubte ich ihm. Eines nachts saß ich in der Badewanne, als plötzlich das Deckenlicht ausging. Ich streckte mich, um die Lampe neben dem Spiegelschrank anzuschalten und bekam einen solch unglaublichen Stromschlag, daß ich dachte, *ich* wäre tot. »Mein Gott, er ist es«, dachte ich in dieser Sekunde. »Er lebt noch immer hier.« Natürlich wäre ich nie auch nur annäherungsweise in der Verfassung gewesen, irgend jemandem von seinem Aufenthaltsort zu erzählen oder dieses Buch zu beenden, wenn ich mich für immer im James-Dean-Hotel eingerichtet hätte. Es kam mir später in den Sinn, daß dies auch durch Jimmys Kopf gegangen sein mag. Für einen Schabernack war er immer gut.
Wenn James Dean im selben Maß, wie er ein Star war, einen Lebensstil verkörperte, dann ist sein gewaltsamer Tod weiterhin *der* Vorwand für eine gespenstische Selbstbetrachtung Jugendlicher über das Leben nach dem Tod, Kommunikation mit Geistern und natürlich über ihren eigenen, sehr traurigen, wenn auch sehr fernen Abgang. Es ist genau die Sorte von gefühlsmäßiger Kränklichkeit, die Teenager, die sich das leisten können,

immer recht anziehend gefunden haben. Aber Kränklichkeit ist bloß das erste Stadium des Eingeweihten. Es ist nur ein kleiner Schritt von der irrationalen Trauer zu der Weigerung, an den Tod des Helden zu glauben. Dem Gläubigen ist auf jeden Fall der Tod von Übermenschen immer verdächtig, da er von der Unsterblichkeit seines Idols überzeugt ist.
1978 gründete Sylvia Bongiovanni mit anderen den »We Remember Dean International« (der einzige authentische James-Dean-Fanclub seit dem James Dean Memory Ring), der eine Monatszeitschrift herausgibt, mit Beiträgen von Fans, Dean-Erinnerungsstücken, Informationen, wie man was wo von ihm findet, photokopierte Artikel, Zeichnungen, Cartoons, Photographien, Interviews und Feinheiten wie das »Mini Rebel Quiz«: »Wie war Judys Telephonnummer????«
Doch müssen wir trotz Pilgerzügen, Fanclubs, verehrten Reliquien, Biographien und Verbindungen mit dem Dahingeschiedenen letztlich doch hinnehmen, daß wir Jimmy nie kennen werden. Je weiter wir uns von seiner Zeit entfernen, um so unmöglicher wird es, ihn aus seinem Mythos herauszuschälen. Immer mehr bekommen wir den Mythos James Dean als die lükkenloseste und bestverdauliche Geschichte dargereicht. Mythen als Hüllen ewiger Formen gehen in die Geschichte ein mit dem unbezwingbarsten Status – dem eines Stars.
Startum ist ein unbestrittener Aspekt bei James Dean, aber die trügerische Gewöhnlichkeit seiner Persona und die absolute Lässigkeit, mit der er sie annahm, waren es, die ihn so glaubhaft und wirkungsvoll machten. In seinem grundlosen Verbrechertum steckten Durchschnittlichkeit und eine beinahe statistische Normalität; es enthielt beinahe ebensoviel von Tom Sawyer wie von Kain. Jimmy löste eine kollektive Individualität aus, einen modischen Nonkonformismus, der zu den topmodischen Freaks der Sechziger überleitete und zu den phantasmagorischen Punks der Siebziger. Wenn er den Aufbau einer neuen Sensibilität demonstrierte, kodifizierte und kanonisierte Jimmy eine neue Kleiderordnung für Teenager und gab der Jugend ein Gesicht – sein Gesicht.
Alle seine Filme sind von einem kristallklaren Code belebt, und jeder Teen konnte das Unausgesprochene erfassen: Auch andere sind wie Du.
James Dean ist der vielschichtige Vater von uns allen, die

Sphinx, der jede Generation ihre Fragen stellt. Was der »Herr der Gestalten«, Osiris, im ägyptischen »Buch der Toten« über sich selbst sagt, könnte man in James Deans Mund legen, ohne eine Silbe auszustreichen:

> *Ich bin heute. Ich bin gestern. Ich bin morgen. Erdulde ich meine häufigen Geburten, so bleibe ich mächtig und jung.*

Als der erste Heros der Jugend und der letzte große Hollywood-Star löste Jimmy die Widersprüche des amerikanischen Lebens zum ersten und letzten möglichen Zeitpunkt auf, und sein von sich selbst berauschter Narzißmus machte aus ihm einen Spiegel, in dem jede Facette Amerikas sich wiederfinden konnte. Das Serienrätsel über James Dean als Star, Antiheld und Opfer. Durch sein Startum verschmolz er den Jugendtraum von der Unangepaßtheit mit dem amerikanischen Traum vom Erfolg. Die Widersprüche, die in diese Träume eingeschlossen sind (und in ihm selbst), verstärkten seinen Mythos nur und machten ihn zum Prototyp für das schizophrene Starsystem der Sechziger. Er machte den Status eines Stars zur allein-akzeptablen Erfolgsform, zur einzig wünschenswerten Form des Erwachsenseins. Diese Methode des Alterns, ohne erwachsen zu werden, fand ihre letzte Inkarnation bei Rockstars, einer Art ungesalbter Königlichkeit, die durch göttliches Recht regiert.
Als erster, der die Widersprüche des Pop einander gegenüberstellte, war Jimmy beides, ein Star und eine überzeugende Figur des Anti-Establishments. Nicht nur, daß Jimmy der erste Jugendrebell und der Prototyp des Rock-Stars war, er war zugleich der erste Pop-Star, die erste Person, die als populär verehrt wurde, die erste Pop-Persona. Wie die Philosophie des »rosaroten Cadillacs« der Rolling Stones schaffte es Jimmy, die Widersprüche zwischen antisozialer Haltung und geschäftlichem Erfolg durch Starruhm zu überwinden.
Gemäß Freud heißt »Unsterblichkeit, von vielen anonymen Menschen geliebt zu werden«. Aber Unsterblichkeit braucht Verkörperungen, und James Deans promiske Identität – auf der Leinwand und auch sonst – war beinahe allgemein und so umfassend, daß sie ihn zum Symbol für alles nur Vorstellbare machte: Stiernacken-Deans, motorradfahrende Deans, bongospielende Deans, empfindsame Deans hinter Brillengläsern, ländliche Cal-Trask-Deans, lebensgierige Streuner-Deans in Pariser

Bars, Punk-Deans, Leder-Deans und alle Schattierungen dazwischen – alle gehen sie auf ihn zurück: *Ich* bin Jimmy. Die ursprünglichen Beatles in Hamburg sind fünf James Deans, die sich an eine Wand lümmeln. Es ist der Frankenstein-Effekt, ein James-Dean-Bausatz: Schaff Dir Dein eigenes Bild. Da sie ihn in Tausenden von Verkörperungen herumtragen, ist jeder von ihnen James Dean. Die Einzelelemente sind ihrem Ursprung zurückgegeben.

Ich bin wie ein seit langem vermißter Knabe,
der abends das Vieh heimtrieb,
und nicht mehr gesehen ward, obwohl
der Himmel alle Sterne strahlen ließ.

aus: James Whitcomb Riley: »A Country Pathway«

KAPITEL I

Zwei Welten (1931–1940)

Jimmy wird in einer kleinen Stadt im Mittleren Westen geboren. Die Deans ziehen nach Kalifornien. Jims Mutter und ihr Tod. Er wird allein nach Indiana zurückgeschickt.

James Byron Dean wurde am 8. Februar 1931 in einer kleinen Stadt in Indiana geboren. Seine Mutter brachte ihn zu Hause zur Welt. Mit seinem ersten Vornamen wollte man den Geburtshelfer James Emmick und mit dem zweiten vermutlich den Dichter Lord Byron ehren.
Jimmy wurde unter dem Einfluß des Planeten Uranus, einem Lichtzeichen, geboren. Das Licht ist das Wesen des Feuers, des Nebels, der phosphoreszierenden Insekten, des Blitzes, der Kristalle und des Mondes. In dieses Element verwandelte sich James Dean. Auf der Leinwand leuchtete seine Anwesenheit mit unlöschbarem Glanz durch seine Augen, seinen Mund. Dieses Strahlen war so durchdringend wie das des Glühwürmchens. »Die Poetik im menschlichen Leben«, sagte Emerson, »ist das Licht, das den Hut des Mannes und den Löffel des Kindes beleuchtet ...« Als Schauspieler besaß er das geheimnisvolle Licht, dessen Glanz alle blendete. Doch wenn wir seine Tricks näher betrachten, fragen wir uns, warum wir sie nie durchschaut haben. Wie alles Vertraute, Unzugängliche und Veränderliche verschwand er, als man ihm endlich nähergekommen war, und hinterließ nur seine schillernden Spuren. Dies war James Deans Magie.
Marion in Indiana, Jimmys Geburtsort, ist eine Industriestadt, die ungefähr fünfzig Meilen nördlich von Indianapolis liegt. Dort verbrachte Jimmy seine ersten vier Lebensjahre, bis seine Eltern nach Santa Monica (Kalifornien) zogen. Winton und Mildred Dean waren beide aus Indiana gebürtig. Mildred (eine geborene Wilson) stammte aus einer Methodistenfamilie, die

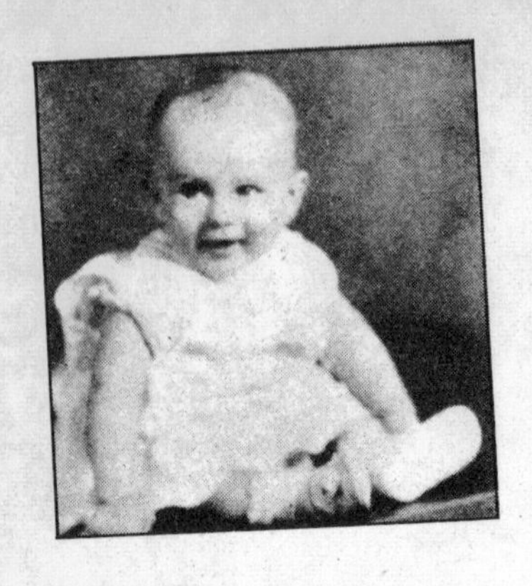

Links: Jimmy im Alter von vier Monaten. Rechts: Im Alter von zweieinhalb, mit Tante Ortense und Joan

auf indianische Vorfahren zurückging, und Winton kam aus einer Quäkerfamilie, die bis zur »Mayflower« zurückverfolgt werden kann.

Der Arzt verlangte für Jimmys Geburt ein Honorar von 15 Dollar. Das ist viel im Vergleich zu den 39 Dollar, die einst die Miami-Indianer für die ganze Stadt Marion erhielten. Doch beim Anblick dieser verwahrlosten Stadt scheint dieser Schleuderpreis berechtigt. Ihr Hauptbeitrag zur Zivilisation scheint die Erfindung des Papptellers zu sein. Marion ist eine typische Wegwerfstadt.

Jimmy verbrachte seine ersten Lebensjahre in dieser Stadt. Er wohnte mit seinen Eltern in den Green Gables Apartments, einem großen Gebäude, das in den zwanziger Jahren gebaut worden war. Als Jimmy drei war, gab sein Vater seine Arbeit als Zahntechniker am ›Marion Veteran's Hospital‹ auf, und die Deans zogen nach Fairmount, einer kleinen ländlichen Gemeinde zehn Meilen südlich. Sie lebten dort auf Ortenses (Wintons Schwester) und Marcus' Winslows Farm in einer kleinen Hütte am Back Creek, einem kleinen Strom, der sich durch die Farm schlängelte. Hier widmete sich sein Vater der seltsamen Aufgabe, Ochsenfrösche zu züchten. Vielleicht versuchte er, Exemplare mit sechs Beinen zu züchten. Damals in der Zeit der wirt-

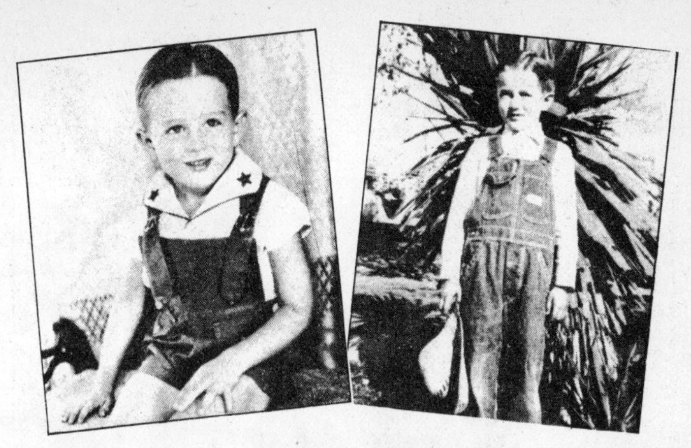

Links: Das Lächeln eines Dreijährigen. Rechts: Vor einer Yukka-Palme, im Alter von fünf Jahren in Los Angeles

schaftlichen Depression bestand noch keine Nachfrage nach Froschschenkeln als Delikatesse. Auf jeden Fall scheiterte das Vorhaben, und Winton, Mildred und Jimmy kehrten nach Marion zurück. Winton, damals ein Mann Anfang zwanzig, war groß und schlank und dunkelhaarig und blickte meistens finster. Er erwog nie ernsthaft, die Familientradition fortzusetzen und als Farmer zu arbeiten. Ihm behagte die gewohnte Krankenhausatmosphäre besser. 1935 ging er ans ›Sawtelle Veteran's Hospital‹ in Santa Monica, Kalifornien. Mildred war über den Umzug keineswegs entzückt, doch damals war die Lage weder in Marion noch in Fairmount rosig. Sie zogen also mit der gewissen Ernsthaftigkeit nach Westen, die James M. Cain in einem Roman beschrieb: »... Die Lage war ernst ... Ich zog nach Kalifornien ... und wanderte die schäbige Palmstraße hinunter. In meinem alten Gabardineanzug klimperten 18 Cents ...« Die Deans bezogen ein typisches südkalifornisches »cremefarbenes Stuckiglu«, wie es Jim Backus humorvoll in seinem Buch »Rocks on the Roof« beschrieb: »... Die Wände waren vier Fuß dick. Es war eine Art Miniaturfestung aus ›Beau Geste‹. Anstelle von Fenstern hatte es Schlitze, die offensichtlich dafür bestimmt waren, heißes Öl auf Hausierer zu schütten.«
Mildred blieb in Kontakt mit ihren Leuten zu Hause, sandte

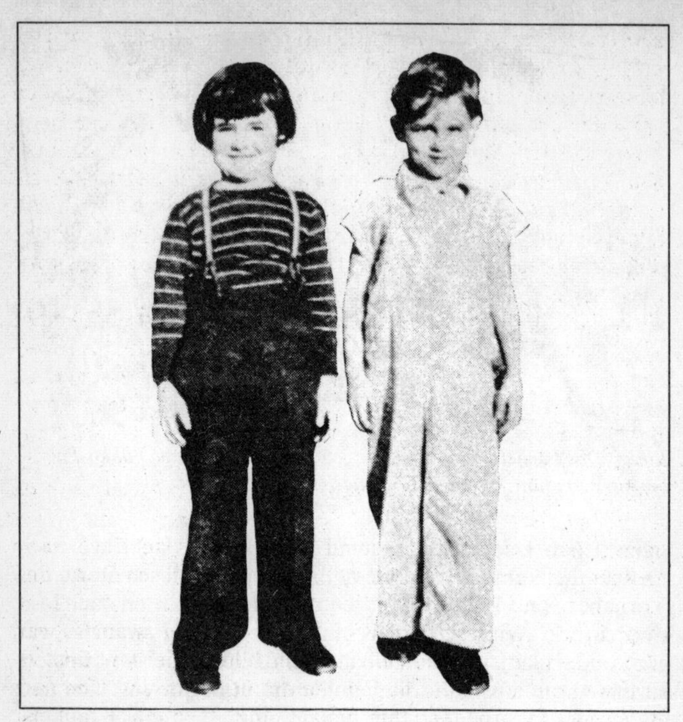

»Mein Liebling«

Wintons Verwandten in Fairmount häufig Fotos von dem kleinen Jimmy. Es gibt einen Schnappschuß von ihm mit fünf, vor ihrem Haus in Santa Monica. Seine Haare liegen glatt an. Er trägt einen Overall, hat einen Strohhut in der Hand und blinzelt gegen die Sonne. Er steht vor einer Yukka, die aussieht wie ein dorniges Ungetüm, das in feindlicher Absicht darauf lauert, daß er sich umdreht. Zum Geburtstag seiner Großmutter sandte er ihr ein Foto von sich und einem pummeligen kleinen Mädchen. Darunter stand: »Mein Liebling.« Das kleine Mädchen strahlt, Jimmy sieht mehr ironisch, ja kühl aus, als ob er auf der anderen Seite der Kamera stünde.

Jimmy sah als Kind sehr süß aus. Seine Großmutter pflegte zu sagen: »Er ist eine Mischung aus chinesischer Porzellanpuppe

und reifem Apfel, fast zu zierlich für einen Jungen.« Er wirkte kräftig, hatte aber eine zarte Konstitution, litt oft unter Nasenbluten und inneren Blutungen, die an seinen Armen und Beinen schwarze und blaue Flecken verursachten. Er war sensibel und wahrscheinlich durch das Interesse seiner Mutter an Poesie und Kunst beeinflußt. Ein Autor behauptete, Jimmys Rastlosigkeit sei darauf zurückzuführen, daß ihm seine Mutter die »Eumeniden« vorgelesen habe. Aber man kann sich kaum vorstellen, daß die Furien, die ihn plagten, den Rachegöttinnen der Antike entsprachen.
Es ist nicht bekannt, ob Mildred Dean wußte, wer Byron war. »Ich glaube nicht, daß sie wußte, welch großer Dichter Lord Byron war«, sagte Bing Traster, der aus einer alteingesessenen Familie der Stadt stammte. »Wohl trug sie bei Kirchenversammlungen Gedichte vor, wußte aber nichts von Lord Byron. Jimmy Deans Vater hatte einen Kumpel namens George Byron Fiest, und so kam Jimmy wohl zu diesem Namen.« (Bei den Farmern ist Byron ein beliebter Name, der weiter südlich B'arn ausgesprochen wird). Doch seine kalifornischen Schulkameraden fanden den Namen komisch und zogen ihn damit auf. Mildred Dean bastelte für sich und Jimmy ein kleines Theater. Auf einer Pappkarton-Bühne erfanden sie Spiele und benutzten Puppen als Schauspieler. An manchen Nachmittagen ließen sie damit ihrer Fantasie freien Lauf, vergaßen die Welt um sich. Eine der beeindruckendsten Episoden aus Jimmys Jugend war das »Wunschspiel«. Bevor er zu Bett ging, legte er einen Zettel unter sein Kopfkissen, auf dem ein Wunsch stand. Nachdem er eingeschlafen war, schlüpfte seine Mutter ins Zimmer, las den Wunsch und erfüllte ihn, wenn möglich, am anderen Tag.

Jimmy war fast neun und seine Mutter noch nicht dreißig, als sie über Schmerzen in der Brust klagte. Eine Röntgenuntersuchung ergab, daß sie Brustkrebs im fortgeschrittenen Stadium hatte. Im Mai 1940 schrieb Winton an seine Mutter nach Fairmount, daß Mildred im Sterben liege und sie bitte sofort kommen möge. »Nie werde ich den Tag vergessen, als wir den Brief erhielten, in dem uns Winton schrieb, daß Mildred, die so jung und reizend war, im Sterben liege«, sagte Emma Dean später. »Ich legte den Brief unserem Arzt vor, und er meinte, sie hätte noch sechs bis acht Wochen zu leben. Ich fuhr sofort nach Kali-

fornien. Als alles vorüber war, fuhr Jimmy mit mir und seiner toten Mutter zurück. Vorher hatte ich ein Gespräch mit Winton. Ich sagte zu ihm: »Überleg' es dir gut. Wenn du es über dich bringst, Jimmy mit mir kommen zu lassen, ziehen ihn Ortense und Marcus für dich auf.«
»Sie war erst 29«, sagte Winton Dean später zu »Modern Screen«. »Die Ärzte sagten mir, es sei hoffnungslos. Wie soll man einem achtjährigen Jungen beibringen, daß seine Mutter sterben muß? Ich versuchte es, doch ich schaffte es nicht. Mein Jimmy war immer ein schwieriger Junge gewesen, und die Beziehung zwischen uns war immer etwas distanziert.«
Kurz vor Mildreds Tod erklärte Winton seinem Sohn, daß die Mutter nicht mehr nach Hause zurückkehren würde. »Jimmy sagte kein Wort – sah mich nur an«, erinnerte sich Winton. »Nicht einmal als Kind sprach er über seine Gefühle.«
Nach Mildreds Tod erwog Winton, nach Fairmount zurückzukehren, doch ein Umzug hätte seine heikle finanzielle Lage, die durch die Krankheit seiner Frau entstanden war, noch weiter verschlechtert. »Ich hatte noch Arztrechnungen, Bestrahlungen und dergleichen zu bezahlen. Tagsüber, wenn ich bei der Arbeit war, hatte ich niemanden, der auf den Jungen aufgepaßt hätte. Ich mußte wieder Boden unter die Füße bekommen.« Winton hatte seinen Wagen verkauft, um die Operationskosten seiner Frau bezahlen zu können, und hatte nicht einmal mehr das Geld, um an der Beerdigung seiner Frau teilzunehmen.
Es schien am vernünftigsten, Jimmy zu seiner Schwester Ortense und deren Mann Marcus zu geben. Wintons Mutter Emma Dean bestärkte ihn darin: »Ortense ist die ideale Tochter und Marcus der ideale Schwiegersohn. Sie sind beide klug und freundlich und liebevoll, typische Quäker. Nie hört man von ihnen ein böses Wort. Jimmy wird sich bei ihnen nach dem Schock des Verlustes der Mutter wohlfühlen.«
Man weiß sehr wenig über Jimmys Mutter. Da es kein Foto von ihr gibt, kann man sich kein Bild über ihr Aussehen machen. Die Aussagen darüber sind widersprüchlich. Die einen sagen, sie sei »dunkel und mollig« gewesen, die anderen beschreiben sie als »blond und schlank«. Doch sie war in Jimmy verewigt: Seine sanften, fließenden Gesichtszüge wiesen auf seine Mutter hin. Am stärksten ähnelte er ihr im Alter von acht oder neun Jahren (als ob er die baldige Trennung ahnte, verewigte er ihre

Jimmy hatte die weichen Züge seiner Mutter – mit Natalie Wood in ›Rebel Without a Cause‹ (… denn sie wissen nicht was sie tun, 1955)

Gesichtszüge in sich) und wieder als Jett Rink in *Giganten* (1955). Hinter seiner herben Fassade schimmerte immer das Gesicht seiner Mutter durch – ein reines, unerreichbares Gesicht. Sie »liegt mir im Blut und flüstert mir zu und erfüllt mein Sein«, hatte Robert Louis Stevenson über den Einfluß seiner Mutter geschrieben.

Seine Mutter beeinflußte auch sein Verhalten. Jimmy suchte sein Leben lang nach einem Muttterersatz. Da war zuerst Ortense Winslow, seine Tante, die er »Mom« nannte, dann Adeline Nall, seine Lehrerin an der High School, die in ihm die Liebe zum Theater erweckte; in Santa Monica war es am College Jean Owen und in New York Jane Deacy, seine Agentin. In der Filmwelt spielten Julie Harris, Mercedes McCambridge und Elizabeth Taylor die Mutterrolle für ihn.

Barbara Glenn, eine Schauspielerin, die Jimmy Jahre später in New York traf, sagte: »Natürlich unterhielten wir uns über seine Mutter und seinen Vater und Ortense und Marcus, aber als Person stand ihm eigentlich nur seine verstorbene Mutter nahe. Ihr Tod war für ihn ein unwiderruflicher Verlust. Niemand auf der Welt konnte seine Mutter ersetzen.
»Er erzählte, sie habe lange schwarze Haare gehabt, sei schlank und wunderschön gewesen. Sie sei sanft und freundlich gewesen, und er fühlte sich von ihr sehr geliebt. Er liebte sie sehr und redete gerne über sie.
Als wir uns kennenlernten, sprachen wir viel über seine Mutter. Ich wußte nicht, daß Jimmy sich durch meine Ähnlichkeit mit ihr zu mir hingezogen fühlte. Er sagte mir, ich sehe aus wie sie – schlank, lange dunkle Haare ...
Jimmy war ganz schrecklich böse auf seine Mutter, die starb, als er neun Jahre alt war, und sagte: ›Wie kannst du mich verlassen?‹ Wenn er über sie redete, hatte man nicht den Eindruck, es mit einem Ein- oder Zweiundzwanzigjährigen zu tun zu haben. Er wirkte dann wie ein verlassenes Kind. Er hatte sie über alle Maßen geliebt, und sie hatte ihn verlassen. Ich glaube, das hatte eine nachhaltige Wirkung auf ihn, was sich auch in seiner Kunst ausdrückte.«
Jimmy war Ödipus und Hamlet zugleich – der Somnambulist, der in die Tragödie hineinschlitterte, und der Träumer, der sich seinen Weg erkämpfte. Diese Etiketten passen hervorragend in die Freudsche Psychoanalyse. (Freud sagte: »Alle Neurotiker sind entweder Ödipus oder Hamlet.«) Jimmy war im Innern von der Wirksamkeit magischen Handelns überzeugt, was auch die Quelle seiner Kraft wurde. Das war das Legat seiner Mutter.
In einem Interview mit Hedda Hopper erinnerte sich Jimmy an die Rollen, die er mit seiner Mutter spielte. »Als ich vier oder fünf war, kam meine Mutter auf die Idee, daß ich Geige spielen sollte – ich war ein sogenanntes Wunderkind. Meine Familie zog nach Kalifornien, und Mutter hatte die glorreiche Idee, ich müsse Steppen lernen. Als ich mit acht Jahren meine Mutter begraben mußte, begrub ich die Geige gleich mit.«
Arme Mildred. Sie wurde zu einer fiktiven Gestalt, die Quelle aller Deanschen Geheimnisse, die große Mutter einer Welt, von der ihr kleiner Prinz in einer Welt der ungehobelten Farmer träumte.

In der fiktiven Biografie »I, James Dean« des Autors T. T. Thomas beschrieb dieser Jimmys Ängste: »Ich, Jimmy Dean, wußte nie, wer oder was ich bin ... Ich war das Sinnbild der Hoffnungen und Träume meiner Mutter. Nachdem im Laufe der Jahre ihre eigenen Hoffnungen verblaßt waren, projizierte sie ihre Träume in mich hinein. Ich hatte nie die Chance, ich selber zu sein ...«
Dieses Bild von der überromantischen Mutter entspricht durchaus Jimmys eigenen Vorstellungen.
»Meine Mutter starb, als ich neun war. Was erwartet sie von mir? Muß ich alles selber machen?« sagte Jimmy später bei einem Interview mit der Zeitschrift »Look«.
Bill Bast, sein Zimmergenosse im College und später in New York, sagte: »Spielt es wirklich eine Rolle, ob sie Byron las oder nicht? Jimmy glaubte, sie habe ihn nach Lord Byron benannt, und das allein zählt.
Sie war eine Frau, die versuchte, ihn aus der ländlichen Umgebung, aus der sie kamen, abzusondern. Verdammt, ich kannte Mrs. Dean nicht, aber sie war bestimmt eine Romantikerin, denn immerhin nannte sie ihren Sohn Byron. Sie wußte, was sie tat. Sie ließ ihn Tanz- und Geigenunterricht nehmen, und das hinterläßt bei einem Jungen Zeichen. Dadurch versuchte sie, ihm ihre besondere Art von Liebe zu beweisen. Es ist unwichtig, ob sie es aus einer Neurose heraus tat oder nicht. Das Kind hatte den Eindruck, es sei etwas Besonderes.
›So, damit fängst du an. Du bist ein ganz besonderer kleiner Schatz. Und wir sind etwas Besonderes. Die Welt um uns herum ist fremd. Wir, du und deine Mommy, sind nicht wie die anderen.‹ Was erwartet man also von ihm? Die Mommy läßt ihn im Stich. Wie soll er sich verhalten? Plötzlich sagen, Mommy hatte unrecht, ich bin genauso wie die anderen? Nein, er sucht weiter sein Mutterbild und pflegt die Träume, die er mit ihr geträumt hatte. Jimmy läßt seine Kindheit hinter sich, die Phantastereien seiner Mutter, eine Chimäre der Illusionen. Diese Erfahrungen bewirken bei solchen Kindern eine verlängerte Kindheit, die ihnen einen speziellen, fast selbstgeschaffenen Wert verleiht, den sich die anderen wünschen und um den sie sie beneiden.«
1940 fuhr Jimmy nach Indiana und wußte noch nicht, daß er Vollwaise war. Er hatte Vater und Mutter verloren, denn in Zukunft sah er seinen Vater nur noch ganz selten. Die Welt, die

ihm seine Mutter hinterlassen hatte, war so komplex, daß er sich immer daran erinnern würde, und von diesem Zeitpunkt an betrachtete Jimmy die Welt voller Ironie.
Jimmy fuhr mit seiner Großmutter im selben Zug, der seine Mutter nach Fairmount zurückbrachte. In dem Film *The James Dean Story* versuchte Stewart Stern, der das Drehbuch für *Rebel Without a Cause* (... denn sie wissen nicht, was sie tun, 1955) geschrieben hatte, die Gedanken eines toten jungen Mannes über seine tote Mutter zu analyisieren: »Ich war böse. Wenn ich nicht böse gewesen wäre, wäre sie nicht gestorben. Sie hätte mich geliebt und sich um mich gekümmert. Wenn nicht einmal sie mich liebte, kann ein anderer es noch viel weniger. Ich war mein Leben lang böse.« Bevor Jimmys Mutter beerdigt wurde, schnitt er ihr eine Locke ab. Die ersten beiden Wochen in seiner neuen Heimat spielte er das »Wunschspiel« für sich allein.

KAPITEL II

Ein normales Leben (1940–1949)

Jugend in Fairmount. Onkel Marcus und Tante Ortense Winslow. Leben auf der Farm.

Von nichts kommt nichts. Bis ins 18. Jahrhundert bewahrheitete sich diese Binsenweisheit im Westen Amerikas, bis ein Ledernacken namens Martin Boots nach Indiana kam, einem Land, das so unheimlich eben war, als ob eine göttliche Hand es geebnet, alle Hügel und Mulden nach Süden und Osten verteilt hätte. Nach Boots tauchten eine ganze Menge seltsamer Namen auf – die Pynes, Noses, Ices, Inks, Doves, Seales, Woolens, Winslows, Wilsons und Deans. Diese Quäker hatten ein Land gesucht, das dem Nichts gleichkam und genauso flach und schmucklos wie ihr eigenes Leben war. Nach ihrer strengen Auffassung schien das Nichts immer noch zu gut für sie zu sein.
Die Nacht, das Meer, die Wüsten und Ebenen bilden den idealen Hintergrund für diese Idealisten. Auf diesem jungfräulichen, ungeformten Land konnten sie anbauen, was sie wollten. Die Leere, die sie vorfanden, war so klar wie das Auge eines Präriehundes: Indiana stellte ein unbeschriebenes Blatt dar, auf dem alles niedergeschrieben werden konnte. Es war ihre Bestimmung, das riesige Kaufhaus der Wünsche und Träume der Menschheit zu befreien. Auf ihrer Reise in den Westen hatten sie diese tausendfachen Fantasien gesät, doch wie im Falle des Goldenen Regenbaumes gab es nur einen Platz auf der Erde, auf dem diese Träume Wurzel fassen und gedeihen konnten – eine einzige Stelle, von der aus ihre unerschöpfliche Energie in das Innere der Welt strömen würde. Dieser Platz befand sich im Herzen Amerikas, in einer enttäuschend normalen Stadt. Diese Stadt war Fairmount in Indiana, die James Dean als seine Heimat betrachtete.
1885 wurde hier von einem Mann namens Bill Dolman der Hamburger erfunden. Bill und seine Frau besaßen einen Imbiß-

wagen, mit dem sie in Fairmount gute Geschäfte machten, besonders in der Rennsaison, wenn die Leute herbeiströmten. Als Bills Frau eines Tages krank wurde, verschrieb ihr der Arzt geräucherten Schinken und gepökeltes Fleisch. Bill machte Pastetchen daraus, damit sie es besser verdauen könnte. Als sich der Gesundheitszustand seiner Frau besserte, vermischte er den Schinken mit Hackfleisch. Ein Kunde sah Billy zu und fragte, ob er mal versuchen dürfe. Als sie regulär auf Bills Speisekarte erschienen, wurden sie ausschließlich aus Hackfleisch hergestellt, aber ursprünglich machte man sie aus »Ham« (= Schinken), daher der Name Hamburger.

Orlie Scott, ein Neunzehnjähriger aus Fairmount, der etwas Geld geerbt hatte, konstruierte einen Wagen, der ganz gut lief, aber keine Bremsen hatte. Dieser Wagen landete schließlich in einem Graben am Ende eines kleinen Hügels auf dem Fairmount Pike, ungefähr fünfzig Fuß von James Deans Grab entfernt.

Fairmount war auch die Geburtsstätte des Luftfahrzeugs. Die Idee hatte ein kleiner Junge, der aus der alteingesessenen Familie Wright stammte. Seine Brüder gingen nach Kitty Hawk, um ihre Testflüge zu machen, kehrten aber oft auf die Familienfarm zurück. Orville versuchte an seinem dreiundsiebzigsten Geburtstag zu zeigen, wie fit er noch sei, indem er eine Treppenflucht auf- und abrannte. Dabei erlitt er einen tödlichen Herzinfarkt.

Dann ist Fairmount auch berühmt wegen der Eistüten. Einst war Eis eine unerreichbare Köstlichkeit, von der die meisten nur träumen konnten. Erst die Eistüte machte es zugänglich. Ungefähr Ende des neunzehnten Jahrhunderts rollte der Fairmounter Bürger Cyrus Pemberton einen Pancake (eine Art Pfannkuchen) zu einer Tüte, die er mit Eiscreme füllte. Das war der Vorläufer der Waffeltüte, wie wir sie heute kennen.

Doch am berühmtesten wurde Fairmount durch James Dean, den Prototyp des amerikanischen Jungen, dessen Erfindung er selbst war.

Fairmount ist eine schlichte Stadt, und Schlichtheit ist eine angeborene Tugend von Indiana. Das bedeutet, daß man aufgrund seiner Abstammung mit jedem verbunden ist, mit dem man zusammen aufwächst, und man bildet sich nicht ein, besser

oder schlechter als der Nachbar zu sein. Fairmount ist ein ruhiger, schmuckloser Ort. Stewart Stern schrieb in »The James Dean Story«: »Es ist keine idyllische Kleinstadt, sondern eine nützliche Stadt ...«

Fairmount hat 2700 Einwohner und liegt vierzig Meilen nördlich von Indianapolis und vier Meilen westlich der Route 69. An der Abzweigung des Highway 22 und des Jonesboro Pikes liest man auf einem grün-weißen Schild: »Downtown Fairmount« (Innenstadt). Über der North Main Street erhebt sich ein grünes Laubgewölbe, gestaltet die Einfahrt in die Stadt feierlich. Alles hier wirkt sehr vertraut: das Weiß der guterhaltenen Häuser, das warme Rot und Blau der rostigen Schilder, das Gelb der Schulbusse und das Grün der Wiesen. Ein sommersprossiger Zeitungsjunge trinkt aus einer alten Wasserquelle, die schon seit Jimmys Zeiten hier steht, und der grüne Oldtimer neben dem Lebensmittelladen der Paynes scheint den Zeiten zu trotzen. Nur schwache Laute unterbrechen die Stille – das Klingeln von Fahrrädern, ein Vogel, das Rattern des alten CW & M-Busses, der zwischen Jonesboro und Fairmount hin- und herfährt.

Die Stadt gleicht einer der Miniaturstädte, die die Kinder zwischen ihrer Eisenbahn aufgebaut haben. Diese Durchschnittsstadt ist im Jahre 1970 noch fast genauso wie damals im Jahre 1949, als Jimmy nach Kalifornien ging.

Fairmount ist eine typische Quäkerstadt, und das bedeutet, wie der »Reader's Digest« einst schrieb: »Eine Stadt ohne Pomp, in der das Nichts gepriesen wird.« Auch James Dean konnte das Gleichgewicht dieses Ortes nicht stören.

Fairmount in Indiana ist auch mutatis mutandis Grover's Corners, Vermont. Dieser Ansicht sind auch die Bürger von Fairmount. *»Our Town«** war eines der ersten Stücke, das für die »James Dean Memorial Foundation« gewählt wurde. Jimmys alte Freunde und Lehrer wirkten dabei auch mit. Auch in den »Fairmount News« war zu lesen, daß dies eine ausgezeichnete Wahl war, »symbolisch für die Ehrlichkeit, Aufrichtigkeit und Wertschätzung, die Jimmys Beziehung zu den anderen kennzeichnete. Das ist ein Spiel des amerikanischen Volkes in grundlegenden Lebenssituationen. Fairmount verkörpert den Prototyp der Kleinstadt, die Amerika immer vorschweben wird, aber

* (Unsere kleine Stadt) v. Thornton Wilder

Payne's Lebensmittelladen. Ein Symbol der Zeitlosigkeit

es könnte genausogut eine andere Stadt sein. Immer wieder kehren die Helden in ihre Heimatstadt zurück: Gulliver nach Nottinghamshire, Quijote nach La Mancha, Odysseus nach Ithaka.

Ein lebensechter Gesetzloser, Jessies Bruder Frank James, zog sich nach Fairmount zurück, ebenfalls die Überlebenden der Dalton-Bande, denn sie hofften, die Kansas Rangers würden dort nie und nimmer nach ihnen suchen. Böse Jungs kommen immer von irgendwo anders her. – 1866 wurde in Amerika der erste Postraub von den Reyno-Boys, einer Bande aus Indiana, begangen.

1940 gelangte Jimmy zu Marcus und Ortense Winslows hübschem Vierzehn-Zimmer-Haus, das nach den Vorstellungen der ursprünglichen Besitzer, Anselm und Ida Winslow, gebaut wor-

Main Street, Fairmount

den war. Es liegt auf einem kleinen Hügel und überblickt 300 Morgen Land. Die nächsten neun Jahre verbrachte Jimmy auf der Farm von Onkel und Tante und freute sich, daß er in der Nähe seiner Großeltern Charlie und Emma Dean war, die immer noch das Land, das sie auf der anderen Seite Fairmounts besaßen, bearbeiteten, obwohl sie inzwischen in einem kleinen pinkfarbenen Haus in der Stadt wohnten.
Fairmount war an den Ufern des Back Creek, einem breiten grünen Strom, der durch die Winslow-Farm fließt, errichtet worden. Die Landschaft mit ihren Bäumen und Blumen ist üppig. Vor allem die Bäume bewogen die ersten Siedler, sich hier niederzulassen. (Je größer die Bäume, desto fruchtbarer der Boden, wird Ihnen jeder Farmer erklären.) Soldaten jagten den Mississenewa hinunter, um ein paar Indianer auszuheben.
Jimmy gefiel das Farmleben. Als er auf der Farm ankam, litt er unter Blutarmut. »Ich weiß nicht, ob ich nach einer größeren

Das Farmhaus der Winslows, in dem Jimmy aufwuchs

Lebensquelle ... oder nach Blut suchte.« Er mußte melken, das Vieh füttern, Eier holen. Marcus arbeitete allein auf der Farm, stellte nur gelegentlich Aushilfen ein. Jimmy bedeutete ihm eine große Hilfe. Nachdem er ein Jahr bei den Winslows war, konnte er Traktor fahren. Er zog das kleinste Ferkel eines Wurfs mit der Flasche auf. Wenn Jimmy mit seinem Hund Tuck über den Hof rannte, versuchte das kleine Ferkel, sie grunzend einzuholen. Joan, das einzige Kind der Winslows, war fünf Jahre älter als ihr Cousin. Jimmy konnte nie ruhig sitzenbleiben, war immer in Bewegung. Im Sommer lernte er schwimmen, indem er sich rücklings in den Fluß warf. Einmal balancierte er so schwungvoll auf dem Seil, das Marcus für ihn in der Scheune gespannt hatte, daß er gegen ein Rohr fiel und seine zwei Schneidezähne einbüßte.

»Gesund zu sein, kann riskant sein«, bemerkte Jimmy gegenüber Hedda Hopper, der Kolumnistin, die er später in Hollywood vorsichtshalber freundlich behandelte. »Man hat mehr Verantwortung. Das war 'ne echte Farm, auf der ich lebte, und ich arbeitete wie verrückt – solange man mich beobachtete. Doch wenn ich keine Zuschauer mehr hatte, gönnte ich mir im Schatten der Eichen ein Schläfchen und der Pflug mußte warten.«

»Meistens waren wir in Fairmount oder Marion«, erzählte Emma Dean. »Charlie und ich wohnen in der Washington Street in Fairmount, doch er arbeitet immer noch auf der Farm, wie er es von jeher getan hat. Charlie kann zwei oder drei Dinge gleichzeitig erledigen. Er war Börsenmakler, hatte einen Mietstall, verkaufte Autos und schickte Pferde ins Rennen. Jimmys Ahnengeschichte ist bis in die frühesten Anfänge Amerikas zurückzuverfolgen. Die Deans und Woolens kamen nach Amerika, als Grant County besiedelt wurde; die Vorfahren der Winslows kamen mit der »Mayflower«.

»Man könnte sagen, wir seien eine fest zusammengewachsene Familie«, sagte Emma Dean. »Das kommt daher, daß wir so lange am gleichen Platz gelebt haben. Die ersten Deans kamen von Lexington, Kentucky, und ließen sich um 1815 in Grant County nieder. Meine Familie, die Woolens und die Familie von Jimmys Mutter, die Wilsons, kamen um die gleiche Zeit hierher.«

Jimmy ging so oft wie möglich zur Farm seines Großvaters. Er spielte mit seinem Hund Tuck und zusammen jagten sie Hühner. Er fütterte die Kühe oder trottete hinter dem Pflanzenzüchter Bing Traster her, einem gutmütigen Baum von Mann. Bing, der jetzt achtzig war, hatte eine Medaille als »weltbester Lügner« gewonnen. Keiner sah darin einen Widerspruch zu der Tatsache, daß er gleichzeitig der ortsansässige Historiker war. Die Vorliebe dieser unerschütterlichen alten Quäker für unwahrscheinliche, phantastische Erzählungen steht in eigenartigem Widerspruch.

Genau das liebte Jimmy an Bing, der mit ihm die Doppelwelt, in der er lebte, erforschte.

»Jimmy, weißt du, wie die Eiskrem erfunden wurde?«

»Nein, wie denn, Bing? Weißt du es? Warst du dabei?« hatte Jimmy wohl voller Unschuld gefragt und sich auf die Geschichte gefreut.

»'türlich war ich dabei. Es passierte genau hier auf der Farm dei-

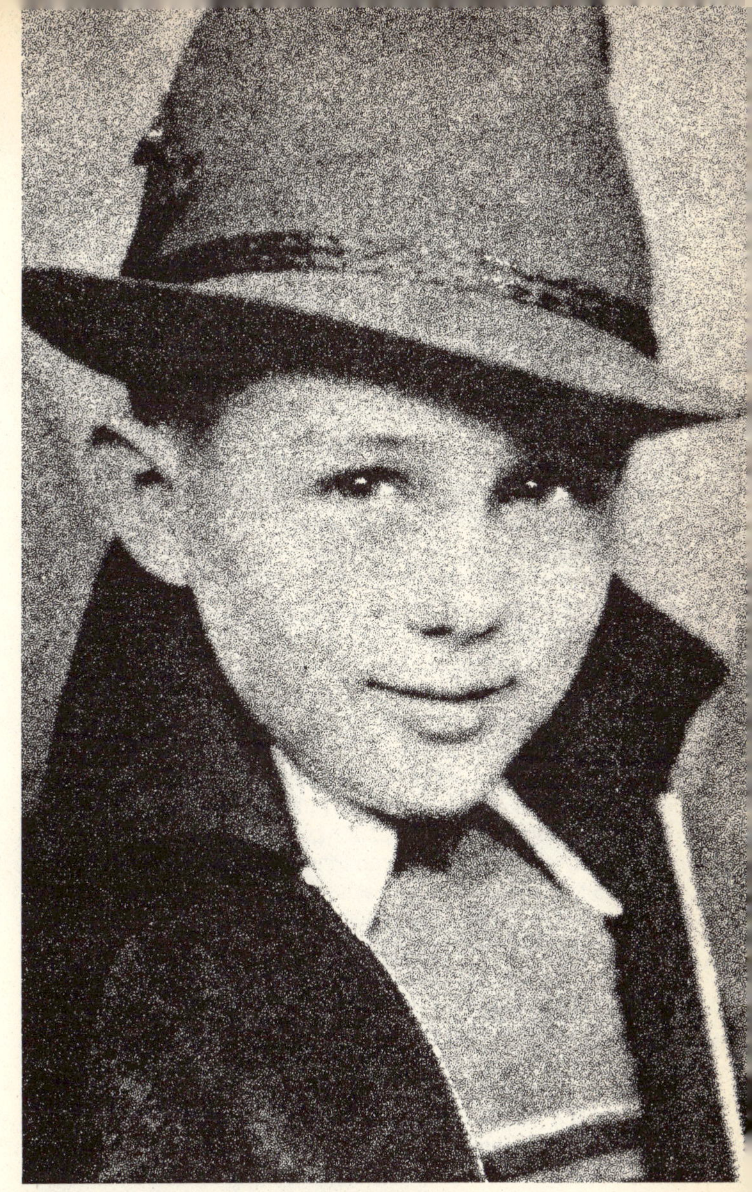

Mit neun Jahren kam Jimmy zu den Winslows

nes Großvaters. Eines Tages im August trieben wir die Kühe von der Weide ein. Es war unheimlich heiß, und die ganze Weide war mit großen weißen Körnern bedeckt. Die alte Bessie wußte nicht, was los war ... sie dachte, es schneite, bahnte sich ihren Weg durch diese weiße Landschaft und fröstelte wie im Winter. Als sie im Stall war, entdeckten wir, daß die Milch in ihrem Euter gefroren war. Aus dem einen kam Vanilleeis, aus dem anderen Schokoladeneis und so weiter heraus.«
Von der Zeit an, als Indiana besiedelt wurde, war es ein Rednerland, wo Wahlredner, Phrenologie-Professoren, Schweinehändler und Verkäufer eines alten indianischen Tonikums sich mit Predigern und Mitgliedern der Anti-Alkohol-Liga vermischten.
Im April 1877 wurde der Trenton Rock erschlossen. Man stieß auf »Jumbo«, eine der größten Erdgasquellen in diesem Land. Ein paar Monate später fing sie durch einen Unfall Feuer. Die Flammen waren vierzig Meilen weit zu sehen. Der Druck der Quelle war so groß, daß die Flamme ungefähr zwanzig Fuß über den Boden hochschoß. Man wußte nicht, wie man das Feuer bekämpfen sollte. Die Eisenbahn setzte spezielle Wagen ein, damit die Schaulustigen sich an Ort und Stelle begeben konnten, um das Phänomen zu begutachten.
Schließlich gelang es einem Wanderarbeiter, das Feuer zu löschen und zwar mittels Dynamit.
Jimmy liebte solche Vorfälle, die zeigten, wie absurd das Leben sein kann, und liebte es, Geschichten zu erzählen. Er berichtete einem Freund von einer »Entenkette«, die er einst erfunden hatte: »Ich fand heraus: Wenn man einer Ente ein Stück gesalzenes Schweinefleisch gibt, scheidet sie es in zehn Sekunden wieder aus. Ich nahm also eine Angelschnur und befestigte an einem Ende ein Stück Schweinefleisch und fütterte damit einen großen Enterich. Er hatte es in zehn Sekunden wieder ausgeschieden, und ich gab es einer anderen Ente und so weiter, und in Kürze hatte ich lauter Enten um mich, die wie Perlen an der Schnur aufgereiht waren. Das war ein Geschnatter!«
Die Weltwirtschaftskrise bedeutete eine harte Zeit für die Winslows. Doch es gelang ihnen, ihre Farm zu behalten und ihre Schulden zu zahlen. Sie behandelten Jimmy gut, achteten darauf, daß er genauso wie Joan behandelt wurde. Jimmy lohnte es ihnen, indem er Marcus in jeder Beziehung nachahmte. Er trug

ein T-Shirt und Bluejeans, ging etwas gebückt und mißtraute Fremden, führte seine Arbeit gewissenhaft aus und rauchte gelegentlich eine verbotene Zigarette, eine Camel.
Ortense nannte er »Mom«. Sie zog ihn wie ihren eigenen Sohn auf. Das Haus ist geräumig und hell; die dunklen Kirschholz-Paneele sind auf Hochglanz poliert. Der Besucher fühlt sich wie in einem riesigen Instrument – in einem Klavier oder Cello. Neben der Eingangstür steht der Fernseher, der mit einer Vase künstlicher Blumen und zwei eingerahmten Fotografien geschmückt ist. Es sind Fotografien von Joan und Jimmy. Am anderen Ende des Zimmers befindet sich ein großes Klavier, und gegenüber eine elektrische Hammondorgel.
»Jimmy inspirierte mich zu spielen«, sagt Ortense. »Nachdem er *East of Eden* (Jenseits von Eden, 1955) gedreht hatte, brachte er seine Bongos mit heim und trommelte die ganze Zeit darauf herum.«
Seit Jimmys letztem Besuch hat sich das Wohnzimmer kaum verändert, sieht aber keineswegs alt oder schäbig aus. Wie meistens auf dem Land, hält man sich überwiegend in der Küche oder in der Diele auf.
Auf dem Bücherregal unter der Treppe stehen die Bücher, mit denen Jimmy aufwuchs: »Boys and Girls in the Bible«, »Rover Boys«, Abenteuerbücher und ein paar Bibelausgaben. Am Ende der Treppe liegt Jimmys Zimmer. Als er einmal äußerte, wie sehr ihm das altmodische Bett in Marcus' und Ortenses' Schlafzimmer gefalle, stellten sie es in sein Zimmer und kauften sich ein neues. Auf einem Regal in seinem Zimmer stehen die Bücher, die Besucher den Winslows geschickt oder gebracht hatten. Das Zimmer ist holzgetäfelt, wie eine Schiffskabine, ganz auf einen kleinen Jungen ausgerichtet.
Draußen auf dem Rasen ist an einer alten Eiche eine Schaukel befestigt, die sich leicht im Wind hin- und herbewegt. Jimmys Fahrrad setzt im Keller Staub an. Alles scheint auf seine Rückkehr zu warten.
»Er war genauso wie die anderen Jungs, rannte immer hinter irgendeinem Ball hinterher«, sagt Marcus Winslow etwas vorsichtig. Für einen fast Siebzigjährigen sieht er blendend aus. Nach wie vor bewirtschaftet er die Farm selbst. Er trägt Bluejeans und ein weißes T-Shirt (Jimmys Lieblingskleidung), läßt sich aber nicht fotografieren. »Ich habe es schon tausendmal gesagt«, sagt

er, nimmt seine Co-Op-Kappe herunter und fährt sich mit seiner muskulösen Hand durch die Haare. »Jimmy unterschied sich nicht von den anderen Kindern, die hier in dieser Stadt aufgewachsen sind. Er spielte Baseball, ging am Sonntag zur Back Creek Quaker Church und arbeitete auf der Farm, raste mit seinem Fahrrad herum, mit dem wir ihn dann auch zur Schule fahren ließen.«

Seit Jimmys Tod pilgern die Leute zu der Farm, stellen die gleichen Fragen und sind ziemlich unbefriedigt von Marcus' einfachen Antworten. Die Beschreibung einer so durchschnittlichen Kindheit erweckt in den Besuchern den Verdacht, daß die Winslows etwas verschweigen oder einfach nicht fähig waren, das geheimnisvolle Kind, das sie adoptiert hatten, zu verstehen. Manchmal haben irgendwelche Reporter die Tatsachen ganz bewußt verdreht, um aus den einfachen Antworten der Winslows eine romantische Geschichte zu machen. »Erst letzten Monat«, sagt Marcus voller Erregung, »kam ein Reporter hierher, um Fragen über Jimmy zu stellen. Und was habe ich dann im ›Philadelphia Enquirer‹ gelesen? Ich hätte Katzen getötet. In meinem ganzen Leben habe ich noch keiner einzigen Katze etwas zuleide getan. Der Reporter hatte mich völlig mißverstanden. Ich hatte zu ihm gesagt: ›Ich bin so beschäftigt wie tötende Katzen.‹ Das ist ein altes Sprichwort. So wird einem das Wort im Munde herumgedreht.«

Doch obwohl Marcus von den Medien als T-Shirt-Typ und Ortense als Tränensuse (sie hält ein mit Veilchen besticktes Taschentuch in der Hand und unterdrückt die Tränen) karikiert werden, sind sie den ewigen Besuchern gegenüber erstaunlich tolerant. (Ein Fan ließ unter dem Vorwand, daß er eine Geschichte über Jimmy schreibe, ein wertvolles Album mit Baby-Bildern mitgehen, schwor, es zurückzugeben und ward nie mehr gesehn.)

Ortense spricht sanft und ist Fremden und Reportern gegenüber weniger mißtrauisch als Marcus. Sie hat Mitleid mit denen, die die Pilgerfahrt auf die Farm unternehmen, um Jimmy wiederzufinden. Doch in letzter Zeit wurde sie auch etwas argwöhnischer, wägt mehr ab, wen sie durch die Vordertür einlassen soll. Auf Bildern sieht man nie die Freundlichkeit, die sie ausstrahlt. Vor der Kamera erstarren ihre Gesichtszüge, so daß sie ungewöhnlich streng aussieht, dabei ist sie in Wirklichkeit sehr sym-

Jimmys Großmutter Emma Dean. Rechts: Jimmys Frisierkommode

pathisch. Viele Fans, die zur Farm kommen, erwidern ihre Freundlichkeit, indem sie ihr und Marcus oft schreiben, ihnen Blumen, Bilder und sonstige Geschenke schicken. Früher ließen sie manchmal jemanden übernachten. Zum Beispiel den alten Seemann Lew Shanks, eine Mischung aus Handelsmarine und buddhistischem Priester. Er meditierte und schlief in Jimmys Zimmer und sang an seinem Grab. Camper machten sich auf der Wiese breit, und an einem Wochenende kamen siebzig Autos.

»Wir sind es leid, ewig Auskunft zu geben«, sagt Marcus. »Das Schweigen ist die einzige Methode, die Leute aus Hollywood und die übrigen davon abzuhalten, alles auseinanderzunehmen. Sie können glauben, was sie wollen. Sie hören es nicht gern, daß Jimmy ein ganz gewöhnlicher Junge war, denn das liest sich nicht gut in der Zeitung. Also müssen sie sich etwas einfallen lassen und etwas schreiben, was sich interessanter anhört. Und damit beginnt der ganze Ärger. Aber, wie ich bereits sagte, Jimmy war genauso wie die Jungs seines Alters.«

Wenn nichts Besonderes an Jimmy auffiel, dann mußte es der Gesamteindruck sein, der seine Faszination ausmachte. Doch die Einzelheiten sind schon längst in Vergessenheit geraten. Le-

diglich ein Soziologe oder ein Linguist hätte hier in Jimmys Leben etwas Bemerkenswertes festgestellt, etwas, das man hätte ausschlachten können.
Wie sich Emily in Thornton Wilders *»Our Town«* (Unsere kleine Stadt) nach ihrem Tod erinnert:

»Es geht so schnell. Wir haben nicht die Zeit, einander anzusehen … Alles ging seinen Gang, und wir bemerkten es nicht. Laß mich zurückgehen, den Hügel hinauf – zu meinem Grab. Doch warte: erst noch einen Blick!
Lebwohl! Lebwohl Welt … Mama und Papa. Lebt wohl ihr Glocken … und Mamas Sonnenblumen, Essen und Kaffee, frischgebügelte Kleider und heiße Bäder … Schlaf und Erwachen. Solange man lebt, nimmt man das alles nicht wahr!«

James Deans Geheimnis liegt nicht in seinem plötzlichen Ende, sondern in seinen Anfängen. Jimmy war ein ganz gewöhnlicher Junge aus Grant County. Seine häufigen Besuche zu Hause, seine Anspielungen auf Indiana und die Farm, auf der er aufgewachsen war, sind wichtige Indizien. Sein Leben in Fairmount muß uns davon überzeugen, daß es repräsentativ für eine Kindheit in Indiana ist.

»Während der Junge hier mit uns lebte, passierte nichts Besonderes«, sagen seine Nachbarn in Fairmount, wo er zwischen dem neunten und achtzehnten Lebensjahr lebte. Sie meinen damit »nichts, worüber es sich zu reden lohnt«. Jimmys Kindheit ist eng mit seiner Heimatstadt, der Farm und den Leuten um ihn herum verbunden, denn die besonderen Qualitäten, die Jimmy auszeichneten, stammen aus der gleichen Quelle klaren Menschenverstandes, Fleißes und der Erfindungsgabe, die den Bürgern von Fairmount seit der Zeit, als sie sich hier angesiedelt haben, eigen ist.

»Die Atmosphäre eines Ortes ist eine Realität«, sagte D. H. Lawrence. »Verschiedene Orte auf der Erdoberfläche haben verschiedene Abwasser, eine unterschiedliche Vibration, unterschiedliche chemische Ausdünstung und unterschiedliche Polarität … Es ist eine Konvention, daß jede Lebensgeschichte eines Helden mit einer Schilderung geologischer, historischer, meteorologischer und genealogischer Umstände beginnt. Jedes Individuum ist ein Samenkorn, in das sich das Land einprägt, und es zwingt, seine

Fairmounts Grade School's Basketball-Team (Jimmy in der Mitte der oberen Reihe)

Ähnlichkeit wiederzugeben. Vielleicht wächst das Samenkorn in anderer Erde anders, aber es wird immer die Eigentümlichkeiten seiner Gegend behalten.«

Wenn der Mittlere Westen der »Mittelpunkt« dieses Landes ist, wo ist dann wohl sein Nabel?
Bei jeder Volkszählung in den USA von 1890 bis 1940 war der nationale Mittelpunkt der Bevölkerung Indiana.
Zwanzig Meilen südlich von Fairmount liegt Muncie, die Stadt, die der Soziologe Robert Lynd als Studienobjekt für Mittel-Amerika ausgesucht hatte. Er schrieb darüber das Buch »Middletown«.
Zwanzig Meilen nördlich von Fairmount liegt die Stadt Normal.
Fairmount erhielt seinen Namen im Jahre 1850 nach einem Park in Philadelphia; die ersten Siedler nannten es AI, was auf eine geometrische Achse, ein Zentrum, den unendlichen Punkt, hinweist. Aufgrund dieser Faktoren konnte Fairmount/AI als ge-

meinsamer Nenner für alles in Amerika betrachtet werden, eine Art Gleichung, die alle Möglichkeiten enthält.
»Der Mittlere Westen, das Prärieland«, sagte John Dewey, »war immer der Mittelpunkt, bildete das feste Element in unserem komplexen nationalen Leben und unserer heterogenen Bevölkerung. Er war immer der Mittelpunkt, im wahrsten Sinne des Wortes, zu jeder Zeit. Er hielt die Dinge zusammen, verlieh ihnen Einheit und Festigkeit.« Wahrscheinlich haben wir uns aus diesem Grunde unsere Helden immer aus der Prärie geholt – Gary Cooper, James Stewart, Thomas Edison, die Wright Brothers, F. Scott Fitzgerald, Marlon Brando, Montgomery Clift, den Astronauten Neil Armstrong (seine Familie stammt aus Fairmount) und Abraham Lincoln. In dem Film *Planet of the Apes* (Planet der Affen, 1967) kommt der Held Charlton Heston aus Fort Wayne, Indiana.
Die unbegrenzten Möglichkeiten der weiten Landschaft erzeugen Helden. Hier begannen Jimmys Träume, die ihn prägten. Auch nachdem er Fairmount verlassen hatte, war dieser Ort der feste Punkt in seinem Leben, zu dem er immer wieder zurückkehrte.

KAPITEL III

Schulzeit (1940–1949)

Grundschule. Lesungen für WCTU. Jimmys erstes Motorrad. Theateraufführungen an der High School. Sport und Rhetorik. Nach Abschluß der High School geht Jimmy nach Hollywood.

Im ländlichen Indiana hatte sich seit Penrods Tagen und dem Jahre 1940, als Jimmy zum ersten Mal in Fairmount zur Schule ging, nicht viel verändert. Vielleicht war es sogar das gleiche Klassenzimmer, denn die Grundschule in Fairmount ist ein schwerfälliger Bau aus Viktorianischer Zeit, mit eingehängten Holzpulten und hohen abgerundeten Fenstern.
Es war für Jimmy eine neue Schule, und der Wechsel schien ihm gut zu tun. In der Brentwood Public School in Kalifornien hatte er sich nicht wohlgefühlt. Dort war er ein armer Schüler und hatte oft Streit mit den Mitschülern. Doch in Fairmount freundete er sich schnell mit seinen Klassenkameraden an und hatte eine ältere »Schwester«, Joan, die ihm bei den Schularbeiten half. Wahrscheinlich schwammen Jimmy und Penrod durch manche gemeinsamen Tagträume. An manchem langweiligen Schulnachmittag hingen die beiden ihren Ideen nach, erlebten exotische Abenteuer, wie sie die Welt retteten, indem sie kühne Taten vollbrachten, der Wüste entrannen, ihre Stärke im Kampf gegen Alligatoren und Araber erprobten.
Jimmys Schulzeit spielte sich wohl ähnlich ab wie die Penrods, und doch gibt es Unterschiede. Der wesentliche Unterschied liegt darin, daß Penrods Hirngespinste niemals Gestalt annahmen. Doch Jimmys kleine Phantome wuchsen solange, bis sie so weit waren, in die Welt hinauszugehen.
»Als kleiner Junge hatte er eine mitreißende Lache«, sagte seine Grundschullehrerin India Nose, die sich an sein ansteckendes Gekicher erinnerte. »Ich höre ihn heute noch lachen.«
Die ersten Jahre in Fairmount schien er glücklich zu sein und

war ein guter Schüler, paßte sich dem ruhigen Leben der Leute um ihn herum an. Dennoch entdeckten seine Lehrer melancholische Züge an ihm. »Er war manchmal launenhaft und oft unerklärlich störrisch«, sagte Miss Nose. »Er war auch oft sehr vergeßlich. Plötzliche Fragen scheuchten ihn auf und schienen ihn in seinen Träumen zu stören. Er war ein sehr phantasievolles Kind.

Er äußerte sich nicht darüber, wie er den Wechsel in seine neue Familie empfand. Nur einmal brach er während des Rechenunterrichts in Tränen aus. Als man ihn fragte, wieso er weine, antwortete er: »Ich vermisse meine Mutter.«

In Fairmount wurde Jimmy immer als Außenseiter angesehen, als »der neue Junge« in der Stadt, mußte die peinlichen Musterungen ertragen, wie Jim Stark in *Rebel Without a Cause.*

Einige seiner Klassenkameraden sahen in ihm einen Waisenknaben. Wie sollte er den anderen erklären, daß nur seine Mutter gestorben war, sein Vater aber noch lebte? Auch wenn ihn die Winslows wie einen Sohn behandelten, war er doch nach wie vor Jimmy Dean.

Der junge Jimmy erfüllt somit die erste Anforderung der mythologischen Figur, er ist der Held, der irgendwie von seinen Eltern getrennt wurde, wie Ödipus oder Moses. Symbolisch bedeutet diese Figur – herausgerissen aus ihren Wurzeln und fremd in einem neuen Land – eine Brücke zwischen dem Land, aus dem sie kam, und dem, in das sie gehen wird. Sie gehört im Grunde genommen zu keinem.

»Ich begann im selben Jahr in Fairmount zu unterrichten, als Jimmy zu den Winslows kam. Es war 1940 – welch ein Zufall!«, sagte Adeline Brookshire Nall, Jimmys Lehrerin an der High School und erste Schauspiellehrerin. »Damals war sein Lehrer India Nose, ein guter Freund von Jimmys Mutter. Ich schaute mir den Jungen an. Er war ein kleiner Kerl von neun Jahren. Als wir 1940 an der High School Theateraufführungen brachten, luden wir die Schüler der Grundschule ein, zu den Proben zu kommen. Bei meinem ersten Spiel dort war Jimmy dabei. Jedes Jahr gaben wir zwei gute Stücke, also wuchs er mit dem Theater auf.«

Als Jimmy in der siebten Klasse war, ermutigte ihn Ortense Winslow, bei einer Lesung für die Women's Christian Temperance Union mitzuwirken. »Ich verspürte das Bedürfnis, es zu

Als der »neue Junge« in Fairmount mußte er die gleiche schmerzhafte Prüfung wie Jim Stark in ›Rebel‹ bestehen

versuchen«, erzählte Jimmy später Hedda Hopper. »Statt kleine Gedichte vorzutragen, rezitierte ich riesige Oden und war plötzlich ganz groß in meinen kurzen Hosen. Ich gewann alle Preise, die die WCTU anzubieten hatte, wurde ein richtiger Profi und nachher gewann ich auch noch den dramatischen Vorlesewettbewerb von Indiana, *The Madman.*«
Seine erste Lesung bei der WCTU brachte ihm einen Preis ein und ermutigte ihn, weiterhin dramatische Geschichten vorzutragen. Als nächstes wollte er die höchste Auszeichnung der WCTU, die ›Pearl Medal‹, erwerben. Er wählte ein rührseliges Stück, das gegen John Carleycorn und seine Saufbande gerichtet war, eine richtige Schmährede. Sie war »Bars« betitelt.
Mrs. Nall schlug ihm vor, einen Stuhl als Stütze zu benutzen. Als er seinen Text vorlas, hielt er sich krampfhaft mit seinen kleinen Händen an dem Stuhl fest.

Der Text, ein viktorianisches Rührstück, war wirklich nicht für einen neunjährigen Jungen geeignet; es war unwahrscheinlich, daß man ihm die Worte abnahm.
Am gleichen Abend, als die Lesung stattfinden sollte, fanden auch die Leichtathletikwettkämpfe an der Junior High School statt. Jimmy war hin- und hergerissen, doch Ortense bearbeitete ihn, sich der Leseprobe zu stellen. Vor der Lesung nahm das Komitee Jimmys »Bars« (hier: Stuhllehne) weg, da es nicht erlaubt war, sich auf etwas zu stützen. Jimmy fing an, stockte, stand da und sagte kein Wort, bis man ihn sanft von der Bühne drängte. »Ich erkannte dabei deutlich, was ich schon lange wußte«, sagte Ortense, »man konnte Jimmy Dean nicht zu etwas zwingen, wozu er keine Lust hatte.«
John Potter, der Direktor der Fairmount Junior High School sagte, Jimmy sei als Unruhestifter bekannt gewesen.
»Doch Kinder wie er erzählen einem den lieben langen Tag, man wolle sie in irgendwas hineinziehen«, erklärte Mr. Potter in dem ruhigen, auf Hochglanz polierten Flur der Schule. »Das ist kein schlechtes Zeichen, eher ein gutes. Es ist mir klar, daß er ein überaktives Kind war. Das ist oft ein Zeichen von Größe, und allzuoft geschieht es, daß ein überbeschäftigter High School-Lehrer ein Genie nicht erkennt, ein Kind wie Jimmy nicht versteht. Doch wenn man die Zeichen erkennt, sollte man sie fördern. Ich glaube nicht, daß Jimmys Lehrer sie erkannten.«
Da Jimmy bei den meisten Lehrern auf wenig Verständnis stieß, verschanzte er sich hinter Apathie, entwickelte ein »kühles« Verhalten gegenüber dem Lernen, den Lehrern und der Zukunft. Unverständnis führte zu Apathie und Apathie zu Rastlosigkeit. »Die Kinder in Jims Alter fanden, es sei nicht allzu wichtig, in der Schule gut zu sein«, erzählte uns Mrs. Nall. »Doch er war ein richtiges Energiebündel und trat allen möglichen Clubs bei.«
»Es stimmt, ich schenkte Jimmy viel Aufmerksamkeit, doch er verlangte danach. Wenn James Whitmore (ein Schauspieler, mit dem er in Kalifornien studierte) ihn nicht aufgefordert hätte, nach New York zu gehen, hätte er eine ganz andere Laufbahn eingeschlagen. Doch er ging nach New York, und er wußte, er mußte seinen Weg schnell machen. Es war eine günstige Zeit für ihn, und er wußte es.«

Adeline Nall, Jimmys Lehrerin an der High School und seine erste Schauspiellehrerin

Seine Mutter hatte es sich gewünscht, die Winslows hatten die Pläne unterstützt, und Mrs. Nall hatte ihm den Weg gezeigt, doch James DeWeerd, der Pastor der Fairmount's Wesleyan Church, hatte die Tore geöffnet. Er war eine starke Persönlichkeit, kultiviert, weltlich eingestellt und exzentrisch, immer zu einem Spaß aufgelegt. Aus dem Zweiten Weltkrieg kehrte er mit einer Menge Auszeichnungen und ein paar Narben heim. Die Jungs verehrten ihn, ganz besonders Jimmy.

»Jimmy war ein schmarotzerhafter Typ«, sagte Al Terhune, Herausgeber der »Fairmount News«. »Er lungerte immer um DeWeerd herum, übernahm dessen Manierismus und imitierte ihn, wo er konnte. Im Gegensatz zu den meisten Leuten, die Jimmy in Fairmount kannte, hatte sich DeWeerd in der weiten Welt umgesehen. Er war ein Kosmopolit, war mit Winston Churchill befreundet, und nahm auf Einladung der Königin an dessen Trauerfeierlichkeiten teil. Jimmy hatte Zutrauen zu ihm und vertraute ihm seine Geheimnisse an: »Jimmy sagte mir immer wieder, er müsse schlecht sein, sonst wäre seine Mutter nicht gestorben, und sein Vater hätte ihn nicht weggegeben.«

Fairmount sah in DeWeerd eine Kleinausgabe von Billy Graham, eine Kombination von Schauspieler und Prediger. In seinen Predigten war er unverblümt, witzig und kritisierte die Bürger von Fairmount und ihre Lebensweise ganz offen. »Je mehr du weißt, desto besser bist du«, sagte er zu Jimmy. Er führte ihn in die Kunst, die klassische Musik und Yoga (DeWeerd machte Yoga, um seine Kriegsverletzungen besser ertragen zu können) ein, erzählte ihm von Dichtern und Philosophen und zeigte ihm Filme von Stierkämpfen in Mexiko. Die Welt hinter dem Jonesboro Pike erschloß sich Jimmy mit all ihren Wundern und Schrecken. James DeWeerd fungiert in Jimmys Leben als der weise alte Mann im Märchen, die Verkörperung der geistigen Welt. DeWeerd hatte den Einblick, das Verständnis und eine gewisse Sympathie für ungeformte Ideen, nach denen Jimmy so sehr verlangte.

Eines Tages brachte Jimmy DeWeerd eine Tonfigur, die nur zehn Zentimeter groß war. »Was ist das?« fragte er. Jimmy zuckte die Schultern und sagte: »Das bin ich. Ich nenne es ›Mein Selbst‹.« DeWeerd befreite Jimmy von der Mittelmäßigkeit, die ihn umgab. Er unterstützte seine Idee der Isoliertheit. »Jeder ist die Quadratwurzel von Null«, pflegte er zu ihm zu sagen. Er

machte ihn auch auf den Philosophen Elbert Hubbard, der aus dem Mittleren Westen stammte, aufmerksam. »Konformismus ist Feigheit«, hatte dieser einst behauptet. »Es ist besser, in völliger Isoliertheit zu leben und die Gewißheit zu haben, daß man sich selbst treu gewesen ist.« Jimmy nahm sich das zu Herzen. DeWeerd brachte Jimmy auch das Fahren bei und nahm ihn in seinem Abschluß-Jahr zum Indianapolis-Rennen mit, wo er ihn Cannonball Baker, einem Rennas der damaligen Zeit, vorstellte. Auf der Heimfahrt unterhielten sich der Pastor und der Junge über Autos, Geschwindigkeiten, Gefahren und die Möglichkeit eines schnellen Todes. »Ich lehrte Jimmy den Glauben an die persönliche Unsterblichkeit. Er hatte keine Angst vor dem Tod, da er genauso wie ich glaubte«, sagte DeWeerd, »daß der Tod die bloße Kontrolle des Geistes über die Materie darstellt.« Nachdem Jimmy 1949 nach Kalifornien gegangen war, schrieb ihm DeWeerd fast täglich, fügte immer irgendein Sprichwort bei, das er Jimmy zum Auswendiglernen empfahl, damit er sein Gedächtnis schule. Jimmy war ein gelehriger Schüler und gab die Sprichwörter auch an seine Freunde weiter, wie zum Beispiel an Bill Bast, seinen Freund an der UCLA.
»Du gehst so schnell, daß alles an dir vorbeigleitet«, sagte Jim zu mir, berichtete Bill.
»So sehr ich mich auch bemühte, ich verstand nicht, was er damit sagen wollte.«
»Leute«, sagte er, »ihr sollt geben und nehmen.«
Wieder zergrübelte ich mir den Kopf, was er damit meinte.
Es ist nicht bekannt, ob diese Maximen Jimmy oder DeWeerd halfen, durchgeistigter zu werden. »Durchgeistigt? Ich verstehe nicht, was Sie meinen«, sagte Bing Traster, ein Mitglied von DeWeerds Kongregation. »Soll das heißen, daß er mit den Toten gesprochen hat oder dergleichen? Mir ist nichts davon bekannt. Doch wenn es einen geben sollte, der mit den Toten reden könnte, wäre es er.«
»Nun, ich möchte nicht das falsche Wort gebrauchen«, fuhr Traster fort, »doch ich denke, Jimmy war durchgeistigt. Nach dem Tod seiner Mama war er richtig trübsinnig und schaute von Zeit zu Zeit bei uns vorbei.

Er wurde so melancholisch, daß er nicht schlafen konnte, und kam an unserem Haus vorbei, wenn er zur Dean-Farm hinaus-

fuhr. Dort schöpfte er wieder Mut. Der allmächtige Gott half ihm dabei.
Als er sein Motorrad hatte, brauste er nachts an unserem Haus vorbei und brüllte: ›Hhheeyyy Bing!‹ Ungefähr nach fünfzehn Minuten hörte ich, wie er in die Stadt zurückfuhr. Bei meinem Haus, das die Stadtgrenze bildete, mußte er die Geschwindigkeit drosseln, um keinen Lärm zu verursachen. Als das geschehen war, brüllte ich: ›Hhheeeyyyy Jimmy!‹ Das machte ihm mächtig Spaß. Ich wartete immer auf ihn, um ihn nicht zu enttäuschen.«
1947 bekam Jimmy sein erstes Moped, ein Czech-Modell mit eineinhalb PS, das fünfzig Meilen pro Stunde machte. »Wenn er auch nur einmal gestürzt wäre«, sinnierte Marcus, »wäre vielleicht alles anders gelaufen. Vielleicht hätte ein einziger Sturz genügt, ihm Angst vor der Geschwindigkeit einzuflößen, doch er hatte keine Angst.«
Jimmy war nicht das einzige Kind in Fairmount, das ein Motorrad besaß. Eine kleine Gruppe von frischgebackenen Motorradbesitzern versammelte sich immer am Wochenende am Marvin Carter's Cycle Shop auf dem Fairmount Pike, zwei Häuser von der Winslow-Farm entfernt. Hier lungerten die Jungs herum, bastelten an ihren Maschinen und unterhielten sich über Motorräder.
Als Jimmy dies langweilig fand, verkündete er eines Tages durch den Lautsprecher, man würde ein fiktives Rennen veranstalten. Einer der Jungs erinnert sich, daß er »alle in Startposition gehen ließ und erzählte, wie das Wetter war, wer in Führung lag, wer bei der ersten Kurve ausfiel und wessen Motorrad in Flammen aufgegangen war. Er schilderte alles so lebendig, daß ich bald selber glaubte, ich nehme am Rennen teil.«
Jimmy liebte es zu schauspielern. Es war eine einfachere Methode, mit seinen Freunden zu verkehren. Er wollte wie sie sein, doch das Schauspielern unterstrich nur noch seine Andersartigkeit.

»Alles ist von Anfang an vorherbestimmt«, warnte der alte Fakir in *The Monkey's Paw*. In seinem 2. Schuljahr an der High School in Fairmount spielte Jimmy den Herbert White in diesem Stück voller Terrorballast, das beinhaltete, wie ein Junge wegen des unsinnigen Wunsches seiner Mutter getötet wurde. Der

Wunsch wird erfüllt, aber der Sohn muß sein Leben lassen. Wegen hundert Pfund fällt der arme Herbert einem tödlichen Unfall zum Opfer; er gerät in der Fabrik in ein Schwungrad. Die Moral von der Geschichte: Alles, was man sich wünscht, ist mit Unglück verbunden.

Im folgenden Jahr hatte Jimmy eine gute Rolle in *An Apple from Coles County.* »Er war in Hochform«, erinnerte sich Mrs. Nall. »Er malte die Kulissen und stellte sie auf. An der Wand sollte ein Schußloch sein, und er machte tatsächlich eines. Oh, ich hätte ihn umbringen können! Ich wollte es aufzeichnen, doch für Jim war das nicht echt genug. Er verursachte fast einen Aufstand, indem er die Kinder eines Nachts fast bis Mitternacht proben ließ. Und am nächsten Tag ... Mein Gott, die Leute riefen in der Schule an und machten Terror. Doch auch das konnte Jim nicht in seiner Haltung beirren: ›Wenn man spielen möchte, muß man alles daran setzen.‹«

Im Abschluß-Jahr verkörperte Jimmy in seiner Rolle als Großvater Vanderhof die bodenständige Weisheit eines Veteranen in *You Can't Take It with You.* Das Stück spielt in New York, hätte aber genausogut in Fairmount spielen können: Großvater: »Nun, Sir, wir sind jetzt 'ne ganze Weile ganz gut zurecht gekommen. Denk daran, das einzige, was wir wollen, ist zurechtzukommen und auf unsere Weise glücklich sein. Natürlich wollen wir gesund bleiben, aber sonst überlassen wir alles Dir, Allmächtiger. Vielen Dank!«

Als Jimmy die Rolle interpretierte, dachte er an seinen eigenen Großvater Charlie Dean. Seine Großmutter erinnert sich, wie er als Kind ihren Mann nachahmte, seine Arme genauso kreuzte wie sein Großpapa und ständig hinter ihm hermarschierte. »Das war mehr als ein kindisches Nachgeahme«, sagte sie. »Sogar damals schien Jimmy schon fähig zu sein, eine andere Person darzustellen.«

»Was die Autoliebhaberei anbetrifft, geriet Jimmy nach seinem Großvater«, sagte Großmama Dean. »Charlie kaufte 1911 seinen ersten Wagen und versetzte die Stadt in Angst und Schrekken, indem er mit 35 Meilen pro Stunde durch die Gegend raste. Jimmy fuhr zuerst auf einem Traktor und hatte dann seine Maschine. Wenn man einen Jungen aus Indiana mit einem Taschenmesser ausrüstet, weiß man, daß er irgendwann ein Haus besitzen wird.«

Im September 1948 begann Jimmys letztes Jahr an der High School in Fairmount. Die Klasse führte ein Tagebuch über alle Ereignisse. »Am 15. September 1948 begannen wir unser Abschluß-Jahr, indem wir die Klassensprecher wählten ... Im Dezember machten wir eine Weihnachtsfeier ...« Dazwischen wurden alle möglichen schulischen Ereignisse eingetragen.
Zu der Zeit gab es nur Unterhaltungsmusik, und auf der Hitparade standen: »Cow Cow Boogie« (The Ink Spots), »Open the Door, Richard« (Louis Jourdan), »Filipino Baby« (Tex Tyler) und der große Hit »Hillibillies are Sweet Williams Now« von den Hoosier Hotshots.
Bei einer Veranstaltung des Lions Club sprach Ralph W. Pack über die Pfadfinder. »Diese Organisation bildete sich in dem Wissen«, sagte er, »daß die Jungs Gesellschaft mögen, gerne in einer »Gang« sind, und dies ganz erstrebenswert ist, solange ihr Enthusiasmus und ihre Energie gelenkt werden.« Es wurde ein Sechser-Komitee gebildet, das das Problem der Jugendkriminalität studieren sollte.
Die Fairmount High School steht etwas ungeschickt an der Ecke der North Walnut und Adams-Street und wartet jedes Jahr im September auf den Schülerstrom.
Im Oktober leuchtete das Quäker-Power-Schild vor dem Gymnasium in orange-schwarzen Lettern, da das jährliche Halloween-Festival stattfand. Im Innern saßen Studenten und Eltern auf ihren Stühlen und sahen sich das Stück *Goon with the Wind* an, eine Parodie, in der Jimmy die Hauptrolle des Frankenstein innehatte. Er hatte Stunden mit seinem Kostüm und Make-up verbracht, um echt auszusehen. Es gelang ihm gut, das Dilemma des Monstrums aufzuzeigen – einer Kreatur, die nirgendwo hinpaßte. Es ist nicht überraschend, daß Teenager Interesse an Monstergeschichten zeigen, denn die Monster haben keine Furcht, können tun, was sie wollen. Sie können ein Haus niedertrampeln, ein Mädchen entführen, einen Supermarkt verschlingen und verschwinden, ohne Spuren zu hinterlassen.
Mit dem Erlös aus dem Festival wollte die Abschluß-Klasse einen Ausflug nach Washington machen. Barbara Garner Leach, eine Klassenkameradin von Jimmy, erinnerte sich: »Wir hatten genügend Geld für den Ausflug nach Washington, den wir Ende des Jahres unternahmen. Außer zwei oder drei Schülern fuhren alle mit ... Irgend jemand hatte uns gesagt, daß man

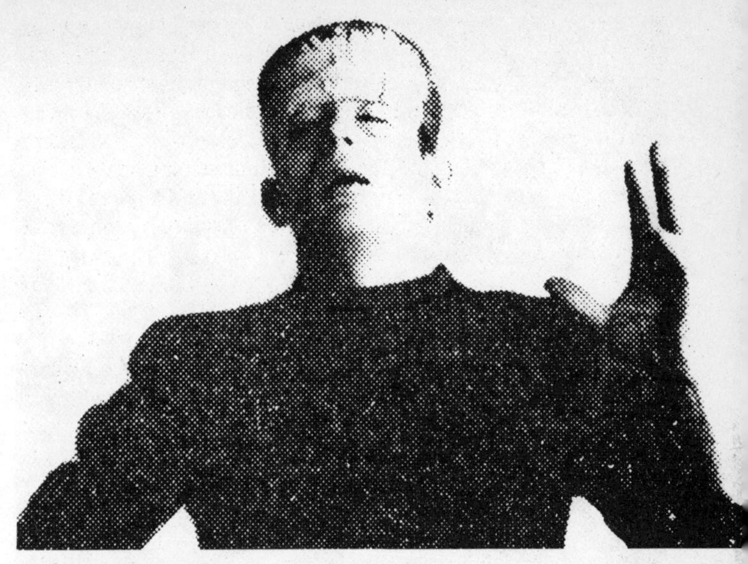

Jimmy als Frankenstein in ›Goon with the Wind‹

Washington am besten mit dem Taxi kennenlernen könne. In unserer Freizeit sah ich Jimmy nicht oft – er steckte meistens mit den Jungs zusammen, die in der gleichen Musikgruppe waren wie er. Als erstes sahen wir uns den Film *A Connecticut Yankee in King Arthur's Court* mit Bing Crosby an.
1949 hatten wir beschlossen, statt eines aufwendigen Balles diese Klassenfahrt zu machen. So fiel unser Abschlußball bescheiden aus; in einem Saal der Schule. Ein paar Jungs aus der Klasse besorgten die Musik, und ich glaube, Jimmy gehörte dazu. Er bediente die Trommel. Ich glaube nicht, daß er ein Mädchen dabei hatte. O ja, die Mädchen mochten ihn, aber er war nicht sehr interessiert.
Wir hatten bei diesem Ball nicht einmal etwas zu essen, waren auch sehr tanzfaul. Meistens hörten wir einfach der Musik zu. Nachher gingen wir noch zu einem Imbißstand, um etwas zu essen.«
Jimmy schrieb in das alte schwarz-goldene Jahrbuch: »Ich vermache mein Naturell Dave Fox.« Fox hatte Jims Vortrag im

1955 besuchte Jimmy wieder die High School in Fairmount und fand sie nicht sehr verändert

Rhetorikunterricht kritisiert und daraufhin versetzte ihm Jim einen Schlag auf den Mund und wurde vorübergehend vom Unterricht ausgeschlossen.
Die Winslows behandelten den Vorfall auf typische Quäkerart. Joe Hyams versuchte im »Redbook-Magazin« eine glaubhafte Interpretation der Reaktion der Winslows auf Jimmys Unterrichtsausschluß:
»Der Junge auf dem Motorrad preschte an der Back Creek Friends Church vorbei. Dann lenkte er die Maschine in die Einfahrt seines Hauses. Der Lärm der Maschine und das Rattern der Räder bewirkten, daß die Kühe im Stall unruhig wurden. Er eilte ins Haus. Aus der Küche rief Ortense: ›Bist du', Jimmy?‹
›Jaaah‹, sagte er.
Marcus saß im Wohnzimmer und las die Abendzeitung. Der

Junge mußte, um in sein Zimmer zu gelangen, an ihm vorbei. Statt dessen setzte er sich an den Tisch und wartete, bis Ortense verkündete, daß das Essen fertig sei.
Es war ein gutes Essen, das überwiegend schweigend eingenommen wurde.
Als Ortense aufstand, bot er ihr an, ihr beim Geschirrspülen zu helfen. Sie lehnte ab. Marcus war ins Wohnzimmer gegangen, und der Junge beschloß, sich in sein Zimmer zurückzuziehen.
›Jimmy‹, rief Marcus, der auf ihn gewartet hatte.
Er blieb vor der Treppe stehen und murmelte: ›Ja.‹
›Warum gehst du morgen nicht zur Jagd?‹
Der Augenblick, den er gefürchtet hatte, war gekommen und gegangen. Das war alles, was Marcus dazu zu sagen hatte. Jimmy murmelte: ›Okay‹ und ging in sein Zimmer hinauf. Doch er ließ die Tür offen, so daß er hören konnte, was unten gesprochen wurde.
›Was hast du zu ihm gesagt?‹ fragte Ortense ihren Mann.
›Ich sagte, er solle morgen auf die Jagd gehen.‹
›Aber Marcus, er wurde von der Schule gewiesen, das ist ernst.‹
›Was soll ich machen? Ich kann ihn nicht schlagen, dafür ist er zu groß. Und außerdem wäre das nicht richtig. Er soll sich selbst bestrafen.‹
Jimmy schloß sacht die Tür, zog seine Stiefel aus und legte sich aufs Bett. Er hatte wieder das unbehagliche Gefühl in der Magengrube. Er wollte nicht nach Hause kommen und den Schmerz in Marcus' Augen sehen. Aber er wußte nicht, wollte er bestraft oder in den Arm genommen oder ignoriert werden. Irgendwas hatte er gewollt – und es war nicht eingetreten.«

Adeline Nall äußerte sich über Jimmys Klasse: »Sie waren gesund, keine Drogen, kein Alkohol. Sie brauchten das nicht. Ja sicher, Jimmy fuhr weiter mit seinem Motorrad, aber ich wußte nicht, daß er ein wilder Fahrer war. Es war ein Kommunikationsmittel und ein lustiges dazu.«
Marcus sagte über Jimmys Schulprobleme: »Bei seinen sportlichen Versuchen zertrümmerte er fünfzehn Paar Brillen. Kaum hatte ich sie besorgt, waren sie schon wieder kaputt ... Die Direktorin bestellte mich so oft zu sich, daß es sich gelohnt hätte, mich in der Schule häuslich niederzulassen.«
In seinem letzten Schuljahr war er schwer zu haben. »Wir wuß-

ten nicht, was los war«, sagte Marcus. »Er ließ uns nicht mehr an sich ran, ließ sich nicht helfen. Wir waren mit unserer Weisheit am Ende. Er gehörte nicht mehr zu uns.«
Jimmy war ein Alchemist, der die meiste Zeit seiner Jugend damit verbrachte, die magischen Prinzipien seiner Kindheit beizubehalten und sie mit seinem zunehmenden Wissen zu behaupten.
Als er zu den Winslows kam, war er ein zartes Kind, doch er überwand seine physische Schwäche. Er wollte in allem der Beste sein, dabei den Anschein erwecken, als ob alles mühelos sei, so einfach wie das Kaninchen im Zylinder. Seine Fähigkeit, insbesondere in physischer Hinsicht Erfolg zu haben, bestärkte seinen Glauben an die Herrschaft der Magie: Er war ein hervorragender Hürdenläufer, war Bester im Stabhochsprung (trotz seines kleinen Wuchses und seiner mittelmäßigen Stärke brach er für Grant County den Rekord), und obwohl er so klein war, war er ein hervorragender Basketballspieler.
In einer kleinen Stadt wird sogar einem Nonkonformisten vergeben, wenn er ein erstklassiger Torschütze ist. Die Kluft, die sich zwischen Jimmy und Fairmount, zwischen ihm und den Winslows auftat, war während eines Basketballspiels verkleinert. »Jim ist unser bester Basketball-Boy. Wenn man ihm zusieht, fliegt die Zeit dahin.« Das steht unter Jimmys Bild im Jahrbuch. Doch man darf nicht vergessen, daß Jimmy ganz besonders hart arbeiten mußte, um so gut zu sein. Da er so klein war, schwebte er meistens in der Luft, um seine Tore zu schießen. Besonders erwähnenswert war das Spiel der Fairmount Quäkers gegen die Marion Giants. In der ersten Hälfte wollte den Quäkers kein Tor gelingen. Doch kurz vor der Pause gelangte Jimmy in Ballbesitz. Die Fairmount-Fans brüllten. Jim drang ins Feld des Gegners vor; ein Giant wollte ihm den Ball abnehmen, doch geschmeidig gab er ihn an seinen Mitspieler Rex Bright weiter. Die Giants kamen aber immer wieder dazwischen.
Die Fairmount News berichteten: »Eine Zeitlang schien es so, als ob die Quäkers ihre Rolle als Giant-Killers weiterspielen könnten; ihr Geist war willig, doch das Fleisch und die Knochen schwach.«
Die Giganten waren einfach zu groß, so daß die Quäkers schließlich, trotz ihres Einsatzes 34:40 verloren.

Jimmy brach den Stabhochsprungrekord für Grant County

Auch wenn sie verloren hatten, war es das beste Spiel der Saison. Dean war einer der herausragenden Spieler.
Jimmys Freundin Barbara Leach bemerkte: »Wer nicht in Indiana gelebt hat, weiß nicht, wie hoch hier der Basketball bewertet wird. Als ich von Long Island nach Indiana kam, hatte ich keine Ahnung von Basketball, hatte noch nie ein Spiel gesehen. Niemand glaubte mir. Es war hier üblich, am Freitagabend zum Basketball zu gehen. Dafür lieh man sich Vaters Auto aus.«

»Jim ist unser regulärer Basketballspieler, und wenn man ihm zuschaut, vergeht die Zeit wie im Flug«

THE FAIRMOUNT NEWS

ne LXXIV — Fairmount, Grant County, Indiana, Thursday, April 14, 1949 — Number 12

.H.S. Students Win State Meets

ALL AWARDED PLACE HONORS F. F. A. CONTEST

SSUP NAMED HEAD RICT SIX AT MEET. URDAY

all, Fairmount High homore was awarded in the state speech nsored by the Future America in their 20th ntion at Purdue Uniril 7, 8 and 9. The afety in the Modern e," will be used by n he represents Ind-F. F. A. regional conall at Waterloo, Iowa. al contest finals are ar during the national nvention at Kansas ember.

ds include $100 from Farmer Foundation, a from the state F. F. A. a Farm Bureau e displayed for one rmount High School "F" letter from the Chapter 62 of the Fus of America.

Elected

p was elected to act F. F. A. District Six the coming year. He ter Penrod, of Ches-, North Manchester, osen state president. that goes with the e is a Farm Bureau the National F. F. A Kansas City. Eddie chosen for the Dist-ry office.

Board Gets Water Works Report

Summitville Students Win Recognition In Geometry Contests

Bob Waller, son of Mr. and Mrs. Carl Waller and Joan Dickey, daughter of Mr. and Mrs. Eugene Johnson, both of Summitville, have received special recognition for excellent work which they did at the regional geometry contests held at Burris High School at Muncie, March 26. Both contestants, sophomores at Summitville high school, made scores in the upper 25% of scores made by contestants at regionals held throughout the state of Indiana.

The score made by Mr. Waller was only 3 points above that of Miss Dickey, and both contestants will be eligible to compete in the state mathematics finals at Indiana University, April 30. They will be accompanied to Bloomington by their instructor, Mrs. Doris Waymire, of Fairmount.

39 STUDENTS NAMED ON HONOR ROLL AT THE HIGH SCHOOL

MARTHA LEWIS IS ONLY STUDENT PLACED IN "A" GROUP

Thirty-nine students were plac-

DISTRIBUTION SYSTEM WHOLLY INADEQUATE TO SERVE FAIRMOUNT

BURDEN ASSOCIATES MAKE REPORT TO BOARD AT A SPECIAL MEETING

"A distribution system which is wholly inadequate, a pumping system which is in good condition, water that is good, and rates that are far too low," was the way in which Martin L. Burden, of the firm Burden & Associates, of Alexandria, summed up his report following a complete survey of the water works department, to the town board at a special meeting held at the town hall Monday night.

Mr. Burden stated at the beginning of his report that board members would be discouraged after hearing his findings, but that many other communities in the state were having the same troubles, although the conditions of the distribution system of the Fairmount unit was one of the worst his firm had investigated.

Getting into the report, Mr. Burden stated that the wells owned by the city were in good condition and the pumping equipment was also good. He recommended a few changes in the pumping system, eliminating dan-

Bring Honors to Fairmount High

JAMES DEAN

DAVID NALL

Churches to Present Easter Programs

MUSIC, CANTATAS WILL BE FEATURE OF SPECIAL OBSERVANCES

RALPH W. PACK WAS

JAMES DEAN FIRST PLACE WINNER IN DRAMATIC SPEAKING

WILL CONTEST IN N. F. L. FINALS AT LONGMONT, COLO. APRIL 29-30

James Dean, Fairmount High School senior, was awarded first place honors in the National Forensic League contest, April 9, at Peru High School, Peru, Ind. "The Madman," by Charles Dickens was the title of the dramatic reading with which Dean won top honor.

He spoke in two rounds Friday, and the third preliminary round Saturday morning. If a student placed first, second or third in the preliminary events, then he was qualified to participate in the finals at 11 a. m. Saturday. Dean placed first in the first and second rounds, and second in the third round.

Seventeen students entered the dramatic declamation contest with only six speaking in the final round. Students in the finals were from Fairmount, Howe Military Academy, Howe, Ind.; Garfield High School, Terre Haute; Peru High School, and two other schools.

By winning first place Dean is eligible to enter the national speaking tournament of N. F. L. which is scheduled to be held in Longmont, Colo., April 29-30. Plans are being advanced for Dean to go to Colorado, accompanied by his speech teacher, Mrs Adeline Brookshire.

Dean is a member of the National Thespian society of which he is local president; member of Debate club, member of the track

Im Frühjahr 1949 sorgte Jimmy für Schlagzeilen

Mehrere Jahre später erinnerte sich ein Sportreporter aus Marion, der im Fernsehen *East of Eden* (Jenseits von Eden, 1955) gesehen hatte, an dieses Spiel und an Jimmys hervorragende Rolle darin. Er bat Paul Weaver um ein Interview, und der sagte über Jimmy: »Er war ein exzellenter Spieler und guter Gegner, ein typischer amerikanischer Boy. In seinen Filmen findet man einiges davon wieder: seine Ruhe, seine sanfte Stimme und seine Reserviertheit.« Trotz seiner guten sportlichen Leistungen, machte er im Frühjahr 1949 aufgrund seiner rhetorischen Fähigkeiten Schlagzeilen. Er hatte bei dem Wettbewerb der National Forensic League, der in Peru, Indiana, abgehalten wurde, den ersten Preis gewonnen. Das ebnete ihm den Weg zu den »Nationals« in Longmont, Colorado.

Nachts las er mit einer Taschenlampe seinen Text. Er hatte »The Madman« aus Charles Dickens' »Pickwick Papers« gewählt. Begleitet von Adeline Nall und den guten Wünschen der Bürger von Fairmount begab er sich nach Longmont. In der Zei-

tung war zu lesen: »Jim und Mrs. Brookshire (Nall) fuhren am Mittwoch um 11.30 Uhr los und kamen um 2.30 Uhr in Chicago an. Sie nahmen um 5.30 Uhr den Burlington Zephya und erreichten um 8.30 Uhr Denver, Colorado. Von dort aus ging es weiter nach Norden ...«
Dann begann er seinen Vortrag:

»Ja! ... das Blut pochte in meinen Adern, bis der kalte Tau der Furcht sich in großen Tropfen auf meiner Haut fing, und meine Knie zitterten vor Angst. Ho, Ho! Es ist eine feine Sache, verrückt zu sein! Wenn man wie ein wilder Löwe durch die Gitterstäbe betrachtet wird und sich im Stroh wälzt! Ein Hoch dem Irrenhaus, das ist ein feiner Platz!«
Jimmy horchte in sich hinein, um sich in diese seelische Verfassung eines Verrückten zu versetzen. Andere Kinder spielten und trafen die ersten Verabredungen. Jim McCarthy, der auch zum Wettbewerb angetreten war, erinnerte sich, wie er versuchte, Jimmy dazu zu bewegen, etwas anderes anzuziehen.

»Den ganzen Tag versuchte ich, ihn dazu zu bewegen, etwas anderes anzuziehen. Ich hatte meinen besten Anzug, vier weiße Hemden und ein paar Krawatten mitgebracht. Die anderen taten es genauso, denn wir waren der Ansicht, daß das Aussehen viel ausmachte und wir ordentlich auszusehen hätten. Jim trug ein offenes Hemd und Jeans und lief ständig damit herum. Eines Tages gestand er mir: ›Hör zu, Jim, das Stück, das ich lese, heißt 'The Madman' und ich soll einen Verrückten darstellen. Wie zum Teufel kann ich das in Hemd und Krawatte? Das wäre ja unglaubwürdig.‹
›Du wirst nicht gewinnen‹, sagte ich zu ihm. ›Du mußt dich den Konventionen fügen, wenn du gewinnen möchtest.‹
›Dann gewinne ich halt nicht‹, sagte er. ›Ich brauche ja nicht zu gewinnen. Doch ich kann nicht etwas spielen, wovon ich nicht überzeugt bin.‹«

»Sein Vortrag war wirklich ganz anders als der der übrigen Teilnehmer«, sagte Mrs. Nall, »und Jimmy war wunderbar. Einen Augenblick lang war er total verrückt, im nächsten wieder völlig normal – wie ein echter Verrückter! Er liebte dieses subtile Spiel. In diesem Monolog waren alle Nuancen enthalten, die man sich vorstellen kann.«

Sie beobachtete ihn von der hintersten Reihe einer Schule in Longmont, wie er seine dicken Augengläser abnahm, und sein ausgezehrtes Gesicht mit den böse blickenden Augen sichtbar wurde. Sie hatte ihn gewarnt, daß das Stück mit elf Minuten zu lang sei.

»Genau richtig für Longmont«, erwiderte er sarkastisch. Zu Anfang bekam Jim eine gute Kritik, doch in der zweiten Runde sagte man ihm, der Text sei zu lang. Also versuchte Adeline Nall, ihn zu kürzen. »Aber es war schwer, ihn sinnvoll abzukürzen«, sagte sie. »Ich wußte es, aber Sie wissen ja, die Kinder lassen sich nichts sagen; sie wissen ja doch alles besser. Ich weiß immer noch nicht, was gegen uns war, aber etwas war gegen uns.«

Einen Tag nach dem Wettbewerb veröffentlichte die »Longmont Times Call« auf der Titelseite ein Bild von Jim Dean, dem sechsten Gewinner des Dramatic Declamation Contest und zitierte Mrs. Nall: »Jim wurde große Anerkennung zuteil; ihm gelang es, die Studenten und Bürger von Fairmount für die Rhetorik zu interessieren ... und ich hoffe, das ist erst der Anfang auf diesem Gebiet.«

Jim hatte nicht den ersten Preis gewonnen, aber etwas Bemerkenswertes war passiert. Er hatte vom Apfel gekostet und saß an der Tafel des Ruhms. Er war talentiert und seine Augen glänzten. Er würde die Enge hinter sich lassen.

Mrs. Nall sagte, er habe ihr nie verziehen, daß sie nicht darauf bestanden habe, den Text zu kürzen. »Mein einziger Ruhm besteht heute darin«, sagte sie, »daß ich mit dem Leben dieses jungen Genies in Berührung kam.«

In den 40er Jahren waren Theaterstücke und Rhetorikunterricht ein wichtiger Zeitvertreib in Indiana.

Jeden Sonntag wurde im WBAT-Sender in Marion »The Voice of Youth« (Die Stimme der Jugend) gehört, und als Fairmount eingeladen wurde, mit der Marion High School zu debattieren, wurden Jim und Barbara Leach dafür ausgewählt. Barbara, die aus New York stammte, war zu Beginn des Abschluß-Jahres nach Fairmount gezogen. »Es war, als betrete man eine völlig andere Welt«, sagte sie. »In New York hatte ich 175 Studenten in meiner Klasse und in Fairmount waren es 49. Zuerst war ich nicht so richtig froh, aber nach gewisser Zeit mochte ich Fairmount. Alle waren hier sehr freundlich.«

»Oh, die meisten meiner Klasse nahmen an dem Spiel teil«, sag-

te sie bescheiden zu ihrer Rolle in *You Cant't Take It with You.* »Man versuchte, so viele Studenten wie möglich teilnehmen zu lassen. Ich wirkte also als Senior mit, nicht als Mimin. Bei Jimmy verhielt es sich natürlich anders. Er war ein guter Künstler, aber sein ganz großes Talent war das Drama.« Barbara und Jimmy arbeiteten eng zusammen. Als Thema für die WBAT-Debatte schlugen sie vor: »Der Präsident der Vereinigten Staaten sollte durch Direktwahl bestimmt werden.« Man hatte ihnen gesagt, sie hätten gewonnen, doch am Ende der Sendung verkündete der Moderator, es gebe keine Gewinner.
»Jimmy und ich, wir fühlten uns hintergangen«, sagte Barbara. »Wir waren davon überzeugt, daß Marion es nicht ertragen konnte, von Fairmount geschlagen zu werden. Doch am Jahresende bekamen wir bei einem NFL-Bankett ein Schild, auf dem ›Gewinner‹ stand; das entschädigte uns etwas.«
Es ist eine Ironie des Schicksals, daß Jimmy seine größten Triumphe in der High School im Vortrag und Debattieren errang, denn in seinen Filmen wurde ihm oft vorgeworfen, er spreche undeutlich.
Mrs. Nall sagte: »Ich weiß nicht, woher er es hatte. War es ihm angeboren? Bei Gott, nein. Ich artikuliere wie eine Verrückte und *er* wußte, wie zu artikulieren ist.«
Als der Tag der Abschlußfeier kam, gestand Jimmys Großmutter: »Es war uns allen klar, daß Jimmy Schauspieler werden müsse. Er hatte bei Lesewettbewerben gewonnen, aber am meisten hatte er uns in einem religiösen Stück mit dem Titel ›To Them That Sleep in Darkness‹ überzeugt. Jimmy spielte den blinden Jungen. Nun, er war so überzeugend, daß ich die ganze Zeit heulte.«
Entsprechend der Devise der Quäker, jeden seinen eigenen Weg finden zu lassen, hatte Jimmys Familie nichts gegen eine Schauspielkarriere einzuwenden.
Im Juni 1949 verließ der achtzehnjährige Jimmy das friedliche altmodische Fairmount.
In der »Fairmount News« war zu lesen:
James Dean wurde am Montagabend bei einer Abschiedsparty geehrt. Am Montag wurde zu Ehren von James Dean eine Abschiedsparty gegeben. Mr. Dean geht am Dienstag nach Santa Monica, Kalifornien, wo er auf die University of California in Los Angeles gehen und dort dramatische Kunst studieren wird.

Joyce Wigner und Barbara Middleton fungierten bei der Party als Hostessen.
Donald Martin spielte Klavier, und die Gäste sangen »California Here I Come« und »Back Home Again in Indiana«.
Bei der Party waren anwesend: Mr. und Mrs. Charles Dean, Mr. und Mrs. Marcus Winslow und Sohn, Jerry Brown, Kenneth Bowers, Donald Martin, Virginia Payne, Joan Roth, Wilma Smith, Ethel und Edith Thomas. Norma Banister, James Dean, Joyce Wigner, Barbara Middleton, Phyllis Wigner, Mr. und Mrs. Denzil Thompson und Mrs. Cecil Middleton.
Das Fairmount, dem Jimmy Lebewohl sagte, war kein Experimentierplatz für Rebellen. Infolge ihrer Abgesondertheit bewahrte diese Stadt einen Lebensstil, der sich erheblich von dem der anderen Städte unterschied.
Jimmy tauschte seine kleine Welt gegen den – nach seiner jungenhaften Vorstellung – Garten Eden ein: juwelengeschmückte Paläste in Amerikas Babylon: Hollywood, Kalifornien. Er geht den Weg des klassischen amerikanischen Helden. R.W.B. Lewis schreibt in »The American Adam«: »Ein amerikanischer Held wie Adam hat seinen Ausgangspunkt außerhalb der Welt. Ihre Kraft, Bräuche und ihre Geschichte sind die Kräfte, die er lernen und beherrschen muß, oder er wird von ihnen beherrscht. Ödipus, der sich der fremden Stadtwelt Thebens näherte, kam in Wirklichkeit nach Hause; der Held der neuen Welt hat keine Heimat als Ausgangspunkt, sucht aber eine.«

KAPITEL IV

Die 49er Jahre (1949–1951)

Zusammenleben mit dem Vater in Kalifornien. College-Theater. Ein Werbespot und eine kleine Fernsehrolle. Verläßt den Vater. Eine Verbindung an der UCLA. Erste Flirts und Filmrollen. Jim zieht nach New York, um auf die Schauspielschule zu gehen.

Nach vier Tagen Busfahrt gelangte Jimmy nach Los Angeles. Es war ein glühendheißer Junitag, als Jimmy an der Bushaltestelle auf seinen Vater wartete. Er sah dieser Begegnung mit Bangen entgegen, denn in den letzten zehn Jahren hatte er seinen Vater immer nur ganz kurz gesehen. Sie hatten sich selten geschrieben, und die Briefe waren immer recht formell. Vier Jahre nach Mildreds Tod hatte sich Winton Dean wieder verheiratet und lebte jetzt mit seiner zweiten Frau Ethel in einem kleinen Haus in Santa Monica. Jimmy war höflich zu seiner Stiefmutter, doch sie war ein Typ, mit dem er nicht warm wurde. Ethel zählte nicht zu Jimmys »Moms«.

Winton hatte das Santa Monica City College für Jimmy gewählt. Er sollte sich für den Herbst dort einschreiben. Es lag in der Nähe und bot einen vernünftigen Stundenplan: Pädagogik und Sport – Kurse, die dazu dienten, im Leben besser voranzukommen. Winton war nicht klar, daß Jimmy u. a. deshalb nach Los Angeles gekommen war, weil Indiana's Earlham College keinen Lehrstuhl für dramatische Kunst hatte. Als Jimmy über seine Schauspielpläne sprach, wollte Winton nichts davon wissen. Die jahrelange Trennung hatte eine Kluft zwischen ihnen aufgerissen. Doch Jimmy hatte keine Lust, gegen seinen Vater zu kämpfen, nachdem er endlich mit ihm vereint war, und Winton hatte keine Ahnung von der schauspielerischen Begabung seines Sohnes. Jimmy gab seinem Vater nach, hoffte aber, ihn bis zum Herbst umgestimmt zu haben. Jimmys Beziehung zu seinem Vater und seiner Stiefmutter war gespannt, belastete ihn.

Winton Dean und Jimmy, nur ein Foto auseinander

Bill Bast, der später an der UCLA das Zimmer mit Jimmy teilte, sagte: »Jimmys Vater ist sehr milde, sehr ruhig. Ich lernte ihn in Kalifornien kennen, als er am Sawtelle Hospital arbeitete. Jimmy hat seine Dynamik bestimmt nicht von seinem Vater geerbt. Jimmy war zu seiner Familie sehr nett. Er verhielt sich immer respektvoll und freundlich, zu freundlich. Ich glaube nicht, daß es unliebsame Szenen gab. Ja, einmal gab es 'ne kleine Verstimmung übers Auto, aber das war nichts Ernsthaftes. Ich konnte keine familiären Probleme entdecken, obwohl ich weiß, daß sie vorhanden waren. Sein Vater war sehr verschlossen, doch Jimmy versuchte, ihm nahezukommen.
Ein Vater war etwas Abstraktes für ihn, ein Rätsel. Sein Verhalten seinem Vater gegenüber war starken Schwankungen unterworfen.
Ich glaube nicht, daß zwischen Jimmy und seinem Vater besondere Schwierigkeiten bestanden«, erinnerte sich Bill Bast,

»doch ich fragte mich immer, warum sie nicht mehr miteinander redeten. Wenn wir bei Jims Vater vorbeigingen, konnte es passieren, daß keiner ein Wort sagte. Sie hatten ihre eigene Sprache.«

Winton kaufte Jimmy einen 39er Chevy und hoffte, dadurch ihre Spannung wegen Jimmys Schauspielwunsch aus dem Weg geräumt zu haben. Doch Jimmy ging seinen Weg und schloß sich der Summer Stock Company an. Er wirkte dort unter dem Pseudonym Byron James bei dem Musical *The Romance of Scarlet Gulch* mit.

Seit seiner Abschiedsparty war noch kein Monat vergangen, und Fairmount hatte ihn nicht aus den Augen gelassen. Gemäß der Tradition von Kleinstädten wurden Briefe, die nach Hause geschickt wurden, im Lebensmittelladen vorgelesen. In den »Fairmount News« war zu lesen:

»James Dean schließt sich der Theatergruppe in Santa Monica, Kalifornien, an.

Letzte Woche erhielten Mr. und Mrs. Charles Dean einen Brief von ihrem Enkel Jimmy Dean, der vor kurzem nach Santa Monica, Kalifornien, zu seinem Vater Winton Dean gegangen war. Er schrieb, daß er mit seinem Vater zum Kegeln und zum Golf ginge und sich für den Sommer und Herbst bei der UCLA eingeschrieben habe. »Ich bin nun ein vollwertiges Mitglied der Miller Playhouse Theatre Guild. Ich konnte nicht mehr in irgendeine Produktion eingebaut werden, doch meine Bühnenkenntnisse und meine Fähigkeit, Kulissen zu entwerfen und zu malen, brachten mir für die nächste Saison den Posten des obersten Bühnenmanagers ein.«

Am Ende des Sommers hatte Winton gewonnen – Jimmy schrieb sich nicht an der UCLA ein, sondern an dem Santa Monica City College. Allerdings tat er es widerwillig. Er suchte nach einem Ausweg, indem er so viele Theaterkurse belegte wie er konnte. Dabei stieß er auf die Schauspiellehrerin Jean Owen, die Jimmy unter ihre Fittiche nahm. Mrs. Owen äußerte sich in dem Artikel »An Unforgettable Day with Jimmy Dean« (Ein unvergeßlicher Tag mit Jimmy Dean) im »Movieland Magazin« sehr freundlich über Jimmy:

»Ich fand ihn nicht schwierig ... Jimmy war nicht launenhaft, jähzornig oder grob. Diese Begriffe paßten nicht zu ihm. Wenn

Jimmy im Jahrbuch des Santa Monica City College

ich die Geschichten über Jimmy lese, habe ich immer das Gefühl, es handle sich um jemand anderen. Ich verstehe nicht, warum so viel über ihn geschrieben wird, als ob er ein Jugendkrimineller wäre. Das ist er wahrlich nicht. Ich habe ihn nie rebellisch erlebt. Er war immer höflich und bedacht und grenzenlos begeistert von allem, was das Theater betraf. Jimmy nahm an meinem Rundfunkkurs teil. Als ich ihn das erste Mal sah, war ich nicht gerade beeindruckt. Er schien sich nicht von den anderen Jungs zu unterscheiden, war schüchtern, nicht besonders groß und trug eine Brille. Ich wußte nicht, was für beeindruckende Augen er hatte, bis ich ihn 1951 im Fernsehen erlebte. Er war sich seines guten Aussehens nie bewußt. Das war mithin eine seiner Qualitäten.
Eines Tages las Jimmy eine Szene aus Edgar Allan Poes ›Telltale Heart‹ (Das verräterische Herz) vor. Er war hervorragend. Später bat ich ihn, ein paar Szenen aus ›Hamlet‹ vorzulesen. An diesem Abend erzählte ich meinem Mann, daß ich den richtigen Hamlet gefunden habe. Natürlich meinte ich damit Jimmy.«

Jimmy fing an, mit sich selber zu experimentieren. Er beobachtete, wie sich die kalifornischen Kinder benahmen, machte einen Strandjungen oder einen Studenten nach. Er wollte eine Reaktion, eine Umgebung, in der er wachsen konnte, doch Winton und Ethel erstickten ihn mit ihrer Nicht-Reaktion. Bill Bast: »Wie jeder, der etwas lernt, versuchte er es zu Hause, doch sie hatten kein Verständnis dafür. Sie wollten nicht etwas ausdrücken, was ihnen ungewohnt war.«

1950 brachte Jimmy während seines ersten Jahres am Santa Monica City College für seine sportlichen Leistungen A-Noten (= 1) heim. Sein Lehrer, Samuel Crumpacker, erinnerte sich an ihn als an einen Jungen mit schlechten Augen, der ungern eine Brille trug und sich durchjonglieren mußte.
»Jimmy verhielt sich beim Basketballspiel exakt und achtete auf alles, was um ihn herum vor sich ging. Eines Tages kam er zu spät, sah verwirrt und niedergeschlagen aus. Ich zwang ihn zu einer Erklärung, und er erzählte unter Tränen, daß er einen Test in einem Studio nicht bestanden habe. Zu der Zeit wünschte er sich nichts mehr, als Schauspieler zu werden.« In den Sommerferien arbeitete er als Sportlehrer. Im Herbst ging er von Santa

Oben: »Der schlechteste Malcolm der Welt«. Jimmy in der UCLA-Aufführung von Macbeth, unten: »Ich möchte ein Schoko-Malz, mit Milch ...« Jimmy in ›Has Anybody Seen My Gal?‹

Monica weg, um an der UCLA dramatische Kunst zu belegen und tauschte Wintons Haus gegen ein Zimmer bei der Studentenverbindung ein.
Im Herbst 1950 begann für ihn ein neues Leben. Er war selbständig und bekam eine Rolle in »Macbeth«, der ersten großen Theaterproduction der UCLA.
»Vor drei Wochen erlebte ich die größte Freude meines Lebens«, schrieb er nach Hause an Marcus und »Mom«, »denn ich bekam in Shakespeares ›Macbeth‹ die Charakterrolle des Malcolm.« Das Stück wird in der Royce Hall (1600 Plätze) aufgeführt. Die Generalprobe zu »Macbeth« zog sich lange nach Mitternacht hin, und Bill Bast beobachtete Jimmy aus dem dunklen Zuschauerraum. Der Junge auf der Bühne ließ ihn völlig unbeeindruckt, und er wunderte sich, wie er zu der großen Rolle gekommen war. »James Dean«, bemerkte Bill zu sich selbst, »ist ein Name, den man vergessen kann.« (Bills erstes Buch trug den Titel »James Dean« und erzählte ihre fünf Jahre alte Freundschaft).
Bei der Aufführung behandelte der Theaterkritiker von »The Spotlight« Jimmy nicht besser als sein Freund. Er schrieb, Jimmy habe als Malcolm keine Größe gezeigt, habe einen hohlen König abgegeben.
Dr. Walden Boyle, Professor an der UCLA, sagte: »Ich hatte die Spielleitung bei ›Macbeth‹. Jimmy war nicht sehr lang an der UCLA; das war seine einzige Aufführung.«
»Ich glaube nicht, daß er sich hier wohl fühlte; ich hatte das Gefühl, es lief hier alles zu langsam für ihn. Er wollte spielen und nichts anderes; die akademischen Pflichten interessierten ihn wenig.«
Im weiteren Verlauf des Jahres bekam Jimmy durch seinen Freund James Bellulah einen Werbespot für Coca-Cola. Dieser einminütige Spot wurde im Griffith Park gefilmt, wo drei Jahre später die Planetarium-Szenen von *Rebel Without a Cause* gedreht wurden. Ken Dicen, der zum Filmteam dieses Werbespots, dessen Produzent Jerry Fairbanks war, gehörte, sagte: »Wir holten uns diese Jungs von der Schule, gaben ihnen zu essen und zehn Dollar. Jimmy verteilte die Cokes.«
Jimmy wurde gewählt, weil die Cola-Leute typische amerikanische Teenager wollten. Doch sie wußten nicht, daß Jimmy der amerikanische Junge schlechthin war und daß sein Gesicht ge-

nauso wie die Cola-Flasche zu einem amerikanischen Symbol werden würde. »Der Regisseur wurde auf Jimmy aufmerksam«, sagte Dicen »und machte 'ne Menge Nahaufnahmen von ihm. Warum? Weil Jimmy am besten von allen Aktion und Reaktion zeigte.«

Am nächsten Tag wurde eine Innenaufnahme gemacht. Die Jungs standen um eine Musikbox, aus der Rock-Musik ertönte, herum. Jimmy, Nick Adams und Beverly Long Dorff (die später bei *Rebell* mitwirkten) waren wieder mit von der Partie.

Bald meldete sich Fairbank's Office wieder bei Jimmy. Dieses Mal wollten sie ihn für eine Episode von Father Peyton's TV Theater, mit dem Titel *Hill Number One*. Sie wurde am Ostersonntag 1951 ausgestrahlt, und obwohl sie gute Rezensionen erhielt, scheint sie heute etwas überholt zu sein.

Schauplatz: Ostersonntag, Frühlingsregen, Zweiter Weltkrieg. Handlung: Eine müde Truppe versucht, einen namenlosen Hügel einzunehmen. Sie machen eine Essenspause. Inzwischen versucht der Militärpfarrer, die Jungs aufzuheitern. »Der Krieg ist eine Kreuzigung«, sagt er. »Er erschüttert die Erde, verdunkelt die Sonne und bewirkt, daß die Menschen sich nach dem Sinn des Lebens fragen. Warum denken wir nicht einen Augenblick über den ersten Hügel nach – Hügel Nummer eins. Er wurde von einem einzigen Mann eingenommen.« (Hier fangen Glocken zu läuten an).

An dieser Stelle wird die Bühne in Nebel gehüllt, und wir werden in die Zeit Josephs von Arimathia und Pontius Pilatus' versetzt, die sich über den Leib Christi streiten.

Jimmy spielte den Johannes. Wir sehen ihn zusammen mit den anderen Jüngern an einem Tisch sitzen. Unter dem Druck von Pilatus' Geißeln erwägen sie, auseinanderzugehen. Jimmy hat einen Lockenkopf und wegen einer Erkältung eine unnatürlich tiefe Stimme. Ärgerlich weist er die Jünger zurecht.

»Haben wir deshalb unsere Heimat verlassen, um wieder zurückzukehren?«

Später, als die Apostel entdecken, daß der Stein vom Grab entfernt wurde, verkündet Jimmy mit gen Himmel gerichtetem Blick: »Er wird uns erleuchten. Kommt, wir müssen diese frohe Kunde schnell verbreiten!«

Jimmy hat in *Hill Number One* nur einen kurzen Auftritt – nur

drei Zeilen. Er wirkt außerordentlich nervös und verpatzt seinen Einsatz.
»Man braucht einen Schauspieler nur ein paar Sekunden vor die Kamera zu stellen«, sagte Regisseur Howard Hawks, »um zu wissen, ob die Kamera ihn mag. Wenn ja, nimmt sie alles auf, was er tut. Stars sind nicht unbedingt große Schauspieler; sie sind große Persönlichkeiten, und das kann man sofort erkennen.«
Hill Number One bedeutete für Jimmy seinen ersten Fan-Club und die erste religiöse Vereinigung, »The Immaculate Heart James Dean Appreciation Society«. Die Mädchen an der Immaculate Heart High School waren dazu angehalten worden, das Stück im Fernsehen anzusehen, und sie fanden Jimmys St. John göttlich. Sie nahmen über seine Agentin Kontakt mit ihm auf (obwohl sein Malcolm ein Reinfall war, hatte ihn die Agentin Isabelle Draesmer weiterhin betreut) und baten sie, an einer Party, die ihm zu Ehren gegeben wurde, teilzunehmen.
Bill Bast begleitete ihn auf die Party, was sich als sehr nützlich erwies, denn die letzte Wegstrecke mußten sie den Wagen schieben. Bill sagte: »Es wurde viel gekichert. Sie hatten ihm einen Kuchen gebacken. Die Mädchen waren zwischen 14 und 18. Jeder stand mehr oder weniger herum. Jimmy spielte den Star und genoß seine Rolle.«

Inzwischen hatte sich sein Verhältnis zu den Verbindungs-Brüdern verschlechtert. Seine Beziehung zu der Brüderschaft ist fast ein Paradigma für seine zukünftige Beziehung zu Moose, Goon, Crunch etc. in *Rebel*: eine Mischung aus dem Wunsch, zu gefallen und akzeptiert zu werden, und provozierender Herausforderung. Wie viele Gleichaltrige wollte er um jeden Preis zu ihnen gehören. Doch die »Brüder« machten sich über Jimmy lustig.

Sie beschlossen, ihn in ihre Gemeinschaft aufzunehmen, wenn er einen Test bestände. Er sollte in den Swimmingpool hinabtauchen und sich über die Entwässerungsöffnung legen. Dann würden sie den Wasserabfluß einschalten und er mußte dem Strudel entrinnen. Jimmy tauchte hinunter und kam nicht mehr hoch. Es war offensichtlich, daß er am Ertrinken war, doch man ließ sich mit der Rettung Zeit. Dann zog man Jimmy heraus,

Jimmy als St. John in seinem ersten verfilmten Drama ›Hill Number One‹

brachte ihn in den Umkleideraum und versuchte Mund-zu-Mund-Beatmung. Sein Retter schaute in sein blasses Gesicht, das allmählich wieder Leben zeigte … warf ihm seine Kleider zu und … ging hinaus. Jimmy fand, daß die Verbindung immer noch besser war, als zu Hause zu leben, aber nicht viel. Er wollte nicht in ihrer starren mechanischen Welt leben, die vulgär und grausam war.
Am Ende des Semesters konzentrierte er sich voll und ganz aufs Theater. Seine »Brüder« registrierten, daß er sich selten in ihrem Reich aufhielt und fanden seine Besessenheit etwas verdächtig. Warum verbrachte er seine ganze Zeit im Theater? Wußte er denn nicht, daß die Jungs dort alle Spinner waren? Sie wollten nicht, daß ihnen irgendwelche Ballerinas ins Haus kämen. Als Jimmy einem der Brüder einen Hieb auf die Nase versetzte, wurde er »exkommuniziert« und mußte ausziehen.

Wie die meisten Theaterwissenschaft-Studenten an der UCLA, verbrachte Jimmy seine Freizeit damit, in Hollywood und Burbank nach kleinen Rollen zu suchen, die zu einem Vertrag mit einem größeren Studio führen würden. Bei einem dieser Streifzüge stieß er eines Nachmittags auf Bill Bast. »He, findest du nicht, daß wir ein tolles Team wären?« fragte Jimmy seinen Studienkollegen. »Team?« fragte Bill etwas beunruhigt.

Jimmy hatte eine Gabe, Fremde in seine Netze zu verstricken und sie auf der Stelle zu seinen besten Freunden zu machen – auch jene, die gar nicht die Absicht hatten, nähere Verbindung mit ihm aufzunehmen. Bill erinnerte sich: »Jimmys intensive blaue Augen durchbohrten mich hinter den dicken Brillengläsern, die seine Aufrichtigkeit unterstrichen.« Zusammen wollten sie ihrem unbekannten Schicksal entgegengehen.
Jimmy brauchte eine neue Bleibe. Bill und er beschlossen, sich gemeinsam etwas zu suchen: »Einen Platz, von dem aus man in ein neues abenteuerliches Leben starten konnte.«
Nachdem sie tagelang gesucht hatten, gelangten sie schließlich zu einem weißen Hofappartement. Eine Frau in mittleren Jahren öffnete ihnen. Sie sagte, alles was sie ihnen bieten könne, sei ein dunkles Zimmer mit düsteren Möbeln. Sie wollten gerade auf dem Absatz kehrt machen, als sie sie zurückrief. »Ich glaube, ich habe etwas für euch, Jungs«, sagte sie und führte sie eine Treppe hinauf.
»Vor uns lag«, erinnerte sich Bill, »abseits der Welt ein Mini-Penthouse-Apartment. Vielleicht lag es an der allgemeinen Stimmung, die hier herrschte oder an meiner regen Fantasie, doch ich hatte das Gefühl, das ganze Penthouse hänge in der Luft. Das Ganze hatte etwas Erhabenes an sich!«
Bill fand das Zusammenleben mit Jimmy anregend, aber ziemlich nervenaufreibend. Er konnte seinen Charme wie auf Kommando abstellen, blieb nicht lange am gleichen Platz oder mit dem gleichen Freund zusammen. Auf diese Weise wurde er zu einem verschwommenen Fleck, der diejenigen ärgerte, denen er sich aufdrängte und diejenigen, die ihn näher kennenlernen wollten, wütend machte.
Jim und Bill waren weit davon entfernt, das ideale Team zu sein. Bill fand Jimmy sehr verschlossen, und je mehr er sich in seine Rolle als Schauspieler versenkte, desto heimlichtuerischer wurde er. Bill sagte: »Manchmal hatte ich das Gefühl, daß er dachte, wenn er über den Job spräche oder zugäbe, daß er existierte, er ihn verlieren würde.«

Bill arbeitete bei CBS im Radio-Workshop (zu der Zeit war CBS nur Rundfunk), und Jimmy hatte einen Teilzeitjob als Platzanweiser. Er schaute sich gerne die Vorführungen an, haßte aber seine »Affenuniform«, die er tragen mußte, und mochte es auch nicht, daß man ihm sagte, was er zu tun hätte. Eine Woche später war er gefeuert. Danach wurde er Parkwächter bei CBS. »Ich dachte«, sagte Bill, »wie seltsam es doch war, daß dieser Junge, den ich gar nicht als Freund gewollt hatte, innerhalb von ein paar Wochen Bestandteil meines Lebens geworden war. Einen guten Teil trugen zu unserer Freundschaft unsere Mädchen bei, die enge Freundinnen waren.«

Acht Jahre später fragt auf dem Titelblatt von »Modern Screen« (März 1957) ein strahlendes Mädchen, das Arm in Arm mit Jimmy Dean abgebildet ist: »Um ein Haar hätte ich Jimmy Dean geheiratet. Wer ich bin?«
Das Mädchen ist Beverly Wills, eine von Jimmys Freundinnen, die uns ein klares Bild über eine der unsichersten Perioden seines Lebens gab. Sie ist eine Tochter der Schauspielerin Joan Davis. Bill hatte Beverly bei CBS kennengelernt, wo sie bei *Fluffy Adams,* einer wöchentlichen Radiosendung, mitwirkte.
Das erste Mal hatte sie Jimmy gesehen, als er mit Jeanetta Lewis, einer Kommilitonin des Theater Arts Department an der UCLA, und sie mit Bill verabredet waren:

»Ich fand ihn recht unsympathisch, bis wir zu einem Picknick fuhren und er plötzlich zum Leben erwachte. Wir redeten über die Schauspielerei, und Jimmy blühte auf. Er erzählte mir, wie sehr ihn die Stanislawski-Methode interessierte, bei der nicht nur Menschen, sondern auch Dinge dargestellt werden.
›Schau‹, sagte Jimmy, ›ich bin eine Palme im Sturm.‹ Er streckte die Arme aus und fuchtelte wie wild. Um beweglicher zu sein, zog er seine billige helle Jacke aus. Er sah jetzt größer aus, denn man konnte seine breiten Schultern und seine gute Figur sehen. Dann behauptete er, ein Affe zu sein, kletterte auf einen großen Baum und schwang sich von Ast zu Ast, bis er herunterfiel. Er lachte wie ein kleiner Junge und hielt uns den ganzen Nachmittag in Atem.«

Jimmy brachte Beverly zur Arbeit, wenn Bill arbeiten mußte. An einem heißen Sommerabend holten Jimmy und Beverly Bill von der Arbeit ab:

»Bill, wir müssen dir etwas sagen«, sagte sie, ohne ihn anzublikken. »Es geht um Jimmy und mich, wir haben uns verliebt.« Es

entstand eine lange Pause. Ich (Bill) wußte nicht, was ich sagen sollte. Dieses Geständnis konnte mich nicht schocken, da ich mich Beverly gefühlsmäßig nicht verbunden fühlte.
»Wir wehrten uns dagegen«, erklärte sie. »Doch wir konnten nicht dagegen an. So etwas passiert halt.«
Damals war Beverly erst achtzehn und hatte schon viele Filme gesehen.

Doch Jim schien sich nach wie vor mit Jeanetta zu treffen. Als sie die Neuigkeiten erfuhr, war sie wütend und überzeugte Bill, daß er sofort aus dem Penthouse ausziehen müsse.
Es entstand eine regelrechte Szene – Jimmy schüttelte Bill und haute Jeanetta eine runter –, doch als die beiden schließlich gingen, ließen sie einen tränenüberströmten Jimmy zurück.
Jimmy war gezwungen, wieder auszuziehen, da er sich das Penthouse allein nicht leisten konnte. Er zog eine Zeitlang mit Ted Avery, einem Platzanweiser bei CBS zusammen, dann mit Rogers Brackett, einem jungen CBS-Regisseur. Brackett war kultiviert und erfolgreich und nutzte seinen Einfluß, Jimmy ein paar größere Rollen in CBS-Radio-Shows wie z. B. »Alias Jane Doe« und »Stars Over Hollywood« zu verschaffen. Schließlich bekam Jimmy Rollen beim Film.
Seine erste Rolle spielte er in einem koreanischen Kriegsfilm, *Fixed Bayonets.* »Da kauerten wir«, sagte Jimmy, »hinter diesem Hügel, voller Schmutz und Schweiß. Es war Nacht, regnete, echt Hollywood, weißt du. Ich hatte eine Zeile zu sprechen: ›Die Nachhut kommt zurück.‹ Was für eine Rolle! Diese Zeile wurde schließlich geschnitten, so daß nur das schmutzige Gesicht übrigblieb.«
Auch in *Sailors Beware* (Seemann paß auf, 1951), einer Martin- und Lewis-Komödie, hatte er keinen Text zu sprechen, erschien aber plötzlich hinter Jerry Lewis, sah angeekelt aus, als ob er sagen wollte: »Wie zum Teufel kam er zur Hauptrolle?«
Doch in *Has Anybody Seen My Gal* wurde sein Text nicht gestrichen. Er spielte einen der jungen Klugschwätzer, die vor dem Drugstore herumlungern, und sagt zu Charles Coburn: »He, ich will ein Schokomalz, mit viel Milch, vier Löffel Malz, zwei Kugeln Vanilleeis ...« Darauf erwidert Coburn: »Möchtest du bitte am Mittwoch zum Probieren kommen? Danke.«
Doch Jimmy gehörte zu der Gruppe von Studenten, die mit klei-

nen Rollen nicht zufrieden waren. Sie wollten die Art von Experimentierunterricht, wie sie Strasberg und Kazan im Actors Studio in New York praktizierten. Bill sprach mit dem Schauspieler James Whitmore und brachte ihn dazu, daß er nach der Stanislawski-Methode unterrichte. Natürlich ging Jimmy zu diesen wöchentlichen Veranstaltungen, die in einem Proberaum abgehalten wurden. Er betrachtete Whitmore als großen Katalysator in seiner Karriere.

»Ich verdanke Whitmore viel. Ich glaube, er rettete mich, als ich alles durcheinander brachte. Ein Wort von ihm half mehr als alles andere. Er sagte mir, ich kenne nicht den Unterschied zwischen der Schauspielerei als sanftem Job und als schwierige Kunst. Man stellte mir so lächerliche Fragen wie: ›Wann haben Sie sich entschieden, Schauspieler zu werden?‹ Ich wußte gar nicht, daß ich damals einer war. Durch James Whitmore erkannte ich, daß ich ein Schauspieler war.
Es gibt immer jemanden im Leben, der einem die Augen öffnet. Für mich war das Whitmore. Er gab mir den Schlüssel zu mir selbst.«

Whitmore riet Jimmy, nach New York zu gehen und sich zu testen, ob er das unsichere Schauspielerleben führen wolle. Wenn möglich, sollte er sehen, daß er Mitglied des Actors Studio werde. Anfang der frühen fünfziger Jahre war Hollywood auf zuckersüße Musicals und Bibel-Epen spezialisiert. Der einzige Platz, wo die Schauspielkunst ernst genommen wurde, tierisch ernst, war New York. Jimmy war zu ehrgeizig, zu ungeduldig und sich seines Talents zu sicher, um noch weiter Zeit zu vertrödeln. Im Herbst wollte er nach New York gehen. Er schien in bezug auf seine Zukunft mehr oder weniger optimistisch zu sein. Doch im Sommer 1951 wurden die Jobs in Hollywood wieder rarer und Jimmys Stimmung gedrückt. Beverly, seine damalige feste Freundin, erinnerte sich:

»Jimmys Stimmungen schwankten. Meistens war er deprimiert. Er bekam immer noch keinen Job und wurde immer verbitterter. Ich mochte es nicht, wenn er so voller Bammel war.
Seine Depressionen wurden so schlimm, daß er sogar Alpträume hatte. Er träumte von seinem Tod. Durch diese Alpträume bekam er eine gewisse Todesphobie.«

»Wenn ich vor meinem Tod nur noch etwas vollenden könnte«, sagte er Beverly.

Jimmy verbrachte den größten Teil seiner Freizeit mit Beverly und nahm sie im Frühjahr zum High School-Abschlußball mit:

»Damals arbeitete Jimmy als Platzanweiser und legte jede Woche ein paar Dollar auf die Seite, damit er sich einen Smoking leihen konnte. Er bat mich, ihn zu dem Leihgeschäft zu begleiten, und als er all die Abendanzüge sah, benahm er sich wie ein Junge in einem Süßwarengeschäft. Obwohl wir bei dem Ball die meiste Zeit saßen, war Jimmy an dem Abend in bester Stimmung. Er lachte und erzählte ulkige Geschichten. Für kurze Zeit schaute meine Mutter herein, auch sie war an dem Abend von Jimmy fasziniert. Als sie an unseren Tisch kam, sprang er auf und half ihr aus dem Mantel. ›Bei Gott, so habe ich ihn noch nie erlebt‹, sagte Mutter ganz begeistert.«

Ihre Liebesgeschichte ging bis zum Sommer 1951, als Beverly nach Paradise Cove ging, um bei ihrem Vater in seinem Strandhaus zu leben. Die Beziehung endete wegen plötzlich ausbrechender Eifersucht. Beverly hatte mit einem anderen Jungen getanzt, und das war für Jimmy Grund genug zu explodieren. Beverly erzählte: »Jimmy sah rot. Er packte den Jungen am Kragen und drohte ihm, er werde ihm zwei Veilchen verpassen ... Ich rannte zum Strand und Jimmy ging mir hinterher. Wir stritten uns, und ich riß mir seinen goldenen Fußball von der Kette.«
Ein paar Tage später rief er sie an, um ihr zu sagen, daß er mit einem Freund nach New York gehe. »Ich war froh, daß er anrief«, sagte sie. »Seit wir uns gestritten hatten, mußte ich immer an ihn denken, und ich verstand immer besser, daß er ein unverstandener Junge war. Ich wollte mit ihm befreundet bleiben und wünschte ihm Glück.«
Jimmy hatte sich hier nicht wohl gefühlt. Er konnte nie verbergen, daß er ein Outsider war. »In dieser auf-Glück-machenden Atmosphäre, in der die Jungs und Mädchen keinerlei Sorgen zu haben schienen, war Jimmy ein Außenseiter«, sagte Beverly. »Wenn er an der Clique vorbeiging, schauten sie ihn an, als wenn er nicht dazugehörte.« In den beiden Jahren in Kalifornien waren ihm verschiedene Beziehungen in die Brüche gegan-

gen. Erst die mit seinem Vater und seiner Stiefmutter, dann die mit der Verbindung, dann die mit seinem Freund Bill Bast und zuletzt die mit Beverly. »Jimmy war sehr sensibel und es kränkte ihn sehr, wenn man auf ihn herabsah«, sagte Beverly. »Er erkannte das schnell und zog sich immer mehr in sein Schneckenhaus zurück. Ich glaube, er wollte es ihnen heimzahlen.«
In seinen Filmen erscheint dieses Spiegelbild seines eigenen Lebens vor festem Hintergrund, doch hier war er ausgeliefert, dem freien Fall preisgegeben. Er beschrieb dieses Gefühl einer Person, die in ein Element verstrickt ist, das sie nicht erkennen kann, anhand eines Bildes, das Bill Bast so beschrieb: »Es war ein Ölbild, das ein mit grüner Haut überzogenes Skelett zeigte. Es stand hüfthoch im Schlamm. Sein Kopf und ein Arm waren erhoben, als ob sie nach Rettung verlangten. Langsam verschmolz es mit dem Schlamm unter sich. Jimmy gab dem Bild den Titel: ›Mann im Mutterleib‹.«
Im Herbst 1951 verließ Jimmy Kalifornien und ging nach New York City. Beverlys Erinnerung an ihren Abschied von Jimmy liest sich wie ein Gedicht:

Ich küßte ihn auf die Wange,
wünschte ihm alles Gute und
schaute ihm nach, als er die Straße hinunterging.
Wie ein kleiner Junge kickte er ein paar Steine
vor sich her, blieb unter einer Laterne stehen,
um sich eine Zigarette anzuzünden.
Dann straffte er die Schultern, bog um die Ecke
und war verschwunden ...

KAPITEL V

Hartnäckigkeit des Weißen Bären (1951)

Magere Zeiten in Manhattan. »Beat the Clock«. Zutritt zum Actors Studio. Jimmy lernt ›The Method‹ kennen.

Jimmy stellte sich New York in der Phantasie eines Farmerjungen vor. Eine riesige City voller Gewoge, Wolkenkratzer, Gangster, Reiche, eine kolossale Venus mit einer Fackel, die an eine Zuckertüte erinnerte. Als Jimmy das erste Mal einen echten New Yorker traf – auf einer Busfahrt zu den Colorado-Speech-Finals (1949) –, war er überrascht, daß tatsächlich jemand dort wohnte.

»Manhattan?« sagte Jimmy zu Jim McCarthy, seinem Busmitfahrer. »Plötzlich sah er aus wie ein trauriger kleiner Junge – noch nie sah ich ein Gesicht, das sich so schnell veränderte.«

»Sie leben wirklich in Manhattan?«

»Ich erzählte ihm von den vielen Menschen und der Schule, die ich besuchte und den Theatern und nächtlichen Baseballspielen.«

»Wo gibt es diese nächtlichen Spiele?« fragte er.

»Oh, in Ebbets Field ... Yankee Stadium ... Polo Grounds.«

»Und das alles in einer Stadt«, murmelte Jimmy. Er saß eine Weile da und sagte dann: »Irgendwann komme ich nach Manhattan.«

»Klar doch«, sagte ich und glaubte, er scherze. »Besuchen Sie mich.«

»Ja, gern«, sagte er. »Ich weiß nicht wann, aber ich komme.«

Zwei Jahre später, im Herbst 1951 kam Jimmy nach New York. Er fühlte sich wie ein Insekt, das aus seiner Larve schlüpft. New York erweckte ihn zu neuem Leben. Hier würde er nicht länger anonym bleiben. Nach zwei Jahren lag ihm der Broadway zu Füßen, nach drei Jahren hatte er Hollywood erobert – und nach vier Jahren war er tot.

Zuerst fühlte sich Jimmy hoffnungslos verloren: »Die ersten zwei Wochen war ich so verwirrt, daß ich mich nur ein paar Häuserblocks weiter von meinem Hotel entfernte. Ich ging täglich in drei Filme, um meiner Einsamkeit zu entfliehen, verbrauchte meine paar Dollar, die ich in der Tasche hatte, fürs Kino ...«
Marcus und Mom und James DeWeerd, die er zuvor besucht hatte, hatten ihm das Geld zugesteckt. Mit dem Geld mietete sich Jimmy ein Zimmer mitten in der Stadt. Er war begierig darauf, sich in das Getümmel draußen zu stürzen.
Jimmy entdeckte, daß er und die Stadt etwas Gemeinsames hatten. Das Delirium der Stadt und seine eigene Unruhe gingen ineinander über. Die Stadt war eine riesige Metapher für seine seelische Verfassung. Sie spiegelte seine Melancholie wider. Später schrieb er an Barbara Glenn:

»... kreuz und quer von Leon and Eddies zu dem sogenannten Brown Derby und the Flamingo und the Famous Door ... Es ist so wunderbar! In der Schwermütigkeit der Nacht hämmert die monotone Schrillheit, der symbolische, sinnliche Schlag suggestiver Trommeln orgiastische Bilder in mein Gehirn. Die unglückselige bestialische 7-Tage-Jungfrau verbeugt sich mit der Grazie einer betrunkenen Pavlova. Eine Aura von Horror umgibt mich. Ich lebe darüber und darunter. Es ist jetzt Montagmorgen 6.30 Uhr. Die Schublade zu meiner Linken enthält eine Sammlung nicht so subtiler Darstellungen des mehr Imaginären. Fotos und Zeichnungen. Das wollte ich nicht, das suchte ich nicht. Das ist meine Göttliche Komödie! Ich bin der Dante der 52. Straße. Es gibt keinen Frieden auf unserer Welt. Ich liebe Dich.
Ich würde Dir lieber von hübschen Dingen erzählen, doch man sollte ja nicht an der Wirklichkeit vorbeigehen oder? Ich fühle mich einsam. Vergib mir. Ich bin einsam.«

Obwohl Jimmy ein Empfehlungsschreiben von Rogers Brackett an einen Fernsehregisseur in New York hatte, öffnete es ihm nicht sogleich Tür und Tor, und er mußte seine Runden machen.
Während seines ersten Jahres in New York wurde er manchmal von der »Beat the Clock« engagiert. Er wirkte da bei einer Fernsehshow mit, die genauso absurd wie die Atmosphäre der Stadt war. Seine Aufgabe bestand darin, die Kraftproben in der Show

zuvor zu testen. »Beat the Clock« war damals eine der populärsten Shows.
Die Zuschauer sehen nichts lieber, als wenn normale Leute sich des Geldes wegen zu Narren machen, indem sie unmögliche Tricks versuchen.
Doch sie waren möglich, und ein Jahr lang wurden sie von einer einzigen Person möglich gemacht – von Jimmy Dean.
In Vor-Show-Sitzungen testete Jimmy mit anderen jungen Schauspielern und Schauspielerinnen (darunter Warren Oates) die Durchführung dieser Wettkämpfe von Mensch, Sache und Augenblick, bevor das breite Publikum sie sah.
»Am meisten erinnere ich mich an Jimmys zähe Entschlossenheit, an dieser Show nichts außer acht zu lassen«, sagte Frank Wayne, ein Autor, der ungefähr 5000 dieser Stücke schrieb. »Wir hatten eine besonders schwere Kraftprobe, den ›Bonus Stunt‹. Er kam immer am Ende der Show. Für jeden Versuch bekam man 1000 $; konnte, wenn man diese Kraftprobe bestand, 64 000 Dollar gewinnen.
Jimmy trainierte unermüdlich, bis er schließlich jede Kraftprobe beherrschte, und dann ging er mit Siegesmiene auf Frank zu und sagte: »Frank, ich hab's.«
Genauso zäh entschlossen war er, ein Star zu werden. Es war, als ob es irgendwo bestimmt worden wäre, daß er eines Tages ein Star würde.«
Schnell, aber sorgfältig wählte Jimmy aus, was ihm an der Stadt gefiel, und nach und nach mauserte er sich – Jimmy wurde James Dean. Der Mann, der sich selbst erfand!
Er war sowohl Mechaniker als auch Maschine. Bevor er sich in die Actors Studios wagte, befaßte er sich mit der Stanislawski-Methode. Jimmy durchstreifte die Straßen und genoß eine weiche, runde Bewegung einer dicken Lady bei Nedicks Imbißstand oder das Blinzeln eines einzelnen Auges.
Stanislawski, der Gründer des »Method-Acting« empfahl seinen Studenten, diese Schätze zu sammeln – ein Repertoire von Gesten und Manierismen – das Lebensmaterial, aus dem ein Schauspieler eine Rolle formen kann:

»Sowohl Katze als auch Elefant können gehen, mit den Ohren und mit dem Schwanz wackeln. Doch jeder macht es auf seine Art. Beherrsche diese Unterschiede. Frage dich: Fällt es einem dicken Mann schwer, den Kopf zu drehen? Wie setzt er sich, wie steht er auf? Hat er eine bestimmte Manier zu essen und zu trinken? Übertreibt nicht, tut nicht so, als ob ihr dick wärt. Beobachtet dicke Männer im Alltag und versucht, sie so wahrheitsgetreu wie möglich nachzumachen.«

Jimmy sammelte und arrangierte diese auffälligen Körperbilder wie Kostüme und speicherte sie alle im Gehirn.
Alle Künstler, die von ihrer Kunst besessen sind, sehen die Welt als ein Kaufhaus von Dingen, die speziell für ihren Gebrauch zur Verfügung stehen – Jimmy bildete da keine Ausnahme. Die Veränderung, die in ihm während dieser ersten Wochen in New York vor sich ging, schuf auch eine wunderbare Metamorphose in ihm. In einem Brief, den er an DeWeerd schrieb, verglich er den Schmerz seiner Entwicklung mit einem Fisch, der an Land geschwemmt wurde: »Wir sind Fische und wir ertrinken. Wir bleiben in unserer Welt und wundern uns. Den Glücklichen wird gelehrt zu fragen, warum. Niemand weiß eine Antwort darauf.«
Die drei Jahre in New York machten Jimmy zu einem anderen Menschen. Er war nicht länger ein Landkind, auch hatte sich sein Äußeres grundlegend verändert.
New York war sein Labor, in dem Stücke von ihm auseinanderflogen und sich willkürlich wieder zusammenfügten.

Jimmy war nie besonders interessiert an Zufallsbekanntschaften, doch wenn ihm in seinem Zimmer beim YMCA die Decke auf den Kopf fiel, ging er auf Wanderung.
»Ich erinnere mich, daß ich in der Halle des Rehearsal Clubs saß«, sagte Dizzy Sheridan, in Erinnerung an ihre erste Begegnung mit Jimmy. »Die Jungs durften die Mädchen bis elf oder zwölf Uhr besuchen. Es gab da zwei Sofas, die einander gegenüberstanden. Ich saß auf dem einen und Jimmy auf dem anderen. Beide lasen wir Zeitschriften, und er zitierte etwas aus seiner Zeitschrift. ›Nachträglich gebe ich zu, daß meine Methoden zumindest unorthodox waren.‹«
Dizzy las eine Antwort aus ihrem Heft vor und sie waren mitten in einer Unterhaltung.
»Kaum einer meiner Freunde ist ein Bauer, nur in bezug auf das Popcorn-Essen und das Fernsehen.«

»Sie scheinen alles über das Verbrechen zu wissen. Bitte erzählen Sie mir von sich.«
»Wer erfand Truman Capote, möchte ich gern wissen.«
So wurden sie Freunde.
»Er fragte mich, ob ich mit ihm um die Ecke gehen wolle, um etwas zu trinken. Ich erinnere mich an die rot-weiß-gewürfelte Tischdecke des Lokals und wie er mich über den Tisch hinweg anblickte. Wir unterhielten uns eine Weile, dann malten wir Bilder auf eine Serviette. Ich war sehr beeindruckt von Jimmys Zeichentalent. Er konnte fast alles malen. Ich konnte nicht besonders gut zeichnen; das einzige was ich beherrschte, war ein Baum.«
»Als wir uns kennenlernten, war ich bereit, mich in ihn zu verlieben. Ich glaube, ihm ging es genauso. Zu der Zeit ging ich mit zwei Jungs gleichzeitig – wir versuchten, ein Tanztrio zu bilden –, Jimmy war überrascht, weil ich eine gute Tänzerin war. Wir waren uns beide wirklich sehr zugetan.«
»Ich kann mich noch genau erinnern, was wir tranken und wie wir uns über den Tisch hinweg ineinander verliebten, aber ich kann mich nicht erinnern, worüber wir redeten.«
»Er besaß Jeans und einen Regenmantel ... und einen braunen Anzug, den er nie trug. Doch er hatte ein wunderbares Gesicht. Ich sagte ihm immer wieder, daß er mir ohne Brille besser gefalle, denn sie rutschte ihm immer auf die Nase. Jimmy war kleiner als ich, doch er war stark und gleichzeitig sehr zärtlich, und das zog mich sehr an.«
Dizzy und Jimmy wurden unzertrennlich. Wenn sie nicht zusammen waren, telefonierten sie miteinander. Um Zeit und Telefonkosten zu sparen, beschlossen sie, zusammen eine Wohnung zu nehmen und zwar in der 72. Straße. Dizzy, die Tochter des Pianisten Frank Sheridan, studierte Tanz und lebte von dem kärglichen Gehalt, das sie durch einen Teilzeitjob beim »Paris«, einem Filmtheater auf der anderen Seite des Plaza Hotels, erhielt. Jimmy besuchte sie häufig dort, und sie gab ihm Kaffee und Krapfen, was von der Direktion für die wartenden Gäste bereitgestellt wurde.
Dizzy sagte zu seinen ständigen Imitationen von Menschen: »Er ahmte die Stimme, den Ausdruck, die Gestik der Menschen solange nach, bis das Ganze ein Teil von ihm selbst wurde. Manchmal kam er heim und war ein ganz anderer Mensch. Das hat mir

nicht so besonders gefallen. Doch Gott sei Dank hielt das nicht allzu lange an.«
Nach ein paar Monaten gaben Dizzy und Jimmy die Wohnung aus den Gründen auf, aus denen sie sie bisher geteilt hatten (Zeit und Geld).
»Wir konnten die Miete nicht mehr aufbringen, also zog Jimmy zu Jim Sheldon, einem Freund von Rogers Brackett. Ich bekam ein Zimmer in der Eight Avenue, das so groß wie dieser Tisch war.
Jimmy verbrachte manche Nacht bei mir. Wir taten so, als ob wir Elsa Maxwell kannten und planten in Gedanken eine Party und überlegten, welche Leute wir dazu einluden. Man konnte nicht einmal die Tür öffnen, da das Bett im Weg stand.
Ich glaube, es war an der Zeit, daß wir uns wieder voneinander lösten, denn wir hingen wie die Kletten aneinander, und so kann man nicht leben. Wir waren jung und voller Fantasie, und die ganze Zukunft lag noch vor uns. Und natürlich würden wir uns nie mehr trennen. Wir befanden uns in einer Phase, in der alles für die Ewigkeit gemacht zu sein schien. Aber irgendwann muß man auch wieder Boden unter den Füßen gewinnen und erkennen, daß nichts ewig dauert.«

Jimmy liebte New Yorks Arbeits- und Unterhaltungsmöglichkeiten, seine Dekadenz, seine Heftigkeit. Während er sich hier durchschlug, war Nick Adams (der später mit ihm *Rebel Without a Cause* drehte) noch ein Jugendlicher, der in den Straßen von Hoboken als Nick Adamshock herumging. Obwohl Nick nicht wußte, wie Jimmy in New York lebte, liebte er es, Stories über ihn zu erzählen, wie er von 25 Cents pro Tag leben müsse: »Ich weiß nicht, ob Jimmy Hunger litt – Jimmy würde daraus nie ein Drama machen –, aber ich weiß, daß er ganz schön magere Zeiten durchgemacht hat.«
»Einmal habe ich herausgefunden, daß er zwei Tage nichts gegessen hatte«, sagte der Fernsehautor Frank Wayne. »Wissen Sie, wie ich dahinterkam? Wir hatten hier immer kübelweise Tapiokapudding herumstehen. Und nach der Show warfen wir ihn weg. Eines Tages sagte Jimmy zu mir: »He, Frank, wenn du diesen Pudding wegschmeißt, kann ich ihn dann haben?« Und ich erwiderte: »Möchtest du wirklich Tapioka essen?« Und er sagte: »Mann, mir ist alles recht. Ich habe seit zwei Tagen kei-

nen Bissen zwischen die Zähne bekommen.« Ich gab ihm also den Pudding und führte ihn zum Dinner aus.
Jimmy hatte bei seinem Abklappern der Agenturen nicht viel Glück. Er nahm jede Rolle, auch die geringste, an. Natürlich mußte er nebenher jobben, als Tellerwäscher, Kellner, Platzanweiser, doch er sprach mit niemandem darüber. Es handelte sich immer nur um vorübergehende Jobs.
Eine Parodie seines Lebens als Künstler, der zum Hintereingang aus- und eingeht, bildet die comicartige Biographie mit dem Titel »The Tragedy and Triumph of Jimmy Dean«. Jimmy jongliert ein Tablett mit Tellern und Tassen und wird von seinem schweineähnlichen Boß angefaucht: »He du! Beeil dich! Für was zum Teufel zahle ich dich? Vielleicht fürs Gedichtemachen?«
Jimmy schrieb Gedichte. In einem freien Augenblick, wahrscheinlich zwischen dem Abräumen der Tische, schrieb er in ein Taschenbuch:

Sight is bent to lick
your heart;
A liquid mouth dilutes
my thought.
Souls knit a nebulea mat
We live here in every world
Secret loft in azure habitat.

Die Durchschnittseinwohner kleiner Städte erkennen bald die enge Grenze ihrer Möglichkeiten, und Jimmy begann aus der Perspektive der Großstadt die allgemeine Begrenztheit der Kleinstadt, die die Leute in ihrer Fantasie einengte, in Frage zu stellen. Hinter dem überlegten Handeln der Leute in einer Stadt wie Fairmount erkannte er die große Angst, die er jeden Tag überwinden mußte. Nachdem er ein Jahr in New York gelebt hatte, schrieb er das Gedicht »My Town«:

Meine Stadt liebt industrielle Ohnmacht.
Meine Stadt ist klein, liebt ihre Zaghaftigkeit.
Meine Stadt betreibt gefährliche Bigotterie.
Meine Stadt ist groß in bezug auf Götzenverehrung.
Meine Stadt glaubt an Gott und seine Mannschaft.
Meine Stadt haßt die Katholiken und Juden.

Meine Stadt ist unschuldig, eine egoistische Kaper.
Meine Stadt ist emsig, liest die Zeitung.
Meine Stadt, in der ich nackt geboren wurde, ist reizend.
Meine Stadt ist nicht das, was ich bin – ich bin hier.

Im Sommer 1952 kam ein alter Freund aus Kalifornien. Jimmy hatte Bill Bast geschrieben und ihm berichtet, welch glitzernde Welt ihn in New York erwarten würde. Doch Jimmy hatte seine Gründe, weshalb Bill nach dem Osten kommen sollte. Jimmy würde sich nicht mehr so einsam fühlen, und er würde ihm aus einer Situation helfen, in der er nicht mehr ein noch aus wußte. Zu der Zeit wohnte Jimmy mit Jim Sheldon, dem Fernsehdirektor, den Jimmy durch das Empfehlungsschreiben Rogers Brakketts kennengelernt hatte, zusammen.
Bill wollte sowieso nach New York gehen, um sich als Fernsehautor zu versuchen, doch als er dorthin gelangte, fand er alles ganz anders, als Jimmy es ihm geschildert hatte.
»Als ich nach New York kam, lebte er nicht gerade in rosigen Verhältnissen, und ich trat als sein Retter auf«, sagte Bill. »Er benutzte mich als Ausrede, um aus seiner Wohnung ausziehen zu können. Bereits an meinem ersten Tag in New York fanden wir zusammen eine Wohnung.«
Als sie die 44. Straße nach einer Wohnung durchstreiften, sah Jimmy Roddy McDowall, den er von einem Besetzungsbüro her kannte. Er erzählte ihnen, er wohne im Algonquin Hotel. »Warum nehmen wir uns nicht dort ein Zimmer?« schlug Jimmy Bill vor. Doch bald wurde es offensichtlich, daß sie es sich nicht leisten konnten, und so zogen sie ins Iroquois Hotel um.
Sie hatten Zimmer 802. Es kostete sie 90 Dollar im Monat. Wahrscheinlich kostet es heute noch genausoviel wie im Jahre 1952. Es ist immer noch spartanisch eingerichtet, ohne Fernseher. Eine Kommode, ein Stuhl, ein Krug und zwei surrealistische Gemälde, die Vögel und Pflanzen zeigen, die hier bestimmt nicht überleben können.
In diesem Raum ist etwas von dem Ekel und der Klaustrophobie von Jimmys erstem Schwarzweiß-Film *East of Eden* (Jenseits von Eden, 1955) enthalten.
Jimmy dachte, die harte Zeit, die er jetzt erlebte, müßte für den Preis eines neuen Lebens durchgestanden werden. Nichts konnte deprimierender wirken als solche Hotels mit mumienhaften

Sprechblase: He, du. Halt es fest. Wofür zum Teufel denkst du zahle ich dich? Etwa fürs Gedichteschreiben?

alten Damen, die eine frustrierende Vergangenheit hinter sich hatten. Nach ein paar Monaten im Iroquois, zogen Jimmy und Bill in die 45. Straße in eine Wohnung, die sie mit Dizzy Sheridan teilten.

»An dem Abend, an dem wir einzogen, waren wir besonders down, denn wir mußten eine Mietvorauszahlung leisten«, erinnerte sich Bill. »Wir hatten nicht einmal mehr einen Dollar fürs

Essen. Wir nahmen alles, was wir noch im Kühlschrank hatten und machten ein Ragout daraus. Dennoch knurrten unsere Mägen.«

Als Jimmy und Bill in das neue Apartment zogen, hatten sie keine Möbel. Von Freunden hamsterten sie zwei Matratzen, etwas Geschirr und ein paar Handtücher. Da sie kein Radio oder Fernsehen besaßen und auch kein Geld hatten, auszugehen, versuchten sie, sich gegenseitig zu unterhalten. Und gibt es eine bessere Kombination als einen Drehbuchautor, eine Tänzerin und einen Schauspieler?

Wenn sie nicht gerade jemanden imitierten oder etwas einübten, bekamen Bill und Dizzy von Jimmy Unterricht im Stierkampf. »Doch ich lernte nicht viel von ihm«, sagte Dizzy, »denn Jimmy machte mich immer zum Stier.«

Jimmy war nach New York gekommen in der Absicht, Arbeit zu finden und durch die Schauspielerei zu sich selbst. »New York ist eine fruchtbare, großzügige Stadt, wenn man die Gewalt und Dekadenz akzeptieren kann«, sagte er.

Es ist immer gut, wenn man in der Unterhaltungsbranche jemanden hinter sich hat – jemanden, der einen antreibt, ermutigt, an einen glaubt. Eine solche Person fand Jimmy in Jane Deacy, die seine Agentin wurde und eine Mutterfigur in seinem Leben.

Der Fernsehregisseur James Sheldon, mit dem Jimmy vor Bills Ankunft zusammengewohnt hatte, war von seinem Aussehen und seinem Schauspieltalent beeindruckt, konnte ihn aber nicht einsetzen. Doch er empfahl Jimmy dem talentierten Agenten Louis Schurr. Doch Schurr war von Jimmy nicht angetan. Er entsprach nicht seinen Vorstellungen. Er war zu klein, trug eine Brille, redete oder handelte nicht wie ein »Jugendlicher« und war ungeeignet für eine »reife« Rolle. Doch Schurrs Assistentin, Jane Deacy, erkannte sofort in Jimmy James Dean, und damit begann eine Geschäftsverbindung, die bis zu Jimmys Ende dauerte.

Jane Deacy stellt kein geheimnisvolles Element in Jimmys Karriere dar. Sie besaß die Ausdauer, Jimmy dort einzusetzen, wo er sein Talent entfalten konnte. Sie hatte den richtigen Blick für das, was aus ihm werden könnte, spornte ihn an und achtete darauf, daß er nicht ausgebeutet wurde.

Eines Tages ging Jimmy in Jane Deacys Büro und sah Christine

Jimmys Zeichnung von einem Stierkämpfer

White, eine attraktive junge Blondine, die auf der Schreibmaschine hämmerte. Er hatte sie zuvor noch nie gesehen und schaute ihr über die Schulter. Folgender Dialog entspann sich zwischen den beiden:
»Was ist das?«
»Eine Szene.«
»Was für eine Telefonnummer haben Sie?«
»Ich weiß nicht.« (Sie tippt weiter)
Er sieht nicht aus wie ein Schauspieler, dachte sie bei sich, nicht mit diesem gebeugten Rücken und der dicken Brille. Doch Jane Deacy (die auch ihre Agentin war) erzählte ihr, daß Jimmy sehr wohl ein Schauspieler sei.
Im weiteren Verlauf des Nachmittags erzählte Christine Jimmy bei einer Tasse Kaffee, daß sie Schauspielerin sei und für das Actors Studio arbeite. Seit James Whitmore Jimmy auf dieses Studio aufmerksam gemacht hatte, bemühte er sich, dort Einlaß zu finden. Am Ende des Nachmittags stellte sich heraus, daß Chris einen Partner brauchte.

Chris hatte bereits eine Szene geschrieben, und als Jimmy seine Rolle darstellte, überarbeiteten sie sie, fügten etwas hinzu, strichen etwas und betitelten sie mit »Roots«. Sie probten fünf Wochen lang, führten sie allen möglichen Leuten vor, um deren Meinung zu hören.
Am Tag der Aufführung war Jimmy so nervös, daß Chris befürchtete, er würde ihr davonlaufen. Doch ein paar Biere beruhigten ihn. Jimmy rannte mit einem Bierglas auf die Bühne. »Ohne seine Brille konnte er die Hauptbühne nicht finden«, erinnerte sich Christine, »und befand sich fast im entgegengesetzten Flügel. Außerdem befand er sich außer Reichweite der Scheinwerfer, aber die Szene sollte sowieso bei Nacht spielen. Ich wartete zwanzig Sekunden, rannte auf die Hauptbühne hinaus und vermied es, ihn anzusehen. Ich wußte, daß er aufgeregt war. Er überschlug sich zweimal, lachte und sagte: »Hi«. Das stand nicht im Drehbuch.« Die Handlung spielt auf einer Insel, kurz vor einem Orkan. Ein junges Mädchen, das von zu Hause weglaufen möchte, stößt am Strand auf einen Landstreicher. Sie kämpfen gemeinsam gegen den Sturm, was sofort eine gewisse Vertrautheit zwischen ihnen schafft. Nun kommt die Szene, die Christine und Jimmy geschrieben hatten.

Chris: (Pause) ... Heute abend scheinen keine Sterne.
Jimmy: Sie haben sich hinter der großen schwarzen Wolkendecke versteckt, doch sie werden bald wieder herauskommen.
Chris: Sicher, ich bin dumm. Die Leute entflohen der Dunkelheit, und wir suchten sie ... den Wind ... das Unbekannte. Wie denkst du darüber? Womit hast du die meiste Zeit deines Lebens verbracht?
Jimmy: Ich habe nach den Wurzeln gegraben. Wie wär's mit einem Bier? Macht es dir etwas aus, es aus der Flasche zu trinken?

Nach einer Unterhaltung über Freunde, erscheinen der Orkan und die Eltern nicht minder bedrohlich. Die Szene geht weiter:

Jimmy: Ich glaube, du bist verzweifelt. Du bist mit der Leere deiner Welt zu mir gekommen.
Chris: Ich weiß, ich weiß. Was soll ich machen? Ich brauche deine Freiheit. (Sie nimmt seine Hand.) Du bist dein

	ganzes Leben davongerannt und hast die Welt mit deiner Faust niedergestreckt. Du hast eine warme, zarte Hand.
Jimmy:	Komm herein, denn für dich ist das Wegrennen eine neue Erfahrung.
Chris:	(fängt an zu weinen) Ich hasse dich. Innerhalb einer Sekunde hast du mich erwachsen gemacht (läßt seine Hand los). Nein, nicht dich hasse ich, sondern mich, mich. (Sie rennt hinaus in die Dunkelheit.)

Diese Isolierungsgeschichte, die auf einer Insel stattfindet, endet damit, daß der Mann, nachdem das Mädchen weggerannt ist, wieder allein ist.

Jimmy:	(wirft den Bierkrug ein paarmal in die Luft und stößt ihn dann weg) Du siehst, Clayton (er fängt an zu schreien), du kannst dein ganzes Leben wegwerfen, und keiner schert sich darum. Hörst du mich? Ich bin's. ... Wir ... wir alle ... sind allein.

Von 150 Bewerbern für das Actors Studio, kamen Jimmy und Christine in die enge Auswahl von zwölf und wurden schließlich als einzige genommen.

Das Actors Studio war die angesehenste Schule der 50er Jahre. Elia Kazan, Arthur Miller, Marlon Brando und Marilyn Monroe besuchten sie, und sie wurde zum intellektuellen und politischen Barometer des New Yorker Theaters, ein Zentrum für jeden, der nach neuen Stars suchte oder versuchte, ein neuer Star zu werden. Das Studio war aus dem Group-Theater der 30er Jahre entstanden, das von dem großen russischen Schauspieler und Direktor Konstantin Stanislawski geleitet wurde. Stanislawski und sein Bruder hatten eine neue Methode entwickelt: Nicht durch Nachahmung sollte ein Charakter entstehen, sondern durch das Übertragen aus dem eigenen Leben.
Das Group-Theater hatte in den 30er und 40er Jahren großen Einfluß, nicht zuletzt durch Autoren wie Clifford Odets und Bertolt Brecht und Schauspieler wie John Garfield, Morris Carnovsky und Kazan.
Das Studio befindet sich in einem weißen Gebäude an der westlichen 44. Straße, sieht aus wie eine umgebaute Kirche. In der

kleinen Empfangshalle warten die Studenten auf Strasberg. Es gibt eine kleine Kaffeeküche, und auf den Toiletten steht »Romeo« und »Julia«. Wenn der Magus da ist, folgen ihm die Studenten schweigend in die Klasse.
In dem Actors Studio, das Strasberg später in Hollywood eröffnete, hängen riesige Poster von Marylin Monroe und Jimmy Dean, die von den zukünftigen Schauspielern und Schauspielerinnen verehrt werden. Sie hoffen, daß etwas von ihrer Aura für sie abfällt. Doch die Ironie ist, daß diese Stars nicht regelmäßig an den Sitzungen teilnahmen. Kazan erinnert sich an Jimmy als Studenten nur ganz vage: »Dean war nur selten im Studio anzutreffen. Wenn er da war, saß er in der ersten Reihe und verhielt sich völlig passiv.«
Jimmy verließ eine Sitzung, nachdem eine Szene von ihm von den Studenten und Strasberg analysiert worden war. Für einen Schauspieler, dessen Methode so völlig persönlich war, war dieses Auseinandernehmen unerträglich.
»Wenn ich zulasse, daß sie mich sezieren wie ein Kaninchen in einem Labor, kann ich vielleicht nicht mehr schöpferisch sein«, sagte er zu Bill Bast.
Auch wenn der Ruf des Actors Studio auf seinen Stars beruht, gibt Strasberg bereitwillig zu, daß weder Brando, Clift oder Dean ernsthaft dort trainierten: »Vielleicht brauchten sie es nicht, weil ihr Talent ausreichend war. Doch ich glaube, Jimmy war etwas faul, beobachtete nur. Sie hätten sehen sollen, wie er dasaß und beobachtete.«
Die Methode, die hier gelehrt wurde, bestand darin, daß der Schüler die Gefühle, die er in seinem wirklichen Leben empfindet, auf seine Rolle überträgt: Jede Einzelheit aus der Vergangenheit, jede Erfahrung, jedes Gefühl, Schmerz und Ärger, all das soll einen Charakter aufbauen.
Bei der »Methode« entsteht ein Charakter aus dem emotionalen Inhalt des eigenen Körpers des Schauspielers. Der Schauspieler wird gewarnt, nicht dem »existentiellen Trugschluß« zu erliegen, sich selbst mit seiner Schöpfung zu verwechseln, doch eine Person wie Jimmy, die in ihrem Wesen unausgeglichen ist, ist empfänglich für diese Form des Theater-Kannabalismus. Die Europäer haben den ›existentiellen Trugschluß‹ immer vermieden, zumindest in bezug aufs Theater, indem sie dem Schauspieler gestatteten, seine Maske zu lüften, »nur Unterhalter zu

sein«. Stanislawski besteht darauf, daß der Schauspieler diese Distanz einhält. »Ein Schauspieler überläßt sich auf der Bühne nicht irgendwelchen Halluzinationen. Im Gegenteil, einige seiner Sinne müssen über dem Spiel stehen, um alles zu kontrollieren. Er vergißt nicht, daß auf der Bühne Kulissen sind. Er sagt: »Ich weiß, daß alles um mich herum ein Konterfei der Wirklichkeit ist. Es ist falsch. Aber wenn alles wirklich sein sollte, dann seht, wie ich davongetragen werde.«

In Amerika hatte die »Methode« eine andere Wirkung. Die amerikanische Kultur mit ihrer Vorstellung, daß das Theater ein unterhaltendes Element darstellt, hat seine Künstler zu kommerziellen Produkten gemacht. Erfolg bedeutet für einen Star eine finanzielle und soziale Klasse, die den königlichen Hierarchien Europas entspricht.

Viele amerikanische Superstars erlagen dem »existentiellen Trugschluß«, denn im Gegensatz zu Europa, wo die erfolgreichen Stars als Künstler behandelt werden, möchten wir hier in Amerika, daß unsere Helden sich mit den Rollen, die sie spielen, identifizieren.

Ein Filmstar ist immer das Modell eines Extrems. Wenn er nicht fähig ist, die inneren Grenzen seiner eigenen Persönlichkeit zu erreichen, scheitert er. Marilyn Monroe beschrieb dies mit den Worten: »Wenn man berühmt ist, wird jede Schwäche übertrieben. Diese Industrie sollte ihre Stars wie eine Mutter behandeln, deren Kind gerade vor ein Auto gerannt ist. Anstatt das Kind an sich zu drücken, bestraft sie es.«

Es dürfte kaum ein Zufall sein, daß drei der vier großen Stars Hollywoods, die mit dieser Methode groß wurden, Selbstmord begingen: durch Zermürbung, wie im Fall des selbstzerstörerischen Montgomery Clift, durch Absicht, wie im Fall von Marylin Monroe oder durch Unachtsamkeit, wie im Fall von James Dean.

Jimmy praktizierte die Methode fast täglich an sich selbst, das heißt, er grub nach den Wurzeln.

Enge Freunde erkannten, daß solche haarsträubenden Experimente zu einem Fiasko führen mußten. Unbarmherzig nahm er unzählige kleine Zerstörungen an sich vor.

Barbara Glenn, die einer der wenigen Menschen war, denen er vertraute, sagte: »Jimmy war eine schrecklich destruktive Per-

son. Unsere Beziehung war destruktiv. Ich wußte, er würde sich schließlich selbst zerstören. Und als das eintrat, war es keine Überraschung. Ich fühlte das beim ersten Mal, als ich Jimmy begegnete. Immer wenn ich auf ihn wartete, fragte ich mich: »Wird er es tun?«
»Er kaufte ein neues Motorrad und sagte: »Ich fahre heim.« Es war Winter. »Wie?« fragte ich. »Bitte, wenn du unbedingt sterben möchtest, warum dann nicht hier?« »Nein, ich muß es versuchen. Es ist prima. Mach dir keine Sorgen.«
»So fuhr Jimmy also nach Indiana und ich hörte ein paar Wochen lang nichts von ihm. Er fuhr durch Schneestürme und Eis und fror sich zu Tode, fuhr aber unverdrossen weiter – hin und zurück. Eines Tages, als ich Probe hatte, saß er in der letzten Reihe.« Don Quijote sagte: »Die Schauspieler leben in einer magischen Welt. Sie wollen durch ihre Täuschungen nichts Böses bewirken.« Aber irgendwie haben wir in der magischen Welt des Films Schauspieler wie Kanarienvögel benutzt, die hinter ihren Stäben beobachtet werden, haben ihnen erlaubt, sich in die gefährliche Phantasiewelt zu wagen.
Das trügerische Spiel mit der Illusion, das von der »Methode« begünstigt wird, und seine zerstörerische Wirkung auf die Stars, die ihre Rolle auf ihr Leben übertragen, ist die Grundlage von Stanislawskis System. Man kann seine Rolle auch zu gut spielen, und der Preis, den man dafür bezahlt, kann tödlich sein. Die fiktive und die reale Person können nicht koexistieren – eine von ihnen muß gehen –, und für einen Schauspieler, der von seinem Beruf besessen ist, ist die Wahl eindeutig.
Die Brüder Stanislawski erkannten diese Gefahr, und sie schufen das Phantom des weißen Bären.
Dennis Hopper erzählte: »Meine Lieblingsgeschichte über die Brüder Stanislawski ist folgende: ›Sie spielten folgendes Spiel: Jeder stellte sich fünf Minuten in eine Ecke und versuchte, nicht an den weißen Bären zu denken. Sie versuchten es ihr ganzes Leben und keinem gelang es.‹«
Die meisten Schauspieler schrecken vor dem Phantom des weißen Bären zurück. Jimmy umarmte es auf seinem Weg zu James Dean, erkannte nicht, daß in der Selbstschöpfung der Keim zur Selbstzerstörung enthalten ist.

KAPITEL VI

Lehrjahre (1952–1954)

Fernsehen in den frühen fünfziger Jahren. Jimmy klappert die Studios ab. Seine Hauptrollen im Fernsehen. Freunde und Freundinnen.

1951 wurden die meisten Fernsehshows in New York City ausgestrahlt, und fast jeder vielversprechende junge Schauspieler konnte irgendwo eine Rolle bekommen. Dieses Medium, das noch in den Kinderschuhen steckte, wurde bald ein Raubtier, verschlang alles an Talenten, was es auftreiben konnte: alte Charakterdarsteller, Starlets, Idioten und Hunde.

Das sofortige Einschlagen des Fernsehens rief in Hollywood Panik hervor. Burbanks Mogule versuchten, die Aufmerksamkeit des Publikums durch Cinerama und CinemaScope zu erregen. Doch der Gigant war tödlich verwundet. Im untergehenden Glanz von Hollywoods Rotem Giganten fand Jimmys Aufstieg als Star statt.

Durch das Fernsehen gelangten junge neue Schauspieler zu Ruhm: Rod Steiger, Grace Kelly, Anne Bancroft, Paul Newman, Eva Marie Saint. Das Fernsehen bot den Schauspielern mehr Rollen an als der Film und erforderte mehr Drehbücher.

»In der Zeit des Live-Fernsehens« sagte Rod Serling, der Fernsehautor, der für *Night Gallery* und *The Twilight Zone* berühmt wurde, »passierte ständig irgend etwas Unvorhergesehenes. Doch keinen brachte das aus der Fassung. In New York bildeten die Drehbuchautoren eine enge Gemeinschaft. Wir berieten uns untereinaner und halfen uns gegenseitig.«

Das Fernsehen brachte auch unbekannte Talente, wie Jimmy, der zum ersten Mal am 11. Mai 1952 in einer NBC-Show mit dem Titel *Prologue to Glory* auftrat.

Nachfolgende Liste führt alle Fernsehauftritte Jimmys auf, einschließlich der Wiederholungen und zwei posthumen Beiträgen.

Auftritte im NBC-TV

11. Mai 1952	U.S Steel Hour – »Prologue to Glory«
15. Jan. 1953	Kate Smith Hour – »Hound of Heaven«
29. Jan. 1953	Treasury Men in Action – »The Case of the Watchful Dog«
16. Apr. 1953	Treasury Men in Action – »The Case of the Sawed-Off Shotgun«
17. Juli 1953	Cambell Sound Stage – »Something for an Empty Briefcase«
11. Sept. 1953	»The Big Story«
4. Okt. 1953	»Omnibus«, ausgestrahlt am 4. Okt. 1953 (rezensiert in »Variety«, 7. Okt. 1953)
14. Okt. 1953	Kraft TV Theatre – »Keep Our Honor Bright«
16. Okt. 1953	Cambell Sound Stage – »Life Sentence«
11. Nov. 1953	Kraft TV Theatre – »A Long Time Till Dawn« (Drehbuch: Rod Serling)
17. Nov. 1953	Armstrong Circle Theatre – »The Bells of Cockaigne«
23. Nov. 1953	Johnson's Wax Program – »Robert Montgomery Presents Harvest«
5. Sept. 1954	Philco TV Playhouse – »Run Like a Thief«
14. März 1955	Lever Brothers' Lux Videa Theatre – »The Life of Emile Zola«, mit einem Interview mit Jimmy
27. Nov. 1955	Posthume Auszeichnung, präsentiert von dem Modern Screen-Magazin zu Ehren seines 25. Bestehens
14. Okt. 1956	»Steve Allen-Show« – Filmausschnitte aus Fairmount, Musik aus The James Dean Story und Exzerpt einer Fernsehshow von Jimmy (Cambell Sound Stage's »Life Sentence«)
4. Jan. 1957	Wiederholung von »The Big Story«, ausgestrahlt am 11. Sept. 1953

Auftritte im ABC-TV

4. Jan. 1955	U.S. Steel Hour – »The Thief«

Auftritte im CBS-TV

14. Apr. 1953	Danger – »No Room«
17. Aug. 1953	Studio One Summer Theatre – »Sentence of Death«
25. Aug. 1953	Danger – »Death is My Neighbor«
Aug. 1953	Danger – »The Little Woman«
9. Nov. 1954	Danger – »Padlocks«
Dez. 1954	General Electric Theatre – »The Dark, Dark Hours«
Dez. 1954	General Electric Theatre – »I Am a Fool«
6. Mai 1955	Schlitz Playhouse – »The Unlighted Road«
1. Juni 1956	Schlitz Playhouse – »The Unlighted Road« (Wiederholung)
16. Nov. 1956	Schlitz Playhouse – »The Unlighted Road« (Wiederhol.)
18. Nov. 1956	General Electric Theatre – »I Am a Fool« (Wiederhol.)
4. Juli 1958	Schlitz Playhouse – »The Unlighted Road« (Wiederhol.)
4. Febr. 1959	Schlitz Playhouse – »The Unlighted Road« (Wiederhol.)
21. März 1959	Schlitz Playhouse – »The Unlighted Road« (Wiederhol.)

Von Beginn seiner Fernsehkarriere an erlebte Jimmy begeisterte Reaktionen. »Du solltest die Briefe lesen, die ich von ein paar alten Damen bekam«, sagte er zu Bill Gunn. »Sie schreiben mir, sie hätten gerne, daß ich engere Hosen trage. Sie gehören zu einem Fernsehclub, der Damen zwischen 50 und 75 aufnimmt. Dann sitzen sie vor der Röhre, schauen sich – die Augen aus dem Kopf und schreiben schmutzige Briefe. Nicht zu fassen!«
Unter den Schauspielern wurde die Fernseharbeit nicht als erstrebenswert angesehen. Sie war mit einem Stigma versehen, wahrscheinlich aus gutem Grund.
Jimmy liebte es nach wie vor, Rollen zu spielen. Ein Beispiel dafür ist die folgende Geschichte, die »Poppa« Lucci, eine Lokalbesitzerin, bei der Jimmy jeden Tag zu Abend aß, erzählte.

»Eines Sonntagnachmittags stand Jimmy im Regen vor meiner Haustür. Ich sagte: ›Was ist mit dir? Bist du verrückt, hier im Regen zu stehen. Oder bist du betrunken?‹
Ich nahm ihn mit in meine Wohnung und wollte ihm Kaffee anbieten, doch er lehnte ab. Er sagte: ›Ich muß jetzt gehen. Schaust du dir meine Show an, ja?‹ Wir setzten uns also alle vor den Fernseher und sahen Jimmy auf der Mattscheibe. Er sah angeheitert aus, genauso wie ich ihn vorher erlebt hatte. Er spielte die Rolle eines Betrunkenen, der einen Unfall hatte. Er erschien so echt! Als er hier war, hatte er den Betrunkenen gespielt. Da ich ihn noch nie betrunken gesehen hatte, war ich beunruhigt. Doch er spielte das nur.
Dann kam er wieder bei uns vorbei und amüsierte sich königlich. Das war so seine Art!«
In Fairmount kauften sich seine Großeltern einen Fernseher, um ihn bewundern zu können, und die Fairmounter Zeitung verfolgte seine Karriere, wie im folgenden Artikel:
James Dean tritt im Fernsehen auf
Am Sonntagabend bot James Dean eine überzeugende Darbietung als »Hep-cat-Killer«.
Das Fernsehspiel *The Dark, Dark Hours,* zeigt Ronald Reagan als Arzt, dessen Schlaf durch das Auftauchen des »Hep-cat« an seiner Tür gestört wurde. Dieser hatte einen tödlich verwundeten Kameraden bei sich. Constance Ford spielte die Arztfrau. Der Arzt wurde mit dem Gewehr bedroht, um die Kugel zu entfernen. Umsonst. Nach dem Tod des Verletzten, wurde der »Hep-cat« von dem Arzt überwältigt und entwaffnet.«
Ein etwas persönlicheres Bild von Jimmy zu der Zeit gibt ein Brief an Barbara Glenn:

An das süßeste Mädchen der Welt,

Liebe Barbara,

sei nicht überrascht, wenn eine Menge Leute den Limburger Käse mögen. Ob das Stück gut oder schlecht ist, egal, zumindest hatte man die Chance, eine Rolle zu spielen.
Mir geht's ordentlich. Hatte mal wieder 'ne Erkältung. Die Proben für Scarecrow werden in zwei Wochen weitergehen. Frank informierte mich, daß ich im August den Scarecrow spielen würde. Noch habe ich keinen Job beim Fernsehen, hoffe aber immer

In einer Szene aus ›Teen-Age Idol‹ in der Fernsehserie ›Danger‹

noch. Habe deinen Scheck erhalten, ihn aber noch nicht eingelöst. Wird morgen geschehen. Vielen Dank. Tut mir leid, daß du soviel Ärger hattest.
Bemühe mich, bei der MGM eine Rolle zu bekommen. Kaufte mir ein paar neue Schuhe. Schwarzes Leder, auch ein paar Hosen, nicht erste Qualität, aber okay. Mein Onkel schickte mir 30 Dollar, war ein gutes Gefühl.
Ich würde dich so gerne sehen. Ich vermisse dich auch. Ich werde müde. Schreib mir bitte bald, dann schreibe ich Dir wieder.

Herzlichst
Hayseed Jim

PS. Schreib an das alte Hotel, ich schau immer mal wieder dort vorbei.

Herzlichst
Jim

Er fügte dem Brief einen Ausschnitt aus *Variety* vom 2. September 1953 bei:

»Letzten Dienstagabend zur Krimistunde spielten in *Suspense* und *Danger* die Topstars Sir Cedric Hardwicke und Walter

... Jimmy bricht unter einer Gewehrsalve zusammen

Hampden. Doch der Anfänger James Dean stahl beiden die Show. Dean, der mit Hampden in *Danger* spielte, stellte einen psychotischen jungen Hausmeister dar und bot eine glänzende Darstellung. In *Death is My Neighbor* spielt Hampden einen betagten Hausmeister, der Dean in seine Arbeit einweist. Als Betsy Palmer in das Haus einzieht und erzählt, daß Hampden nach fünfzehn Jahren gefeuert wird, ist Dean ganz verstört. Als Miss Palmers seine Annäherungsversuche abwehrt, versucht er, sie zu ermorden und den Verdacht auf Hampden zu lenken. Doch die Polizei entdeckt die Wahrheit und Hampden behält seinen Job.
Deans Darstellung erinnerte in vielem an die Marlon Brandos in *Streetcar* (Endstation Sehnsucht, 1951), war aber durchaus individuell gestaltet. Er hat eine große Zukunft vor sich.«

Eine der schmerzlichsten Erfahrungen eines jungen Schauspielers ist das ständige Abgewiesenwerden von Agenten, Besetzungsdirektoren und Produzenten. Jimmy versuchte, sich selber vorzumachen, daß dies nichts ausmache. Oft wurde Jimmy abgelehnt, weil er zu klein, zu leger gekleidet sei oder weil er eine Brille trage. Am meisten demütigten ihn die Massen-Vorsprechproben.
Martin Landau erinnerte sich: »Wir bezeichneten sie als Vieh-

treiben. Man bekommt eine Nummer und spricht vor. – Wenn man interessiert sei, käme man auf einen zu, wird einem dann mitgeteilt. »Jimmy und ich trafen uns nach einer Probeaufnahme auf der Straße, wir kannten einander von dieser gemeinsamen demütigenden Erfahrung. Wir schlenderten durch die Straßen und hielten vor einer Baustelle und sagten: ›Nun, wenn wir schon auf die Straße gesetzt werden, benehmen wir uns auch so.‹ Wir taten so, als ob wir Vorarbeiter am Bau wären und schrien den Arbeitern unsere Befehle zu. Das dauerte ungefähr zwanzig Minuten. Dann gingen wir zur Eisbahn, wo ein Mädchen Schlittschuh lief und ihre Tricks machte. Wir applaudierten ihr, und sie fühlte sich wie eine Königin und verneigte sich vor uns.«

Paul Newman, Steve McQueen und Jimmy Dean begegneten sich oft bei Fernsehaufnahmen oder am Broadway. Ein neuer Heldentypus zeichnete sich ab. Jimmy liebte es, seinen Lieblingsphilosophen Elbert Hubbard zu zitieren: »Genies tauchen immer in Gruppen auf, denn Gruppen erzeugen die Reibung, die Licht erzeugt.« Steve McQueen ärgerte sich ganz besonders über Jimmy, weil er ihm immer um eine Nasenlänge voraus war. Sein Neid wurde zur Ironie, wenn er später in Filmen wie *The Bob* unverblümt Jimmys Manierismen übernahm. Als McQueen bei einer Hollywood-Party Landau vorgestellt wurde, sagte er: »Oh, natürlich haben wir uns schon gesehen. Ich erinnere mich noch genau, als wir uns das erste Mal trafen, auch wenn Sie sich vielleicht nicht an mich erinnern. Sie saßen auf dem Rücksitz von Jimmy Deans Motorrad, auf dem dieser in die Werkstatt fuhr, in der ich als Mechaniker arbeitete.«

Jimmy wurde oft geholt, wenn Hollywoods Andy Hardy (Mikkey Rooney) ersetzt werden sollte.

Jimmy erhielt seine erste große Fernsehrolle in *A Long Time Till Dawn,* in der er einen seltsamen Typ darstellte.

»Der Hauptcharakter«, sagte Serling«, war ein verwirrter, ausgeflippter Typ, ein Vorläufer der Sechziger-Generation. »Jimmy Dean spielte seine Rolle großartig, niemand hätte sie besser bringen können.«

Martin Landau erinnerte sich, wie sich Jimmy auf die Rolle vorbereitete: »Eines Tages wohnte ich im Studio den Proben bei. Jimmy spielte einen Typen, einen Jugendlichen, der sich wieder als Kind fühlte und gefährlich wurde. Jimmy war nach der Probe

sehr deprimiert, obwohl er seine Rolle gut gespielt hatte. Wir gingen in Jerrys Taverne, und er bestellte sich einen Doppelten. Das war sonst nicht seine Art.
Ich sagte: ›Kannst du es nicht ein bißchen leichter nehmen? In einer Stunde mußt du wieder antreten.‹ Ich hatte das Gefühl, als ob er am liebsten davongerannt wäre. Ich redete auf ihn ein: ›Statt hier vor Selbstmitleid zu vergehen oder den Kopf hängen zu lassen, wäre es doch besser, du würdest versuchen, die Rolle in den Griff zu bekommen.‹ Jimmy kaute wie üblich mal wieder an seinem Kragen – er nahm einfach die Kragenspitze in den Mund und knabberte daran herum. Ich fuhr fort: ›Du machst das immer so, und das ist nicht übel. Ist wohl die Brust deiner Mutter!‹ Er schaute mich an, murmelte etwas von wegen: ›Mal seh'n‹ und rannte raus.
Etwas später, als ich immer noch beim Abendessen bei Jerry's war, erschien Jimmy im Fernsehen. Und was tat er? Jedesmal, bevor er einen Wutanfall hatte, knabberte er an seinem Hemdkragen herum. Dann kam die Liebesszene mit seinem Mädchen. Während er mit ihr sprach, knabberte er an seinem Hemdkragen. Das war von ausgesprochen dramatischer Wirkung. Die Leute im Restaurant hat es buchstäblich von den Sitzen gerissen. Und dann wurde er wieder heftig. Die Polizei kam, er sprang aus dem Fenster und rannte weg.«
Steve Allen, der nach Jimmys Tod einen Film über ihn drehte, erkannte diesen völlig anderen Charakter, den Jimmy im Fernsehen so vorzüglich darstellte.
»Ich kann mich noch gut erinnern, als ich ihn das erste Mal sah«, sagte Allen, »und ich glaube, das kann ich kaum von einem anderen Schauspieler behaupten. Jayne und ich, wir sahen uns eine dieser 30-Minuten-Abenteuer-Serien an. Die Handlung der Geschichte wurde bald ein Klischee der fünfziger Jahre (ein paar Kriminelle drangen bei einer Familie ein).
In diesem Fall war einer der Eindringlinge ein knallharter Junge. Seine Hippie-Sprache, seine Natürlichkeit waren so beeindruckend, daß ich zu Jayne sagte: ›Ich muß herausfinden, wer für die Sendung verantwortlich ist, denn er hat etwas absolut Großartiges geleistet. Keiner der Schauspieler, die ich kenne, hätte so sprechen können wie dieser Junge. Ich nehme an, der Direktor muß einen Jungen von der Straße aufgegabelt haben, der sich dann nur selbst spielte.‹«

»He, ich bin Picasso!« Jimmy bei Proben zu ›The Thief‹ mit Diana Lynn

Natürlich handelte es sich bei diesem Jungen um James Dean. Jimmy war bei Proben immer einsam und scheu, und selbst wenn er gegenüber den anderen Schauspielern auftaute, wurden seine Clownerien oft eine Selbstparodie, hinter der er sich versteckte. Immer mehr perfektionierte er seinen Stil, fand sich schnell in der Welt des Fernsehens zurecht. Wenn ein Film vier Monate oder länger dauerte, konnte Jimmy jede Woche einen anderen Charakter im Fernsehen darstellen. Als er bei der Produktion *The Thief* mitwirkte, machten seine Interpretationen die anderen Darsteller oft wütend.
»Wie schwierig es ist, mit einem Nuschler zu arbeiten«, schrieb Mary Astor, seine Partnerin in *The Thief* in ihrer Biografie, »wurde mir klar, als ich mit Jimmy Dean arbeitete.«
Das Live-Fernsehen war eine sehr genaue Angelegenheit. Wort und Handlung mußten völlig übereinstimmen.
»Wir hatten Generalprobe«, erinnerte sich Mary Astor. »Jimmy war sechs Fuß von mir entfernt, und ich konnte kaum verstehen, was er sagte, und das, was ich hörte, schien herzlich wenig mit dem Drehbuch zu tun zu haben. Ich blickte mit hilfloser Geste in den Vorführraum.

Bei Proben zu ›The Thief‹

›Was ist los, Mary?‹ fragte der Regisseur voller Ungeduld. Paul Lukas, der ausgezeichnete Schauspieler, kam mir zu Hilfe. Er sagte: ›Das Problem ist, daß wir in drei Teufels Namen nicht verstehen, was er sagt.‹
Er antwortete uns über den Lautsprecher: ›Tut mir leid, Leute, aber Jimmy muß so arbeiten. Macht das Beste daraus.‹«
Jimmy hatte noch andere Angewohnheiten, die auch oft die Regisseure nervten. Zum Beispiel konnte er einen Regisseur mit Fragen über die Rolle, die er zu spielen hatte, bombardieren. Er suchte bei sich Parallelen zu dem Typ, den er verkörpern sollte, um ihm besondere Tiefe zu verleihen.
Mort Abrahams, der für das General Electric Theater bei *I Am a Fool* Regie führte, sagte: »Dieser allseits bekannte Schauspieler spielte seinen Gegenpart. Jedesmal spielte Jimmy seine Rolle anders. Schließlich packte der Schauspieler Jimmy am Kragen und sagte: ›Hör zu, du Hundesohn, wenn du nächstes Mal wieder eine andere Interpretation bringst, mache ich Hundefutter aus dir.‹«
»Aber im allgemeinen herrschte weder im Theater noch im Fernsehen eine Anti-Jimmy-Stimmung. Jimmy machte sich halt sehr viel Gedanken über seine Charaktere und entdeckte immer wieder neue Seiten daran.«
Jimmy neigte dazu, zu spät zu den Proben zu kommen, doch nicht zu auffallend, sagte Abrahams. »Im allgemeinen waren es fünfzehn bis zwanzig Minuten. Er war ein Eigenbrötler, mischte sich selten unters Team. Ich unterhielt mich oft mit ihm. Er war immer recht liebenswürdig, aber verschlossen. Er wollte einfach für sich sein. Doch er stellte kein Problem dar. Ich kannte ihn ziemlich gut, und die Stories, die über ihn verbreitet werden, er sei ein schwieriger Schauspieler gewesen, sind blanker Unsinn. Er besaß sehr viel Phantasie und war sehr spontan. Und dies unterbrach natürlich des öfteren den glatten Ablauf, zeugte aber von ehrlichem künstlerischen Bemühen.
Man darf auch nicht vergessen, daß zu der Zeit unter den jungen Schauspielern allgemeiner Neid herrschte. Vielen Schauspielern fehlte Jimmys Natürlichkeit. Er hatte seinen Schauspielstil aus seiner eigenen Persönlichkeit entwickelt.
Doch nie verhielt er sich unprofessionell. Natürlich war er etwas verrückt. Es war nie ganz eindeutig, ob er manisch oder depressiv war.«

Solange Jimmy in New York arbeitete, konnte man ihn fast immer in einer Telefonzelle in »the actor's drugstore«, bekannt als Cromwell's, im NBC-Gebäude am Rockefeller Plaza finden. Cromwell's war ein Treffpunkt von Schauspielern, die hier »Variety« und das »Show Business« studierten, ihre Agenturen anriefen oder Kaffee tranken.
»Ja, natürlich wurde hier Kaffee getrunken. Doch in erster Linie war es eine Art Wohnzimmer für Schauspieler«, sagte Billy James. Außerhalb der Proben spielte sich Jimmys gesellschaftliches Leben hier ab.
Hier wurden Stars geboren und gingen oft genauso schnell wieder unter.
Billy James sagte über die Atmosphäre dort: »Hier waren unsere Angelegenheiten auch oft die der anderen. Bei Jimmy war es mehr seine Persönlichkeit als sein Schauspieltalent, die die Leute mitriß. Er hatte das gewisse Etwas, das uns überzeugte, daß er es schaffen würde. Er gab gerne Sprüche von sich, die die Aufmerksamkeit der Leute erregten. Zudem konnte er durch seine Lache mitreißen.

Jimmy und Martin Landau frühstücken in Croyden, direkt neben dem Iroquois Hotel

Bei Cromwell's lernte Jimmy die meisten der Leute kennen, mit denen er sich den Rest seines Schauspielerlebens verbunden fühlte: Barbara Glenn, Bill Gunn, Martin Landau, Leonard Rosenman und Billy James. Sie fühlten sich alle als Verschwörer, waren alle involviert und wollten es miteinander teilen. »Wenn Jimmy keine Lust hatte, sich zu unterhalten, konnte er richtig garstig sein«, sagte Barbara Glenn. »Wenn ihn jemand bei Cromwell's fragte: »He, Jimmy, was hältst du davon?« konnte es geschehen, daß er nur »Ah« sagte. Oder er wandte sich einfach ab. Es war, als ob man Luft für ihn wäre. Als er es mir auch einmal so machte, wurde ich nicht damit fertig.«

»Wenn Jimmy einen nicht mochte«, sagte Bill Gunn, »war man einfach Luft für ihn. Selbst, wenn man mit ihm in eine Telefonzelle gepfercht gewesen wäre, hätte er einen übersehen.«

»Jimmy war kein geselliger Mensch; deshalb fanden ihn manche Leute keineswegs nett.

Es war schwer an Jimmy heranzukommen. Zu Beginn unserer Beziehung kam ich mir immer vor, als ob ich auf Eiern ginge, aus lauter Angst, ihn nicht zu stören.

Er war unglaublich verletzbar. Doch ich bekam immer Ratschläge wie: ›Was willst du denn mit ihm? Er ist der gestörteste Junge, den ich je traf ... Du solltest dich lieber von ihm fernhalten, er ist gestört ...‹ Nie hörte ich: ›Oh, Jimmy, ja, ich kenne ihn‹ und damit basta. Entweder mochten ihn die Leute oder sie ärgerten sich furchtbar über ihn. Er fühlte seine Isolation, obwohl er natürlich nicht ganz unschuldig daran war.

Eigentlich wollte Jimmy das gar nicht, wußte es aber nicht. Er hatte eine ungeheure Scheu davor, sich den Leuten zu nähern. Er pflegte zu sagen, er brauche niemanden, er mache sich aus niemandem etwas, was natürlich nicht stimmte.«

Von Jimmys Fernsehkarriere und dem Beginn seiner Schauspielkarriere sind nur Fragmente übriggeblieben.

Eine kurze Szene aus einer seiner ersten Fernsehshows wurde in einem Dokumentarfilm von 1960 mit dem Titel *Teen-Age Idols* festgehalten. Diese Szene bildete einen Teil der David Wolpers-Serie *Hollywood and the Stars*. Erst herrscht große Stille, und plötzlich hört man Jimmy schreien. Er knallt eine Tür zu und wirft sich brüllend vor Lachen aufs Bett und drückt einen Fußball und eine Pistole an sich. Als die Polizei kommt, wird sein

Jimmys Gemälde von Bill Gun

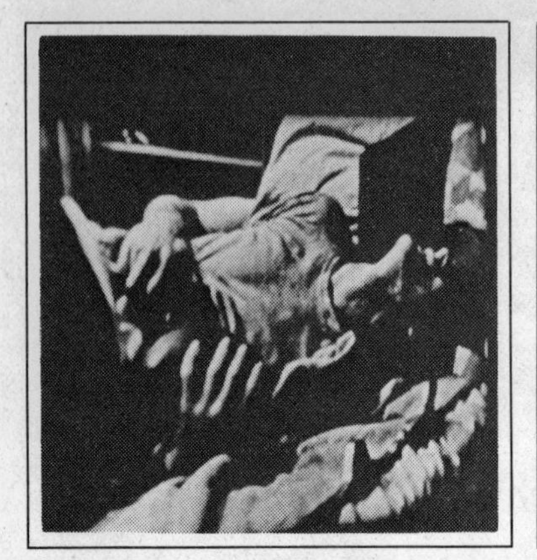 

Jimmy in ›Teen-Age Idols‹ (links) und ›Rebel Without a Cause‹ (rechts)

Schreien ärgerlich. Man sieht, wie Jimmy am Fenster steht und unter den Gewehrsalven zusammenbricht. Nach der anfänglichen Stille ist Jimmys Auftritt, sein Lachen und sein Manierismus faszinierend.

KAPITEL VII

Tagebuch eines Gesichts (1952–1954)

Aus Jimmy wird James Dean. Erster Broadway-Auftritt in See the Jaguar. *Eine preisgekrönte Darstellung in* The Immoralist. *Jimmy besteht die Probeaufnahmen zu* East of Eden *(Jenseits von Eden, 1955)*

Bis zum Frühjahr 1954 hatte Jimmy seine innere Entwicklung von Jimmy Dean zu James Dean fast abgeschlossen. Sein Körper, sein Gesicht und sein Verhalten spiegelten diesen Prozeß wider. Beispiel dafür ist ein bekanntes Poster, das fast zwanzig Jahre später die Hauptbühne des Musicals »Grease« am Royale Theater schmückte, wo Jimmy seine letzte Broadway-Rolle gespielt hatte. Jimmy trägt darauf einen schwarzen Rollkragenpullover und dreht den Kopf in einer schmerzlichen Verrenkung zur Seite. Seine Augen, unter denen dunkle Ringe liegen, blikken betrübt. »Wir waren gerade dabei, Porträts zu machen«, sagte der Fotograf Roy Schatt, »als Jimmy plötzlich sagte: Wart mal, ich möchte etwas versuchen.« Er drehte seinen Kopf leicht nach links und schaute nach unten. Ich fragte ihn, was zum Teufel das solle. Er erwiderte: »Siehst du es denn nicht? Ich bin Michelangelos David.«
Mit diesem Foto bewies Jimmy die Entwicklung seiner Fantasien. Das zeichnet sich auch in den Bildern ab, die der Theaterfotograf Joseph Abeles in den drei Jahren, die Jimmy in New York gelebt hatte, von ihm gemacht hatte.
Auf den ersten Bildern, die 1951 gemacht wurden, sah er noch wie ein richtiger Junge vom Lande aus. 1952 fing der Eisblock an zu schmelzen. Seine wilde Frisur fängt schon an, sich zu der berühmten Welle zu formen, die später typisch für ihn wurde. 1953 ist die Umwandlung ganz offensichtlich. Der Ausdruck seiner Augen verändert sich, sein Mund ist weicher geworden.
»Jimmy hatte immer eine Abneigung gegen Fotos«, sagte Abe-

les. »Doch als er das Profilfoto sah, fragte er sanft: »Bin das wirklich ich?«, nahm es und drückte es an die Brust.«
Es fiel Jimmy nicht leicht, für Aufnahmen zu posieren. »Man findet nie ein gutes Porträt von Jimmy«, sagte Dennis Stock, ein befreundeter Fotograf. »Er reagierte nicht gut auf studiotypische Situationen. Er brauchte eine Situation, in der er reagieren konnte.«
Der Fotograf Schatt, der viele Aufnahmen von Jimmy gemacht hatte, hielt nicht viel von ihm, weder als Schauspieler noch als Mensch. Zu der Zeit, als Schatt ihn fotografierte, war er noch kein Star, doch Schatt mußte geahnt haben, daß er auf dem Weg nach oben war. »Ich machte Hunderte von Aufnahmen von ihm«, sagte Schatt. »Jimmy liebte es, seine Aktivitäten romantisch auszuschmücken. Es gefiel ihm, daß er nicht war wie die anderen, nicht so aß, sich nicht so kleidete ...«
Jimmy war wie eine der Typen in *The Man Who Came to Dinner.* Der Kerl fegt wie ein Wirbelwind herein und sagt zu Sheridan North, bevor dieser zu Wort kommt: »Halt, Sherry, ich habe nur wenig Zeit, also laß uns über mich sprechen.«
Auf einer Aufnahme von Schatt knabbert Jimmy ängstlich an seinen Nägeln herum. Seine Haare sind kurzgeschnitten; die Atmosphäre ist schaurig.
»Bei Fernsehproben machte ich Aufnahmen von ihm. Einmal sagte ich zu ihm: »He, Jimmy, ich möchte dich vor diesem Vorhang fotografieren.« Er erwiderte: »He, Mann, ich spiele diesen Cowboy fürs Fernsehen, und dieser Kerl muß schnell sein Gewehr ziehen. Also muß ich schnelle Finger haben.« Er biß sich in die Fingerspitzen, damit sie besser durchblutet wären.
Jimmy versuchte, von Schatt die Geheimnisse der Fotografie zu lernen.
Es gibt noch ein paar Aufnahmen von Jimmy. Gewöhnlich wurden sie aus sehr ungewöhnlichen Perspektiven aufgenommen, enthalten Messer und Spiegel und erwecken den Eindruck, als ob es um ein Verbrechen gehe.
»Jimmy liebte den Schock und die Überraschung. Ich erinnere mich, daß Martin Landau, Bobby Heller, Bill Gunn und Jimmy

Joseph Abeles Bilderkollektion.
Oben: 1951, Mitte: 1952, unten: 1953

am Küchentisch saßen und Kaffee tranken. Wir bemerkten nicht, daß Jimmy hinausgegangen war. Ein paar Minuten später hörte man vor dem Fenster einen unbeschreiblichen Lärm. Einer von uns schaute hinaus, was los war. James Dean saß auf einem Stuhl mitten auf der Straße. Niemand machte eine Aufnahme davon, obwohl ich vermute, daß Jimmy diesen Hintergedanken hatte.«

Jeden Tag machte Jimmy seine Runden: Er schaute bei seiner Agentur vorbei, trank einen Kaffee bei Cromwell's und vielleicht im Museum of Modern Art. Dann ging er wieder in sein Zimmer zurück, um über die Ergebnisse des Tages nachzudenken.

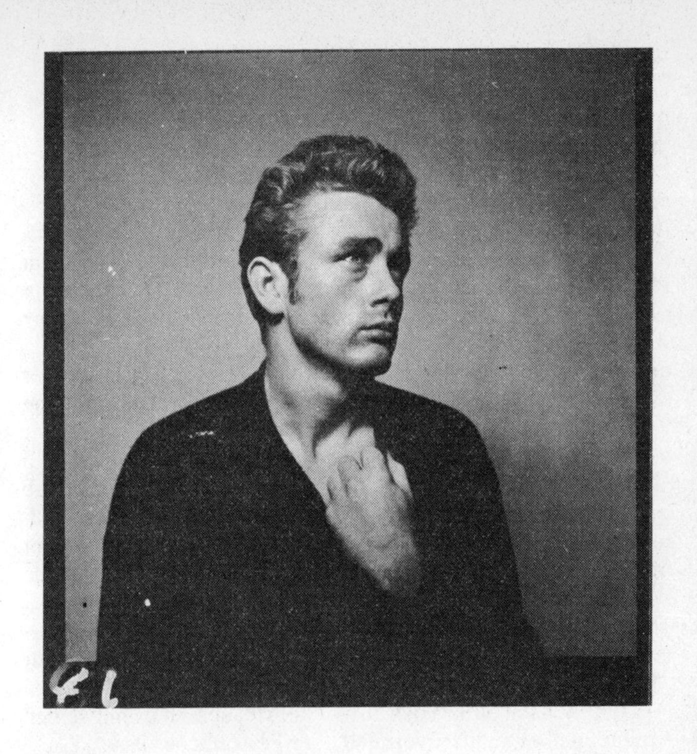

Abends begab sich Jimmy oft zum Algonquin-Hotel in der 44. Straße. Dort hatte Dorothy Parker einen literarischen »Runden Tisch« aufgezogen.

In den zwanziger Jahren war das Algonquin-Hotel für seinen Runden Tisch berühmt, war ein Treffpunkt von Literaten und Theaterleuten. In den fünfziger Jahren hatte es immer noch einen beachtlichen Ruf. Jimmy wirkte in diesem Kreis polierter Langweiler sehr erfrischend.

»Man darf nicht vergessen, daß Jimmy immer noch eine Art Landjunge war«, sagte Frank Casaro, ein Schauspielkollege von Jimmy. »Er war fasziniert von mir, weil ich kein Amerikaner war und er so durch und durch.«

Bill Bast sagte: »Das war seine »Erkenne-dich-selbst-Parodie«.

Jimmy brauchte nicht lange, um einen harten Panzer zu entwikkeln, den er inmitten dieser Kreaturen trug.«
Bill beschrieb dies als Jimmys Hochseilakt, »sehr gewagt, mitten in der Luft«. Er lief herum, als ob ihm jemand was wolle. Diese Leute konnten Jimmy sehr nützlich sein. Seine Motive, mit ihnen zu verkehren, waren durchaus berechnend.
Immerhin bekam Jimmy durch diese Leute seine erste Broadway-Rolle. An einem Sonntagnachmittag im Jahre 1952 nahm Rogers Brackett Jimmy mit zu dem Broadway-Produzenten Lem Ayers und seiner Frau Shirley. An diesem Tag war Jimmy witzig, charmant und unterhaltsam. Die Ayers luden Rogers und Jimmy noch mehrere Male ein und fragten Jimmy, ob er nicht auf ihrer Jacht Schiffsjunge sein wolle. Diese Einladung hatte er seinem Schauspieltalent zu verdanken, denn er war noch nie auf einem Segelschiff gewesen. Er schrieb an Barbara Glenn: »Fuhr auf einer Jacht, die für den New York Yacht Club bei einer Regatta mitmachte. Wir gerieten in einen Sturm. Mußte uns ans Ruder binden. Du weißt ja, daß ich ein großer Segler bin. Ich wurde seekrank, taugte null und nichts.« Doch er wurde belohnt. Am Ende der Saison begleitete er die Ayers auf einer weiteren Wochenendkreuzfahrt. Auf dieser Fahrt ließ er verlauten, daß er Schauspieler sei. Das war eine Überraschung für Mr. Ayers, der im Herbst *See the Jaguar* produzieren wollte.
Als Jimmy nach New York zurückkehrte, sprach er mit seinen Freunden über Schiffe, vermied aber Persönliches.
Bill Bast sagte: »Ich hatte gelernt, Jimmy nicht auf persönliche Dinge anzusprechen, denn Jimmy testete einen ständig, um zu erfahren, ob er einem trauen konnte.«
Als Lem Ayers ihn aufforderte vorzusprechen, war er eigentlich nicht überrascht.
Bill Bast schrieb darüber: »An dem Abend, als er vorsprechen sollte, zeigten sich seine Nerven. Er rannte in völliger Panik in der Wohnung herum und versuchte, sich anzukleiden.
»Oh Gott«, schrie er außer sich.
»Was ist los?« schrie Dizzy zurück, die allmählich die Geduld verlor.
»Ich habe nicht einmal ein gottverdammtes sauberes Hemd«, brüllte er.
»Dann geh halt nackt«, schlug Dizzy vor. »Zumindest erregst du dann Aufmerksamkeit.«

»Dizzzzy!« stöhnte er voller Qual auf.
Dizzy rannte ins Bad und half ihm, die Krawatte zu binden, die Haare zu kämmen und ihn zu beruhigen.
»Wir warten auf dich im »Paris«, rief sie ihm hinterher, als er die Straße hinuntereilte – zum falschen U-Bahn-Eingang.

Das Vorlesen verlief positiv, und der Autor, Richard Nash, forderte ihn auf, auch im Theater vorzulesen.
»Beim Vorlesen im Theater trug er seine Brille«, sagte Nash. »Eines der Gläser war kaputt. Er las sehr schlecht, dabei hatte er mir am Tag vorher vorgelesen und war gut gewesen. Das konnte ich nicht verstehen. Danach sagte ich zu ihm, er solle zu mir kommen. Dann fragte ich ihn, was los sei. Er erzählte mir, er hätte mit der kaputten Brille nichts sehen können. Ich versprach ihm eine weitere Lesung und forderte ihn auf, die Brille reparieren zu lassen. »Kann ich nicht, ich habe kein Geld«, sagte er. Ich schenkte ihm also zehn Dollar und vereinbarte einen neuen Vorsprechtermin.
Zwei oder drei Tage später schaute er vorbei, und seine Brille war immer noch kaputt. Doch er konnte alles auswendig. Er bekam die Rolle. Danach sagte ich zu ihm: »Warum haben Sie denn nicht Ihre Brille reparieren lassen?« Er zog ein Taschenmesser heraus und sagte: »Ich sah dieses Messer und wollte es ... ich mußte es haben. Aber da ich Sie nicht ganz hintergehen wollte, lernte ich die Rolle auswendig.«
See the Jaguar ist die Geschichte von Wally Wilkins, einem Jungen, der von seiner Mutter in einen Eiskeller gesperrt wird und erst kurz vor ihrem Tod daraus befreit wird. Wally Wilkins kollidiert mit allen Elementen einer Kleinstadt im Süden. Viele Elemente dieser Geschichte erinnern an Jimmys eigene Kindheit.
»Wally Wilkins war voller Unschuld«, sagte der Autor Richard Nash. »Er hatte nie etwas Böses getan, nie etwas Böses gesehen. Seine Mutter versuchte, die Grausamkeit der Welt vor ihm geheimzuhalten, doch das mißlingt.
Dean brachte den Wally wunderbar. Er begriff die Rolle von Anfang an. Eine so komplexe Persönlichkeit wie Dean war wie geschaffen für die Rolle.«
See the Jaguar wurde am 3. Dezember 1952 im Cort Theater aufgeführt.

Das Stück beginnt damit, daß ein sechzehnjähriger Junge, der sein Leben lang von seiner Mutter in einen Eiskeller eingesperrt worden war, zum ersten Mal die Freiheit genießt und in die Stadt geht. Seine einzige Verbindung zur Außenwelt ist ein Brief, den ihm seine Mutter vor ihrem Tod gab. Er ist adressiert an den gutherzigen Lehrer. »Lieber Davie Ricks. Das ist mein Sohn Walter, den ich vor der Gemeinheit der Welt verbarg ... Vielleicht war es nicht richtig, ihn so zu verstecken, vielleicht war es doch richtig. Doch ich liebte ihn so sehr und wollte nicht, daß ihm etwas Böses zustoße.«
Dave betrachtet den Jungen und sagt: »Ich habe mich immer gefragt, wie ich die Welt empfände, wenn ich sie jetzt erst sehen würde.« Und Wally sagt, indem er seine Hand ausstreckt: »Sie können nichts berühren.«
Regisseur Michael Gordon sagte: »Er kann nicht verstehen, wieso nicht alles in greifbarer Nähe ist. Jimmy gelang es, so zu tun, als ob er alles zum ersten Mal entdeckte.«
Es fiel Jimmy nicht schwer, die Rolle von Wally Wilkins zu lernen. Aber da er kein musikalisches Gehör hatte, war es ihm nicht möglich, das kleine Lied, das Alec Wilder komponiert hatte, zu singen. Dizzy und Bill verbrachten qualvolle Stunden damit, es mit Jimmy einzuüben.
Doch im übrigen gefiel Jimmy seine Rolle. Er spielte perfekt, und der Produzent und Regisseur standen hinter ihm. Doch es kursierte eine Geschichte, daß Jimmy während einer Probe jemanden mit dem Messer bedroht haben soll.
»In Hartford herrschte während des dritten Akts starke Spannung,« sagte Michael Gordon »und Jimmy bedrohte einen Requisiteur. Ich saß im Zuschauerraum und sprang auf die Bühne. Aber als ich dort anlangte, war alles schon wieder vorüber. Ich glaube, Jimmy richtete ein Messer auf den Jungen, doch es konnte nicht bewiesen werden.«
Arthur Kennedy, der den Dave Ricks spielte, erzählte später dem Autor Ed Corley, daß Jimmy ein Messer gezogen hatte, dasselbe, das er mit Nashs Geld gekauft hatte.
»Wahrscheinlich nahm Kennedy Jimmy das Messer weg«, sagte Corley. Jimmy, der eigentlich mehr impulsiv als heftig war, war bestimmt erleichtert, daß ihm die Sache aus der Hand genommen wurde.« Als *See the Jaguar* das erste Mal am Broadway spielte, war Jimmy überglücklich.

Jimmy als Wally Wilkins in ›See the Jaguar‹ mit Arthur Kennedy

»Er schwebte zehn Zentimeter über dem Boden«, sagte Dizzy Sheridan, die Jimmy zu Sardi's Eröffnungsparty begleitete. »Er eilte von Tisch zu Tisch, unterhielt sich und lachte. Und die Blicke der Leute verharrten voller Bewunderung auf ihm; sie liebten ihn.
Doch für mich war es eine aufreibende Nacht. In dieser Nacht wollte er im Royalton bleiben, und wir wollten zusammenbleiben. Als wir in seinem Zimmer waren, rief die Rezeption an und sagte, es dürfe keine Frau auf sein Zimmer. Also brachte er mich zu einem Taxi. Ich hatte das Gefühl, daß sich für Jimmy alles veränderte und für mich mit. Danach sah ich ihn noch zwei- oder dreimal, bevor ich nach Trinidad reiste.«
Die Kritiker fanden das Stück düster und dumm, »voller fader Symbolik«. Der »Daily Mirror« schrieb: »Man nannte dieses Stück einen allegorischen Western ohne Pferd. Vielleicht vermißte man das.«

Doch James Dean wurde hochgelobt: »überwältigend als der Junge aus dem Eiskeller« ... »spielte seine Rolle voller Süße und Naivität, was seine Qualen besonders eindrucksvoll machte« ... »stellt den kindlichen Flüchtling überzeugend dar ...« Nachdem das Stück nach fünf Vorstellungen abgesetzt wurde, war Jimmy wieder arbeitslos. Er klapperte erneut die Besetzungsbüros ab und heimste wieder Absagen ein.
Der Schauspieler Bill Hickey traf Jimmy das erste Mal, als dieser bei einer Lesung durchfiel: »Ich arbeitete für den Regisseur, der für die Show besetzte, und Jimmy wartete aufs Vorlesen. Dabei legte er sich auf den Boden, den Kopf aufgestützt und las sein Manuskript. Einer der wartenden Schauspieler sagte zu mir: »Bringt ihn hier weg.« Ich fragte, warum. Wahrscheinlich fanden sie es unschicklich. Aber da er niemandem im Weg war, sagte ich nichts.
Jimmy lag da und lachte. Als er seine Rolle lesen mußte, legte er sich für die Szene auf den Boden. Er lag nicht einfach nur herum, sondern versuchte eine physische Anpassung.
Doch er bekam die Rolle dennoch nicht, da sie einen ›jugendlichen‹ Jugendlichen wollten. Wer war schon reif für James Dean?« Am meisten Glück hatte Jimmy mit Fernsehrollen. Filmrollen waren schwieriger zu bekommen. Zum Beispiel kämpfte Jimmy tagelang darum, eine Rolle in *Battle Cry* zu bekommen. Bill Orr, ein Talentsucher für Warner Brothers, erzählte:
»Er kam herein ... mit einer schmutzigen Kappe, einem tagealten Bart und einer Latzhose. Er war goldrichtig gekleidet. Und er bot die beste Leseprobe, die ich je gehört hatte, verschmolz völlig mit dem Charakter, den er darstellte.«
Ich reichte ihm das Drehbuch. Er schaute mich an und sagte: »Sagen Sie mir einfach, wer ich bin.«
Ich sagte zu ihm: »Sie sind ein junger Pole, der auf ein Kriegsschiff muß. Am nächsten Morgen müssen Sie aufbrechen. Sie wollen Ihrer Freundin, deren Vater sie haßt, Lebewohl sagen. Was machen Sie?«
Er war wie elektrisiert, wandte ihr mit tieftraurigem Blick den Rücken zu, drehte sich dann schnell nach ihr um, um sie zu umarmen. Für diesen Gefühlsausbruch hätte ein anderer Wochen gebraucht. Leider bekam nicht er die Rolle, sondern Tab Hunter, der bekannter war und bei Warner Brothers unter Vertrag

stand. »Zu der Zeit gab es ungefähr 100 000 Männer, die sich für Marlon Brando hielten. Nicht so Jimmy Dean. Er war ganz anders und machte großen Eindruck auf mich.«
Auf die Dauer wurde das enge Zusammenleben von Jimmy, Bill und Dizzy unerträglich. Man stritt sich über die geringsten Kleinigkeiten. Also beschloß Jimmy, sich eine eigene Wohnung zu nehmen. Er fand etwas Passendes in der 19. West Sixty-eight Street. Außer dem Bett und einem kleinen Schreibtisch gibt es hier keine Möbel, keine Sessel, kein Sofa, keinen Fernseher. Es herrscht eine spartanische Quäker-Atmosphäre.
Es ist eine richtige Studentenbude, die von Büchern und Platten beherrscht wird. Der Raum strahlt Intimität, Friedlichkeit, Arbeit, Schweigen, Geborgenheit aus. Hier konnte Jimmy seinen Träumen nachhängen.
Er liebte Bücher, obwohl ihm oft die Geduld fehlte, sie zu lesen. »Jimmy war recht belesen«, sagte Leonard Rosenman, der die Musik zu *East of Eden* und *Rebel* schrieb. »Eines Abends war Jimmy in meinem Haus und las Kierkegaard. Ich stellte fest, daß er nach fünf Minuten immer noch auf Seite eins war. Er las Wort für Wort mit dem Finger und sprach die Worte nach. Als ich vorschlug, daß er sich vielleicht mit etwas Leichterem befassen möge, schlug er das Buch zu und stürmte wütend hinaus. Jimmy konnte einen Augenblick sehr konzentriert sein, dann wieder ungeduldig.«
»Ein Schauspieler«, sagte Jimmy, »muß das Leben darstellen, und um dies zu erreichen, muß er alle Erfahrungen, die das Leben ihm bietet, akzeptieren. Er muß aus dem Leben mehr herausholen, als ihm das Leben zu Füßen legt. Ein Schauspieler muß in kurzer Zeit alles lernen, was zu lernen ist, alles erfahren, was zu erfahren ist. Er muß in seinem endlosen Kampf, sich zu informieren, übermenschlich sein.«

Bill Bast war von New York entmutigt. Er wollte Drehbücher schreiben, doch sie hatten ihn in der Werbeabteilung der CBS behalten. An Weihnachten beschloß er, nach Kalifornien zurückzukehren. Jimmy und Bill tranken einen letzten Abschiedskaffee miteinander.
Obwohl Jimmy immer noch sehr naiv war und seine puritanische Erziehung Nachwirkungen hatte, gelang es ihm, Sex auf seine übliche ironische Weise zu behandeln.

»Eines Abends waren wir bei irgendeinem Mädchen«, erinnerte sich Bill Gunn. »Der Plattenspieler plärrte, und man trank Wein aus Pappbechern. Jimmy rief an und fragte: ›Was macht ihr?‹
›Wir feiern eine Orgie.‹
›Ha, ha.‹
›Ehrlich, wir feiern eine Orgie.‹
›Ich komme vorbei.‹
›Er hängte ein, und wir beschlossen so zu tun, als ob wir wirklich eine Orgie feiern. Die Jungs rollten ihre Hosenbeine auf und zogen ihre Hemden aus, die Mädchen ihre Blusen. Dann verkrochen wir uns unter einer Decke. Doch niemand war nackt.
Es läutete, und ein Mädchen sagte: Komm herein!
Und Jimmy kam herein. Wir hatten gedämpftes Licht, lagen herum und versuchten so auszusehen, als ob wir etwas taten, was wir noch nie getan hatten. Er schaute uns an, schloß die Tür, öffnete seine Hose, nahm sein Ding heraus, schüttelte es und sagte:
›Na, denn mal los!‹
Wir wurden knallrot und benahmen uns wieder normal, lauschten der Musik und taten so, als ob wir schon erwachsen wären.«
Jimmy und seine Freunde entdeckten den Beat. Bill sagte: »Ich kann mich noch genau erinnern, als ich das erste Mal Big Maybelle ›Tweedlee Tweedlee Tweedlee Dee‹ singen hörte. Das haute mich um. Ich fuhr gerade mit Jimmy im Taxi. Wir fuhren immer Taxi, wenn wir einen Dollar übrig hatten. Jimmy sagte: ›Das ist wirklich unglaublich.‹ Die Melodie ging ihm nicht mehr aus dem Kopf.«
Barbara Glenn erzählte über ihre Bekanntschaft mit Jimmy: »Ich saß bei Cromwell's an der Theke, als ich ihn in einer Ecke entdeckte. Ich fragte einen Freund: ›Wer ist das da drüben?‹ und er antwortete mir, das sei Jimmy Dean, ein Schauspieler aus *See the Jaguar* (das Stück hatte an dem Abend Premiere). Ich schaute zu Jimmy hinüber; er schien so einsam zu sein, daß ich es nicht aushielt. Ich bat meinen Freund, ihn zu fragen, ob er nicht mit uns essen wolle. Er kam zu uns rüber, und wir saßen zusammen an einem Tisch.
Jimmy hatte so etwas Besonderes ... Er wirkte so unsicher, aufgedreht, versuchte verzweifelt, Konversation zu machen. Ich fand ihn faszinierend.«
Barbara und Jimmy reisten, lebten und stritten miteinander, bis

Silvesterparty 1953–54 im Roy Schatts Studio. Von links: Barbara Glenn, Bill Gunn und Jimmy

Jimmy 1954 nach Hollywood ging. Jimmys Beziehung zu Dizzy war relativ ruhig verlaufen, da sie gutmütig und humorvoll war. Mit Barbara lief alles chaotischer. Die große, schlanke, hyperaktive Barbara war genauso wechselhaft wie Jimmy.
»Wir stritten oft miteinander«, sagte Barbara Glenn. »Ich war sehr emotional; dann heulte und schrie ich. Doch Jimmy schrie nie zurück. Jimmy war unfähig, seinen Ärger zu zeigen.«
»Jedesmal, wenn wir uns trennten, kam es zum Streit. Als ich einmal verreisen mußte, beschlossen die Freunde, mir in Jimmys Apartment eine Party zu geben. Er sagte: ›Was soll denn das? Sie geht ja nur für zwei Wochen weg.‹ Bei der Party wurde er immer ekelhafter und mürrischer, bis er schließlich den letzten Gast vergrault hatte. Schließlich ging ich auch.
Ich ging zu Jerry's Taverne. Dort nahm ich tränenüberströmt einen Drink zu mir. Ein paar Minuten später kam Jimmy herein.

Er hielt meine Hand – und dann verbrachten wir die Nacht miteinander. Bei unserem Abschied wurde nie viel gesprochen.«
Als Barbara zum Sommertheater gefahren war, blieb er zurück und wollte Arbeit finden. Obwohl er immer auf Arbeitssuche war, segeln lernte, viele Interessen und Freunde hatte, vermißte er Barbara sehr.

Der stickige, graue New Yorker Sommer ging über in einen grauen New Yorker Herbst. Barbara kehrte zurück, und Jimmy bekam wieder ein paar Fernsehrollen. Am Ende des Jahres bekam er erneut eine Rolle in einer Broadway-Show.
Kurz nachdem Jimmy erfahren hatte, daß er die Rolle des Bachir in *The Immoralist* bekommen hatte, traf er Bill Gunn bei Cromwell's.
»Nachdem ich die Rolle in *The Immoralist* bekommen hatte, ging ich zu Cromwell's und erzählte es meinen Freunden und daß Louis Jourdan und Geraldine Page mitspielten«, sagte Bill. »Ein Freund von mir kam mit Jimmy herein. Ich erzählte ihnen von dem Stück. Mein Freund sagte: »Jimmy hat auch ne Rolle bekommen.« Und ich fragte ihn, was für eine.
»Ich spiele bei *The Immoralist* mit«, sagte Jimmy.
»Ich auch. Welche Rolle hast du?«
»Den Bachir.«
»He, ich bin die zweite Besetzung für diese Rolle.«
»Oh, das ist ja großartig. Weißt du etwas über Araber?«
»Nein.«
»Laß uns herausfinden, was es mit ihnen auf sich hat.«
»Man erzählte uns, daß Arabern, die stehlen, die Hand abgehackt wird«, sagte Bill.
»Wir sahen uns noch einige Male vor der ersten Probe, bei der sich jeder sehr schlecht benahm. Louis Jourdan kam herein, und jeder hielt den Atem an, und dann kam Geraldine Page. Mein Herz klopfte zum Zerspringen – ich war der einzige Schwarze hier. Billy Rose hatte den Regisseur informiert, daß keine Schwarzen mitwirken durften, und er wußte nicht, wie ich hier reingekommen war. Alle Araber wurden von Weißen dargestellt, mit Ausnahme von mir.
Als Jimmy hereinkam, sagte ich: ›Oh, endlich jemand, den ich kenne.‹ Ich begrüßte ihn. Er schaute mich an und wandte sich ab … Er sprach nicht mit mir. Ich wäre fast gestorben. Später

wurde mir klar, daß er wußte, was er tat. Er zog seine Nummer ab.«
Die Rolle des Bachir, »eines farbigen, klauenden, erpresserischen, homosexuellen arabischen Boys«, war Jimmys letzte Aufführung am Broadway. Das Drehbuch von *The Immoralist* wurde von Ruth und Augustus Goetz nach dem autobiographischen Roman von André Gide adaptiert. Die Geschichte beinhaltet das Problem der Homosexualität. Als Elfjähriger wurde Michel wegen Fehlverhaltens gegenüber einem anderen Mitschüler von der Schule ausgeschlossen. Zwölf Jahre später erinnert er sich: »In diesem Augenblick isolierten sie mich von den anderen Menschen, und es gelang mir nie, zurückzufinden.«
Während seiner Flitterwochen in Afrika kommt das Problem an die Oberfläche. Zuerst führt Marcelline ihre sterile Beziehung auf den Husten und das Fieber ihres Mannes zurück, doch die wahre Krankheit tritt durch das Eingreifen des korrupten arabischen Boys (James Dean), der Michel dem eingeborenen Homosexuellen (David Stewart) vorstellt, zutage. Am Ende des Stücks kehrt Marcelline, die inzwischen infolge des Konflikts zur Alkoholikerin wurde, schwanger und allein nach Frankreich zurück, entschlossen, einen Mittelweg zu finden.
Die Goetzes streichen das Problem der Homosexualität besonders heraus, indem sie die Rolle, die James Dean und David Stewart bei der Verführung von Louis Jourdan spielen, noch besonders betonen.
Jimmy trug einen langen, losen Burnus, war auf braun geschminkt. Bill Hickey sagte: »Er verlieh der Rolle des Bachir etwas Geheimnisvolles, so daß die Zuschauer fragten: Was hat es mit diesem Jungen auf sich? Er wirkte keine Spur weiblich. Als er Jourdan fragte: Wollen Sie, daß ich für Sie tanze? klang das, als wenn ein Ober im Restaurant eine Bestellung aufnimmt. Bachir rechnet mit Michels Schwächen und dessen unterdrücktem sexuellen Verlangen, als er versucht, ihm die nächtlichen Vergnügungsstätten schmackhaft zu machen. »Ich kenne sie alle. Mit Geld können Sie alles kaufen«, sagte Bachir.
Michel lehnt ab, und Bachir sagt: »Dann kann ich Sie vielleicht unterhalten. Ich tanze für Sie.« Dann nimmt er die Schere, die er zuvor gestohlen hat und bewegt sie im Rhythmus, verbirgt sie dann in seinem Burnus und schnalzt mit den Fingern zu den Bewegungen seines sinnlichen Tanzes.

Jimmy zog bei Generalproben immer noch seine kleinen Nummern ab, wenn er seine Rolle entwickelte. Daniel Mann, stellvertretender Regisseur bei *The Immoralist* war darüber so wütend, daß er bei einer Probe in Philadelphia auf die Bühne eilte und Jimmy auf die Straße jagte.
»Da war dieser seltsame junge Mann, der alle herausforderte. Nun, irgendwo ist die Grenze. Jimmy war ein Rebell, und da die Rebellion gegen den Fortschritt ist, war dies negativ, da ja gerade dieses Stück fortschrittlich sein wollte. Man soll das Spiel spielen und nicht sein eigenes Zeug. Wenn jemand die falschen Noten spielt, wird er doch gefeuert oder? Genau das tat Jimmy, um Aufmerksamkeit zu erregen. Jimmy spielte einfach, was ihm in den Sinn kam, jedesmal bot er eine andere Interpretation. In mir sah er einen Polizisten, ja schlimmer noch. Ich hätte ihm geholfen, wenn er mich hätte lassen.«
Martin Landau rief Jimmy in Philadelphia an, um zu crfahren, wie es ihm ginge.
»Wie sind die Proben?« fragte Marty. »Wie ist die Arbeit mit Louis Jourdan?«
»Oh, Louis ist prima«, sagte Jimmy.

Nachdem der Regisseur Hermann Schulman durch Daniel Mann abgelöst wurde, erfolgte eine grundlegende Überarbeitung des Stückes. Jimmys Rolle wurde erheblich beschnitten. Er hatte eine Auseinandersetzung mit dem Produzenten Billy Rose, bekam aber von Mann keine Schützenhilfe.
Bevor das Stück in New York aufgeführt wurde, besuchte Jimmy Jim McCarthy, den Jungen, der ihn vor fünf Jahren dazu überreden wollte, einen Anzug und Krawatte für das Probelesen in Longmont zu tragen.
»Wir nahmen ihn, den Araber aus Indiana, tüchtig auf die Schippe«, sagte Jim McCarthy, der damals Jura studierte, »und Jim imitierte jeden Star in seiner Show.«
»Er holte aus seiner Jackentasche ein paar Karten für *The Immoralist* und gab sie mir. Sie waren für die Premiere am nächsten Abend. Als er ging, begleitete ich ihn zur Tür. »Versuche, morgen ein guter Schauspieler zu sein«, spottete ich.
»Er drehte sich um und legte mir die Hand auf die Schulter. »Mac«, sagte er langsam, »ich möchte kein guter Schauspieler sein. Ich möchte der beste Schauspieler sein, den es gibt.«

ST. JAMES HOTEL
WALNUT AT THIRTEENTH STREET
ENTRANCE ON THIRTEENTH STREET
PHILADELPHIA 7, PA.

Darling,
Don't worry about me. I'm O.K.! Reason you didn't get a call Sat. morning was because, (as usual) I just made the train.

Jimmys Brief an Barbara Glenn während der Proben zu ›The Immoralist‹

The Immoralist wurde das erste Mal am 1. Februar 1954 am Royale Theater in New York aufgeführt.
Kurz vor der Vorstellung parkte Jimmy sein Motorrad vor dem Hinterausgang der Bühne und rannte in seine Garderobe. An diesem Abend gab er eine Vorstellung, die ihm zwei Broadway-Preise einbrachten: den Antoinette Perry, besser bekannt als »Tony«, und den Daniel-Blum-Preis; beide für den besten Nachwuchsschauspieler des Jahres.
»Ich erinnere mich noch gut an die Premiere zu *The Immoralist,*« sagte Barbara Glenn. »Ich war elegant gekleidet und traf seine Tante und seinen Onkel aus Indiana. Nach der Aufführung ging ich hinter die Bühne und fragte Jimmy, was er vorhabe. Er sagte: ›Sie gehen alle zu Sardi's, möchtest du auch dorthin gehen?‹ und zog seine Jeans und sein T-Shirt an. Ich sagte: ›Jimmy, du kannst so nicht hingehen; sie lassen dich nicht rein.‹ ›Sie werden mich reinlassen‹, erwiderte er. Natürlich lie-

ßen sie ihn nicht ein. Er sagte: ›Was möchtest du machen?‹ Ich wollte unbedingt zu Sardi's gehen. Er bat mich, auf ihn zu warten. Dann fuhr er mit seinem Motorrad nach Hause und kehrte in einem Anzug zurück – eine der seltenen Gelegenheiten – und trug sogar eine Krawatte. Er sah sehr eigenartig aus. Inzwischen hatte ich an einem Tisch Platz genommen. Um mich herum wurde geklatscht und getratscht. Als er in seinem Konfirmandenanzug zur Tür hereinkam, war ich so gereizt, daß ich aufstand und sagte: ›Ich gehe.‹

Wir hatten einen bösen Streit. Dabei hatte Jimmy wirklich ein großes Opfer gebracht, als er nach Hause fuhr und sich in einen Anzug warf, denn Jimmy haßte Anzüge.

The Immoralist bekam ausgezeichnete Kritiken. Im Theater der fünfziger Jahre wurden Themen wie Homosexualität, Rassen- und Jugendprobleme und andere gesellschaftliche Probleme aktuell. Die Kritiker erkannten den Jungen, der »letztes Jahr in *See the Jaguar* so außergewöhnlich gewesen war«.

Jimmy fühlte sich etwas unwohl über die sexuelle Ambivalenz seiner Rolle als Bachir. Über Jimmys Sexualität wurden so manche Spekulationen angestellt.

In seinem Buch »Hollywood Babylon« schuf Kenneth Anger das Bild vom »menschlichen Aschenbecher«, das aus dem Gerücht entstand, daß Jimmy es liebe, wenn man die Zigaretten auf seinem Körper ausdrücke. Bill Bast erklärte unmißverständlich, daß sich Jimmy nie auf diese Weise kasteit hätte. »Vielleicht wünschte sich Kenneth Anger, daß Jimmy Dean auf seinem Körper Zigaretten ausgedrückt hätte«, sagte Bill. So etwas paßt nicht zu seinem Charakter.

Beide fiktiven Biografien über Jimmy (»The Immortal« von Walter Ross und »Farewell My Slightly Tarnished Hero« von Ed Corley) enthalten notgedrungen, um die voyeuristischen Leser zu befriedigen, homosexuelle Episoden. In Ross' Buch erzählt eine von Johnnys Freundinnen mit »eigenen Worten«, wie sie eines Morgens bei ihm hereinplatzte und ihn mit einem anderen Mann im Bett vorfand. In Corleys Buch wird von einer Silvesterparty in New York berichtet, bei der der Schauspieler John Lewis einen Transvestiten namens Dick Devine in die oberen Räume entführt. Jimmys Sexualleben hatte mehr mit seiner Beziehung zu sich selbst zu tun, dem Wechselspiel seiner Persönlichkeiten. Als er einmal gefragt wurde, ob er homosexuell

Der Scherentanz in ›The Immoralist‹

sei, antwortete er: »Nun, ich gehe bestimmt nicht mit einer auf den Rücken gefesselten Hand durchs Leben.« Jimmy sammelte Erfahrungen, dazu gehörte alles. Seine Sexualität war untrennbar mit seiner Persönlichkeit verbunden.

Jimmy hatte einige homosexuelle Zimmergenossen, und es wurde der Verdacht geäußert, daß er aufgrund dieser Beziehungen einige seiner ersten Rollen bekommen habe. Obwohl er in seiner späteren New Yorker Zeit oft umzog, sagte Bill Bast über die Jimmy-Dean-schlief-hier-Geschichten: »Ich stellte mal eine Liste all der Leute auf, die behaupteten, mit James Dean zusammengelebt zu haben. Wenn sie alle die Wahrheit gesagt hätten, wäre Jimmy bei seinem Tod 147 Jahre alt gewesen.

Jimmy liebte das Experiment, um seine Rollen so wahrheitsgetreu wie möglich zu spielen, aber deshalb zu behaupten, er sei schwul, ist lächerlich.

Jimmys Interesse an seinem eigenen Körper ist ganz natürlich. Alle großen Schauspieler haben es, denn die Beziehung des Schauspielers zu seinen Zuschauern findet in einer Zone sexuell geladener Stromstöße statt.
Jimmys Darbietung in *The Immoralist* war ohne Zweifel eine der besten der ganzen Aufführung, dennoch war Regisseur Daniel Mann wütend auf ihn.
»Eines Abends trat er vor den Vorhang, um sich zu verneigen. Er hob sein Gewand etwas hoch und machte einen Knicks. Das Publikum lachte, doch ich hätte ihn umbringen können« sagte Daniel Mann. Noch bei der Premiere kündigte Jimmy.
»Er war über irgend etwas sehr aufgeregt«, sagte Bill Gunn, »konnte uns aber nicht sagen, worüber. Ich dachte, daß er in *Tea and Sympathy* einspringe.«
Doch es ging nicht um Elia Kazans Broadway-Produktion, sondern um seinen nächsten großen Film, *East of Eden*.
»Niemand hatte davon gehört, außer Steinbeck natürlich, der wußte, daß daraus ein Film gemacht werden sollte«, sagte Bill. Kazan hatte bereits einige etablierte Schauspieler für die älteren Rollen engagiert. Doch die Hauptdarsteller waren Jugendliche, die noch gefunden werden mußten.
Kazan sagte später: »Ich schaute mich überall um, doch umsonst. Dann erzählte mir ein Freund von einem Jungen, der gerade bei einem Stück in der 44. Straße mitwirkte. Ich sah ihn mir an und wußte, er war es.«
»Es ist umwerfend, mit Leuten zu arbeiten, die hungrig sind«, sagte Kazan. »Sie sind wie Boxer auf dem Weg nach oben. Für sie ist es ein Kampf auf Leben und Tod und sie geben ihr Bestes. Leider verschwindet diese Eigenschaft später.«
Kazan hatte Jimmys Talent sofort erkannt.
Die Freundin, die Jimmy ihm vorgeschlagen hatte, war Jane Deacy.
»Ich konnte mir nicht vorstellen, daß Kazan von vornherein von Jimmy begeistert sein würde«, sagte Bill Gunn. »Ich wußte, daß Jimmy aufgrund der Tatsache, daß Kazan Brando entdeckt hatte, auf ihn stoßen würde. Kazan war reines Gold. Jeder New Yorker Schauspieler träumte davon, von Kazan entdeckt zu werden.«
Die Leseproben für *East of Eden* wurden in New York abgehalten. Schließlich kamen zwölf Schauspieler in die engere Aus-

Probeaufnahme für ›East of Eden‹ (Jenseits von Eden, 1955) mit Paul Newman

wahl, darunter James Dean, Paul Newman, Dick Davalos, Joanne Woodward und Julie Harris.
Eine wichtige Aufnahme zeigt Jimmy und Paul Newman Seite an Seite. Newman trägt ein weißes Hemd und eine gepunktete Fliege, Jimmy ein Sporthemd.
Beide Schauspieler wußten, daß hier ein harter Kampf stattfand. Beide kämpften sie um das zukünftige Königreich Eden. Obwohl sie beide fast gleich alt waren, sah Newman wie ein junger Erwachsener aus, während Jimmys Gesicht die Verletzbarkeit des Heranwachsenden ausdrückte. Newman sah nicht aus, als könne er etwas Unkontrolliertes tun, Jimmy sah aus, als könne er jeden Augenblick explodieren.
Jimmy bekam die Rolle des Caleb Trask in *East of Eden* und begab sich sofort nach Hollywood.

KAPITEL VIII

Ich bin eine menschliche Bohne (Mai– August 1954)

Allein in Hollywood. Jimmys Rolle als Cal Trask in East of Eden. *Die Arbeit unter Elia Kazan. Vergleich mit Brando. Jimmy wird ein Star.*

Eden. In der Bibel führte Adam den Bruch zwischen Mensch und Gott herbei, als er von der Frucht des Wissens kostete. Indem Kain seinen Bruder Abel erschlug, beging er die erste Gewalttat eines Menschen gegen einen Menschen. Dadurch zerstörte Kain die erste Familie der Menschheit, und damit begann eine neue Gesellschaft.

»Eine eigenartige Geschichte«, schrieb Steinbeck in sein »Journal of a Novel«, als er ihr den Titel »East of Eden« gab. Diese eine Geschichte bildet die Basis aller menschlichen Neurosen. In Steinbecks Roman ist Eden eine romantische Heraufbeschwörung eines verlorenen Paradieses in einer mechanischen Welt.

In dem Film, der auf dem Roman basiert, stellte Jimmy Dean als Kains Sohn die Rolle des Caleb Trask dar. Kazan benutzte Jimmy als eine erotische, dämonische Kraft, um die Ängstlichkeit von Steinbecks schizophrenem Eden zu beherrschen.

Elia Kazan fuhr mit Jimmy für die Dreharbeiten nach Westen. »Ich nahm Jimmy mit nach Kalifornien«, sagte Kazan. »Seit seiner Kindheit war er nicht mehr dort gewesen. Er war noch nie geflogen. Es war alles neu für ihn.«

Im März 1954 kamen Kazan und Jimmy nach Hollywood. Sie wohnten auf dem Filmgelände der Warner Brothers in zwei nebeneinanderliegenden Ankleideräumen mit Toilette und Kochnische.

Steinbecks »East of Eden« ist eine neuzeitliche Geschichte über Adam – Adam Trask. Obwohl es die populärste Wiedergabe der biblischen Geschichte ist, nimmt es in Steinbecks Schaffen einen unbedeutenderen Platz ein.

Im Roman heiratet Kathy, Adams Frau, ein Ungeheuer voller Zerstörungswut, den frommen Adam, fühlt sich aber mehr zu seinem bösen Bruder Charles hingezogen. In der Hochzeitsnacht gibt sie ein Pulver in Adams Trunk und verbringt die Nacht mit Charles. Steinbeck legt nahe, daß ihre Zwillinge von zwei Vätern gezeugt wurden: Aron von Adam und Caleb von Charles.

Kazans Produktion macht lediglich Anspielungen auf den komplexen Hintergrund. Adams Frau hatte ihren Mann angeschossen, verließ ihn und die neugeborenen Babies und floh von der Farm, die sie zusammen im Salinas Valley betrieben. Adam ist so verzweifelt, daß er seine Jungs erst tauft, als sie ein Jahr alt sind.

Am Ende des Buches gibt Adam seine freiwillige Isolierung auf und zieht in die Stadt. Seine Söhne sind inzwischen reif fürs College. An dieser Stelle beginnt der Film.

Der Film konzentriert sich auf die Geschichte von Vater und Sohn und das Thema der Rebellion.

Kazan wollte immer Geschichten über Amerika filmen. Er machte einen Film über jede Periode Amerikas im 20. Jahrhundert, von der poetischen Story von der Überfahrt seines Großvaters in dieses Land (*America, America,* 1963) zum persönlichen Cinerama seines eigenen Sexuallebens (*The Arrangement* (Das Arrangement, 1968). Er war sehr angetan von der Person Christi, die er in den Filmen *Streetcar Named Desire* (Endstation Sehnsucht, 1951) und in *Waterfront* (Die Faust im Nacken, 1954) von Stanley Kowalski beziehungsweise Terry Malloy verkörpern ließ. Caleb als Kain ist ein christähnlicher Antiheld, der sich selbst zum Wohle der anderen opfert.

Kazan war der Schöpfer des Antihelden im amerikanischen Film, wie z. B. Brando als Dockarbeiter und Dean als Farmboy. In *Eden* identifizierte er Jimmy mit dem ursprünglichen Revolutionsgeist Amerikas.

Der herausfordernde, ungehorsame und kompromißlose Cal ruft den Konflikt hervor, um den sich der Film dreht. Er muß bestraft werden. Er versucht, die Wahrheit über seine angeblich tote Mutter herauszubekommen, ist sehr sensibel und wird insgeheim von seinem Bruder beneidet.

Kazan versinnbildlichte mit Dean das Thema der Rebellion.

Steinbeck hatte kein Porträt eines jugendlichen Helden beab-

sichtigt, verurteilte die jugendliche Rebellion in »America and Americans« ganz entschieden.
»*East of Eden* ist für mich im Vergleich zu meinen vorherigen Filmen viel persönlicher, ist mehr meine eigene Geschichte. Man haßt seinen Vater, rebelliert gegen ihn; schließlich sorgt man sich um ihn, versteht ihn und vergibt ihm.«
»Ich wählte Jimmy, weil er Cal Trask war«, sagte Kazan. Er hegte Groll gegen alle Väter, war rachsüchtig, fühlte sich einsam und verfolgt und war mißtrauisch.«

Als Kazan Jimmy das erste Mal auf das Warner-Filmgelände mitbrachte, wußte man nicht genau, was man von ihm halten sollte. Doch Kazan erkannte instinktiv die Kräfte, die in Jimmy schlummerten. »Ich machte ein paar Probeaufnahmen«, sagte Kazan »und wollte sehen, wie er sich vor der Kamera gab. Die anderen dachten, er sei die zweite Garnitur, doch ich klärte sie auf, daß Jimmy der Star des Films sei.«
Kazan befahl Jimmy, bis zum Beginn der Aufnahmen nach Palm Springs zu gehen, um braun zu werden und somit wie ein richtiger Farmboy auszusehen.
Dick Davalos, der den Abel spielte, kam direkt aus New York, wo er als Platzanweiser gearbeitet hatte. Kazan war davon überzeugt, daß er Jimmys idealer Gegenpart sein würde.
Um die erforderliche Beziehung zwischen den Brüdern herzustellen, hatte Kazan Jimmy und Dick lange vor Beginn der Drehaufnahmen zusammengebracht.
»Jimmy und ich kamen uns sehr nahe«, sagte Dick »und wir machten Probeaufnahmen, um herauszufinden, wie das funktionieren würde.«
»Natürlich hatte der Test homosexuelle Untertöne und wurde deshalb nie in den Film eingebaut.«
»Während der Dreharbeiten zu *East of Eden* wohnte ich mit Jimmy in einem Ein-Zimmer-Appartement. Und wir waren Aron und Cal bis zur Vollendung. Er tat etwas, und ich bot ihm Widerstand.«
Jimmys erster Auftritt in *East of Eden* ist schweigend. Er lungert an den Straßenecken von Monterey herum und verfolgt eine Frau, in der er seine tote Mutter vermutet. Ohne ein Wort zu sagen, füllt er die Leinwand, mit seiner aufwühlenden Sinnlichkeit. Seine Ängstlichkeit berührt einen.

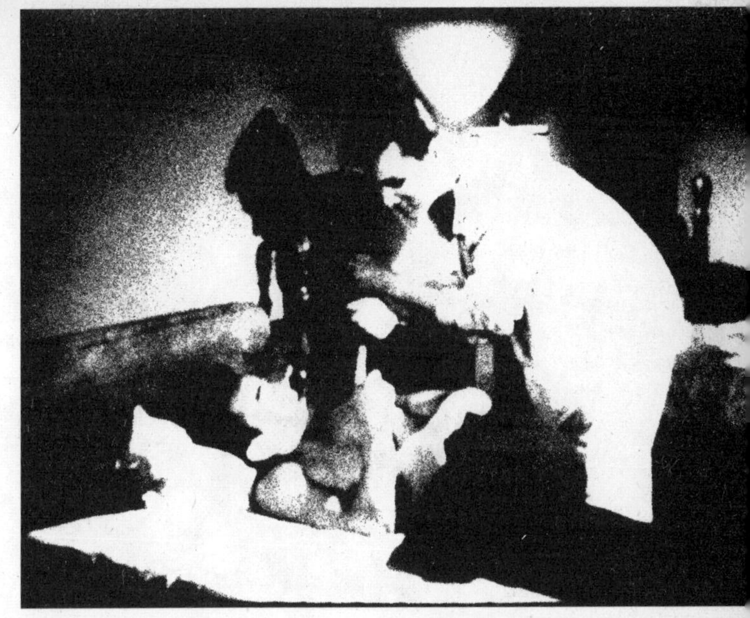

Probeaufnahme mit Dick Davalos, der den Aron, Cals Zwillingsbruder spielt

Raymond Massey, der Jimmys Vater Adam spielte, fand Jimmys lange Vorbereitungen für die Szenen – Üben, langes Meditieren im Ankleideraum – übertrieben und unprofessionell.
In einer der Schlüsselszenen fordert Adam Cal auf, als Strafe dafür, daß er impulsiv und sinnlos Eisblöcke in den neuen Eiskeller hinuntergelassen hatte, einige Verse aus der Bibel vorzulesen.
Cal, Aron und Adam sitzen am Tisch, und Cal fängt an zu lesen. Zuerst rattert er den Text herunter, und dann betont er übertrieben die jeweiligen Nummern zu Beginn eines Absatzes. Adam befiehlt ihm, langsamer zu lesen und die Nummern auszulassen.
Kazan wollte, daß der heiligenähnliche Adam schließlich explodiert, als Cal ihn immer weiter reizt, doch Massey blieb gelas-

Jimmy im Bohnenfeld

sen. So griff Kazan zu einem Trick, um die von ihm erwünschte Reaktion hervorzurufen.
Wenn Vater und Sohn zusammenarbeiten, sind Familienstreitigkeiten vergessen. Sie bauen Salat an, um ihn nach Osten zu verschicken. Doch das Projekt scheitert. Jimmy baut heimlich Bohnen an, um seinen Vater zu überraschen und seine Liebe und Achtung zurückzugewinnen.
Kazan sagte über die Dreharbeiten: »Es war nicht einfach, mit Jimmy zu arbeiten, denn es war alles neu für ihn. Er war wie ein Tier. Ängstlich, unsicher. Doch Julie Harris war eine große Hilfe, denn sie war ungeheuer geduldig und verständnisvoll. Wenn Jimmy auf Zuneigung und Verständnis stieß, war er ungeheuer gut.« Julie Harris spielte die kokette Abra, die mit Aron liiert war, sich aber von dem animalischen und mysteriösen Cal angezogen fühlt.

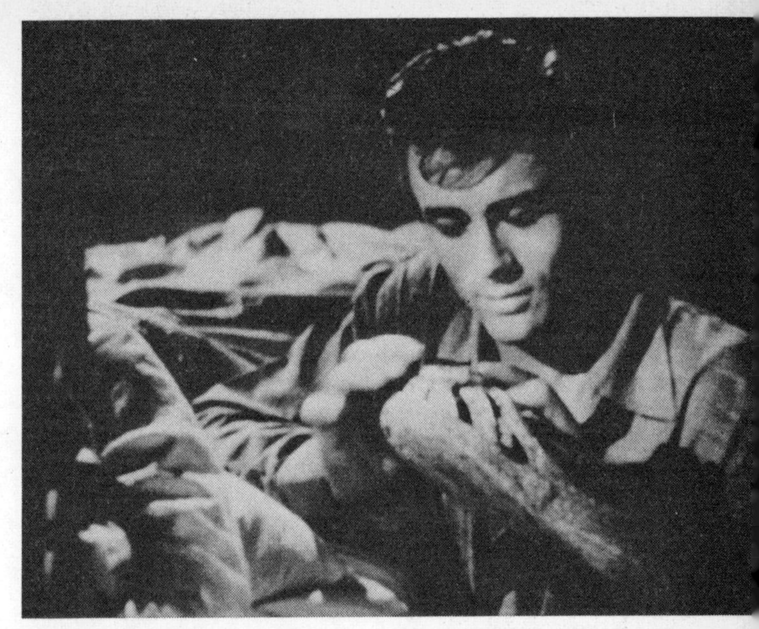

Jimmy streichelt Abras Pantoffel

Schließlich gesteht Abra auf einem Riesenrad Cal ihre Zuneigung. Sie reden miteinander und küssen sich.
Nach der Szene auf dem Riesenrad planen Cal und Abra eine Geburtstagsparty für Adam, bei der Cal seinem Vater die 5000 Dollar, die er heimlich verdient hat, überreichen möchte. Als Cal seinem Vater das kleine Päckchen reicht, unterbricht ihn Aron und verkündet seine Verlobung mit Abra. Adam küßt die beiden und vergißt das Geschenk. Cal, der allein auf der anderen Seite des Zimmers steht, ist mal wieder aus der Familie ausgeschlossen. Doch Abra löst sich von Adam und erinnert ihn an Cals Päckchen. Es folgt der bewegendste Dialog des ganzen Films:

Cal: (grinsend) Mach es auf!

Adam: Ja, ja ... (Er fummelt an den Schleifen herum, und Cal beobachtet ihn wie eine Katze) ... Ich möchte das

	Geld nicht, Cal, ich kann es nicht nehmen, danke dir trotzdem dafür.
Cal:	(wild) Ich hebe es für dich auf ...
Adam:	Nein, ich nehme es nie. (Er schaut den verzweifelten Cal an.) Ich hätte mich so gefreut, wenn du mir hättest etwas geben können wie dein Bruder – etwas Ehrliches, Menschliches und Gutes. Geld, noch dazu unsauberes, kann das nicht bringen ... (Cal starrt Adam ungläubig an.) Sei nicht böse, mein Sohn. Wenn du mir etwas schenken möchtest, schenke mir ein gutes Leben.

Cal wirft sich seinem Vater heulend an den Hals. Der puritanische Vater ist entsetzt und schiebt ihn von sich weg. Cal rennt schluchzend aus dem Haus, hinaus in die Dunkelheit.
In dieser Szene kommt Jimmys tiefste Sehnsucht zum Vorschein. All die Jahre seines Lebens, in denen er den Vater vermißt hatte, sich nach Liebe gesehnt hatte.
»Jimmy improvisierte immer und weinte viel während des Films«, sagte Dick Davalos. »Er liebte das und beherrschte es vorzüglich.« Während Jimmys ganze Emotionen aufbrachen und Verdrossenheit und Reizbarkeit bewirkten, litt sein Leinwandbruder Dick Davalos auch unter der psychologischen Realität, die sie geschaffen hatten. Kazan war überrascht von Jimmys Intensität. »Er hat sich in diesem Film ganz gegeben, hat nichts zurückgehalten. Man fühlte, daß ein Star geboren worden war.«

Noch bevor *East of Eden* in die Kinos kam, war er in der Filmwelt bekannt. »Ich war damals nur ein kleiner Angestellter«, sagte Howard Thompson, der Kritiker der »New York Times«, »und hörte, daß sich Warner Brothers von dem Nachwuchstalent James Dean viel versprachen. Ich hatte Dean am Broadway in *The Immoralist* gesehen. Mich beeindruckte weniger seine Rolle – er hatte nur einen kurzen Text zu sagen – als seine Gegenwart. Ich arrangierte es, daß ich bei der Vorführung von *East of Eden* dabei war. Ich traf dort Steinbeck und seine Frau. Als ich ihn fragte, was er von dem Film hielte, meinte er: »Ich glaube, es wird ein Klassiker.«
»Der Film ließ mich kalt ... ich ging hinaus, bevor das Licht anging.«

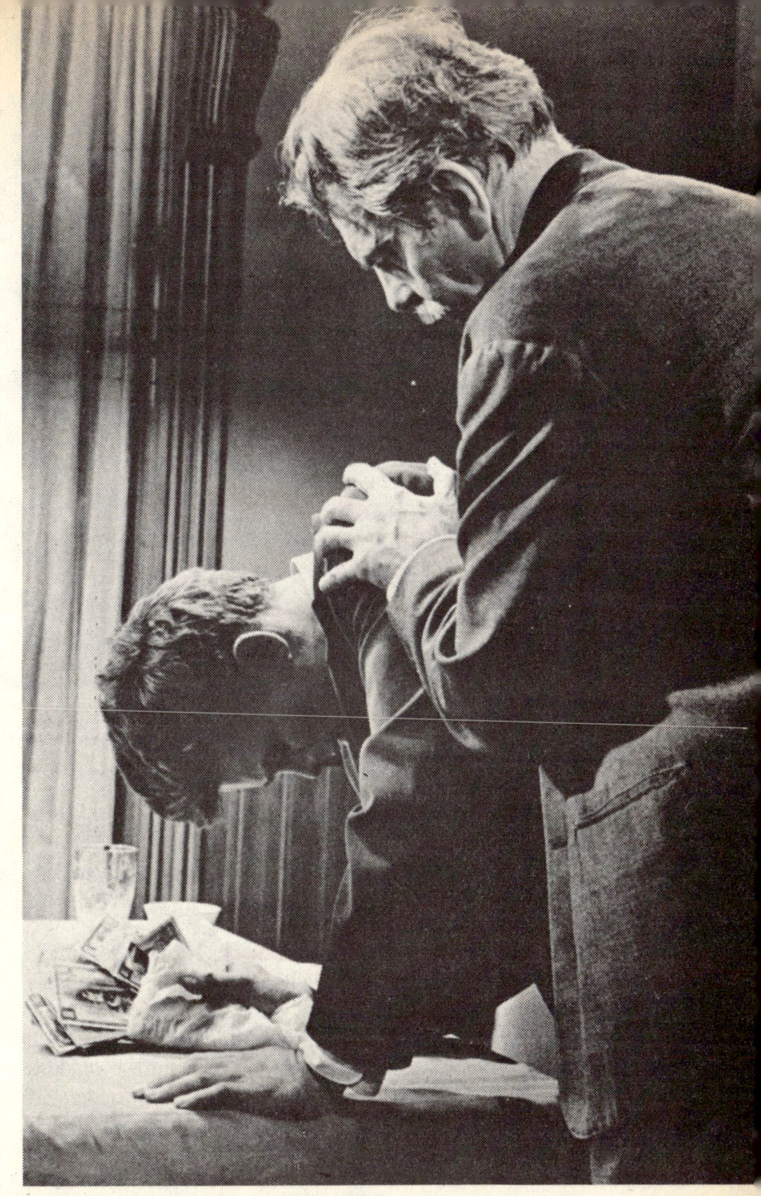

Adam (Raymond Massey) lehnt das Angebot seines Sohnes ab

Jimmy mit Howard Thompson von der »New York Times«. Sein erstes Interview

East of Eden hatte in New York seine Premiere als Wohltätigkeitsveranstaltung für das Actors Studio. Man zahlte 150 Dollar für eine Karte, um Kazans neuestes Werk zu sehen.
Die Kritiken schwankten zwischen totaler Begeisterung oder völliger Ablehnung.
»Library Journal«: Einer der besten Filme des Jahres, der tiefen Einblick in das gewährt, was die Psychologen als das Gefühl der Verweigerung bezeichnen.
»New York Herald Tribune«: Kazans Charaktere entfalten sich langsam, und wenn sie schließlich ärgerlich oder heftig werden, weiß man weshalb. Das ist das Geheimnis von *East of Eden*.
»Time Magazine«: Man hat den Roman in eine enge Schublade gestopft – ein Vaterproblem.
»New York Times«: Es ist nicht verständlich, weshalb zwischen Adam und Cal keine Harmonie besteht. Man versteht auch

nicht, wieso sie am Schluß wieder versöhnt sind. Die Lösung ist willkürlich.

James Dean als Cal Trask war das Hauptthema aller Kritiken. Die übrige Besetzung wird mit ihrer Rolle identifiziert: Julie Harris als »Landkokotte«, Raymond Massey »spielt immer noch den Lincoln, den wir alle kennen und lieben« und Jo Van Fleet die »kalte und rachsüchtige Mutter«. Dick Davalos leidet am meisten. Obwohl er den Gegenpart von Jimmy spielte, wird er selten erwähnt, oft sogar ganz übersehen.
Jimmy wurde pausenlos mit Marlon Brando verglichen.
Ein Reporter fragte Jimmy, was er davon halte, mit Marlon Brando verglichen zu werden. Jimmy erwiderte: »Was würden Sie sagen, wenn man Sie mit Walter Winchell vergleichen würde?«
Jimmy versuchte, das Problem zu vereinfachen. Er sagte zu einem Reporter: »Noch bevor ich Brando kannte, sagte man mir, ich würde mich wie Brando benehmen. Der Vergleich kann mich weder ärgern noch freuen. Ich habe meine eigene Rebellion. Die Leute entdecken Ähnlichkeiten zwischen uns beiden: Wir kommen beide von einer Farm, kleiden uns, wie wir wollen, fahren Motorräder und arbeiten für Elia Kazan. Als Schauspieler möchte ich mich nicht wie Brando benehmen – und versuche es auch nicht.« Jimmy entwickelte einen bestimmten Stil und zwar in der kurzen Zeit von achtzehn Monaten.
Strasberg sagte über den Vergleich Jimmys mit Brando: »Sie sind zwei völlig unterschiedliche Persönlichkeiten. Nur haben sie zur gleichen Zeit dieselben Charaktere dargestellt, eine Art Anti-Held, eine Person, die kein Held im üblichen Sinne ist.«
Jimmys Botschaft wurde verkündet, noch bevor er etwas sagte. *East of Eden* ist eine moralische Allegorie und Jimmy das Symbol für Unruhe und Veränderung: Kain, der mythische Zerstörer der Illusion.
East of Eden bedeutete den Anfang von Jimmys Filmkarriere. Seine Rolle als der irrende Sohn war für Jimmy von besonderer Bedeutung, nicht nur deshalb, weil es seine erste Starrolle war, sondern weil er sich so stark damit identifizierte.

KAPITEL IX

Hollywood plappert weiter (1954–1955)

Hollywoods Werbemaschinerie. Flirts. Die Romanze mit Pier Angeli.

James Dean war Hollywoods endgültiger Gott. Er tauchte zu einer Zeit auf, in der die Filmindustrie dringend einen neuen Star brauchte. Der alte Glanz war längst erloschen. James Dean war der letzte Mega-Star des Films, bevor das alte Sonnensystem endgültig unterging.
James Dean war der letzte Star, auf den Hollywood baute.
Die »New York Times« schrieb über Hollywoods Verfassung: Hollywood befindet sich in einer neuen Krise – es fehlt ihm an Stars. Zur Zeit haben die Studios ungefähr 25 große Drehbücher parat, doch nicht die passenden Schauspieler. Die Zeit hat die meisten Stars eingeholt. Sie haben Speck angesetzt, graue Haare bekommen und Falten. Es besteht ein deutliches Gefälle zwischen dem Publikum, das zwischen 15 und 25 schwankt,und den Stars, die sich in den Vierzigern oder Fünfzigern bewegen.

Hollywoods Werbemaschinerie arbeitete hart, stürzte sich auch auf diejenigen, die ihr widerstanden. In den fünfziger Jahren war Brando das Beispiel für einen Star, der ihr zu entkommen suchte und sie gerade dadurch erzeugte. Jimmy wehrte sich noch stärker dagegen. »Ich bin nicht hierher gekommen, um zu bezaubern«, pflegte er zu sagen, »sondern um zu arbeiten.«
Hedda Hopper war eine der ersten, die seinem Charme erlag. Als man ihr im Studio sagte, daß man ihn für ein Genie halte, sah sie der Begegnung sehr widerstrebend entgegen. Sie hatten sich bei Warner zum Essen verabredet. In der Cafeteria des Studios war sie entsetzt über sein Benehmen, wollte ihn nicht interviewen. Als man ihr vorschlug, sich *East of Eden* anzusehen, sagte sie nur unwillig ja. Doch während der Vorführung änderte sie ihre Meinung:

Ein neuer Heldentyp … Jimmy durchstreift die Straßen von Monterey

»Ich saß verzückt im Vorführraum. Ich kann mich nicht erinnern, je einen jungen Mann mit soviel Ausdruckskraft gesehen zu haben.« Auf seine Art machte Jimmy Damen wie Hedda Hopper den Hof, indem er sie mit seinen übertriebenen Aktivitäten verblüffte und sie mit unerwartet guten Manieren faszinierte. Joe Hyams, einem Hollywoodautor, gestand er, daß er Hedda wirklich nicht mochte, sie aber seine »Stimme bei Hof« war.

»Sie haben recht«, erklärte er Hyams, der wußte, daß sich Jimmy oft sehr unschmeichelhaft über speichelleckende Schauspieler geäußert hatte, »aber sehen Sie es als eine Schutzhaltung an. Der einzige, den ich mit einer schlechten Presse treffe, bin ich. So benehme ich mich also als netter, höflicher, wohlerzogener Junge – was Hedda mag. Dafür tritt sie für mich ein und verteidigt mich gegen die übrige Presse, die behauptet, ich sei ein verantwortungsloser Rebell.«

Hedda, die zu manchen Stars so erbarmungslos sein konnte, wurde seine Vertraute. Sie hatte das Gefühl, daß sie ihn verstand. Ihm war das Unmögliche gelungen, er hatte die alte Hexe zu seiner »Mutter« gemacht.

Doch am Schluß wandte sich Jimmys eigene Ambivalenz gegen ihn selbst. Das Spiel, das er spielte, hatte seine verborgenen Fallen. Er hatte aus seinem Privatleben eine Rolle gemacht, spielte seine Rollen auch im Alltag Hollywoods, wo er wenige echte Freunde besaß. Der ängstliche Charakter, den er so wirkungsvoll in *East of Eden* dargestellt hatte, war ein Teil von ihm selbst: »Ich bin ein ernsthafter, intensiver kleiner Teufel – und so verkrampft, daß ich nicht verstehen kann, wie es jemand mit mir im gleichen Zimmer aushält. Ich könnte mich nicht ertragen.«

Sein oft skurriles Benehmen war sicher auch eine Reaktion auf die vielen Demütigungen, die er als Unbekannter in Kauf nehmen mußte.

Kazan sagte über ihn: »Niemand war so verletzlich wie Jimmy. Außerdem war er ein schrecklicher Narziß. Nach dem Motorrad kaufte er sich eine Fotoausrüstung. Ich kann mich noch erinnern, wie er vor dem Spiegel stand und sich selber aufnahm.«

Hollywoods Werbemaschinerie bestand aus Presseagenten, Public-Relation-Managern, Paparazzi und Klatschkolumnisten, die sich darin übertrafen, im Privatleben der Stars herumzuwüh-

len, um den Appetit von Millionen von Fans zu befriedigen. Jimmy war davon angewidert, spielte aber eine Zeitlang das Spiel mit, indem er mit Starlets auftrat und im Smoking auf Premieren erschien.
Einmal trat er in Begleitung Terry Moores, einem Liebling der Filmmagazine, auf.
»Man arrangierte ein Rendezvous zwischen Jimmy und Terry Moore«, sagte Bill Gunn. »Terry Moore war eine junge Sexbombe. Er holte sie mit dem Wagen ab. Sie stieg zu ihm ein, er lächelte und sagte: Oh, hallo. Sie sah ihn an, wandte sich ab und saß stocksteif da. Er überlegte die ganze Zeit angestrengt, was zum Teufel los sei. Sie sagt kein Wort. Doch als sie aussteigen, nimmt sie seinen Arm, lächelt ihn an und flüstert ihm etwas ins Ohr. Er versteht nicht, was da vor sich geht. So verläuft der ganze Abend. Auf der Rückfahrt sagt sie wieder kein Wort.«
Eine der ersten Frauen, die in Hollywood eine Romanze mit Jimmy hatte, war Vampira, eine weibliche Version von Zacherly. Sie hatte eine Fernsehshow, bei der sie Horrorfilme vorführte. Doch Jimmy sagte über ihre Beziehung: »Ich bin nie mit Vampira ausgegangen, das möchte ich klarstellen. Ich kenne mich ganz gut aus mit Satansmächten und wollte herausfinden, ob das Mädchen davon besessen ist. Ich unterhielt mich mit ihr, doch sie wußte absolut gar nichts.«
Vampira war wütend. Hatte sie nicht die dunklen Mächte zu seiner Hilfe angerufen? Vampira glaubte nämlich, daß Jimmy sich selbst tötete und daß seine Freunde dies verhindern könnten.
Smiley sagte: »Vampira meinte, Jimmy brauche Hilfe und wir müßten ihm helfen, herauszufinden, wer er sei, damit er sich nicht selbst umbrachte. Das war sieben Monate vor seinem Tod.«
Vampira schnitt sich die Haare ab, um seine Aufmerksamkeit zu erregen, doch Jimmy reagierte nicht. Schließlich sprach sie einen Zauberspruch über ihn, versuchte, mit schwarzer Magie gegen ihn anzugehen. Sie schickte ihm ein Bild von sich, das sie vor einem offenen Grab zeigt. Darauf steht: »Liebling, komm zu mir.« Eine Zeitlang amüsierte sich Jimmy darüber, denn das war mal ganz ’was Neues.
Alles, was Jimmy tat, ließ sich zu Lesestoff verarbeiten. Kandid Kendris schrieb in ihrer Kolumne: »Die Glamourgirls würden sich für ein Date mit Jimmy umbringen.«

Doch trotz dieser verliebten Girls schrieb Jimmy nach wie vor sehnsuchtsvolle Briefe an Barbara Glenn.
Nach der Arbeit ließ sich Jimmy immer im Googie's und Schwab's Drugstore sehen, wo junge Schauspieler verkehrten. »Jimmy war immer eine Nachteule«, sagte Bill Bast. »Die Leute, die dort verkehrten, interessierten ihn. Er beobachtete sie, um Erfahrungen zu sammeln.«
Jimmys Verletzbarkeit, die in seinen Filmen so wirkungsvoll zum Ausdruck kam, wurde vor der Presse sorgfältig verborgen. Einmal machte Frank Worth einen Schnappschuß von Jimmy. Jimmy betrachtete das Foto und sagte: »Ich möchte nicht, daß es veröffentlicht wird.«
»Ich verstand nicht, was ihm an dem Foto nicht gefiel«, sagte Worth. »Jimmy war darauf über seinen Wagen gebeugt und machte sich am Motor zu schaffen. In dem Augenblick hattc er sich kurz abgewandt. »Ich sehe darauf aus wie ein hilfloses Kind, das sich nach seiner Mutter sehnt«, sagte Jimmy. »Ich möchte nicht, daß mich die Leute so sehen.«
Jimmy begegnete Clift und Brando, als er schon ein Star war. Brando besuchte *East of Eden* und es gibt ein gemeinsames Foto von Jimmy und Brando, auf dem nur Brando lächelt. In einem Interview sagte Brando zu Truman Capote: »Dean war kein Freund von mir, aber ich war eine fixe Idee von ihm. Was ich tat, tat er auch. Er versuchte immer, in Kontakt mit mir zu kommen. Schließlich lernte ich Dean auf einer Party kennen, wo er den Verrückten spielte. Ich sprach mit ihm. Nahm ihn zur Seite und fragte ihn, ob er nicht wisse, daß er krank sei, Hilfe benötigte?«

Jimmy hatte in Hollywood eine einzige echte Romanze mit Pier Angeli, einer italienischen Schauspielerin, die mit Paul Newman *The Silver Chalice* drehte. Jimmy und Pier trafen sich bei den Dreharbeiten zu *East of Eden* und saßen bald händchenhaltend im Speisesaal der Warner Brothers.
Vierzehn Jahre später gestand Pier dem National Enquirer: »Wir gingen oft an die kalifornische Küste, wo wir uns in einem kleinen Strandhaus vor neugierigen Blicken sicher wußten, verbrachten viel Zeit am Strand, sprachen über uns, über unsere Probleme, über Gott und die Welt.
Manchmal gingen wir schweigend am Strand entlang, teilten uns unsere Liebe auf diese Weise mit.

Jimmy mit Terry Moore

Vampira vor einem offen Grab (Liebling, komm zu mir)

Zwischen uns herrschte totales Einverständnis.
Wir waren wie Romeo und Julia, liebten uns so sehr, daß wir am liebsten zusammen ins Meer gegangen wären, um immer zusammen zu sein. Nicht, daß wir Selbstmord begehen wollten, denn wir liebten das Leben. Wir waren jung und wollten das Leben genießen.«

Doch ihre Liebe wurde zerstört. Piers Mutter mißbilligte Jimmys Aufzug, seinen schnellen Wagen und vor allem störte sie, daß er kein Katholik war. Auch seine Manieren ließen zu wünschen übrig. Aber nicht nur Piers Mutter mißbilligte die Romanze. MGM, bei der Pier unter Vertrag stand, fand die Beziehung nicht passend, und Jimmys ›Mom‹ Jane Deacy riet ihm von einer Heirat ab. »Wenn du sie heiratest, bist du Mr. Pier Angeli«, warnte sie ihn. Jimmy hatte Pier gesagt, daß er nicht heiraten

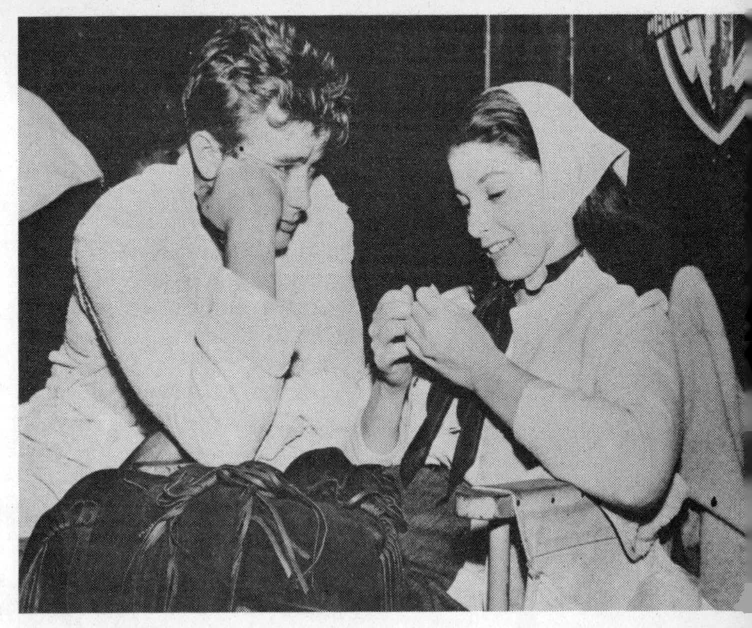

Pier Angeli mit einem verträumten Jimmy

wolle. »Wir werden uns schon was einfallen lassen«, sagte er naiv.
Nachdem er *East of Eden* beendet hatte, fuhr er kurz nach New York. Inzwischen verkündete Pier ihre Verlobung mit dem Sänger Vic Damone. Die Hochzeit sollte in zwei Wochen stattfinden. Diese Nachricht bedeutete einen Schock für Jimmy.
Die Ehe mit Vic Damone wurde für Pier zur Hölle. 1959 ließ sie sich von ihm scheiden. 1962 heiratete sie den Musiker Armando Trotajoli. Auch diese Ehe dauerte nur vier Jahre. Pier tadelte dafür Jimmy in aller Öffentlichkeit:
»Er ist der einzige Mann, den ich von ganzem Herzen liebte. Keinen meiner Ehemänner liebte ich so wie Jimmy.
Ich versuchte, meine Männer zu lieben, doch es war nicht von Dauer. Nachts träumte ich von Jimmy, wünschte mir, Jimmy würde statt meines Ehemannes neben mir liegen.

Ich mußte mich von meinen Männern trennen, denn man kann nicht einen Mann lieben – selbst wenn er tot ist – und mit einem anderen leben.«
1971 starb Pier Angeli an einer Überdosis Schlaftabletten.

Nach *East of Eden* lebte Jimmy in Hollywood allein, in einem Vorort von Los Angeles, da er nicht mehr auf dem Filmgelände von Warner wohnen konnte.
Nach Pier zog Jimmy eine Zeitlang männliche Gesellschaft vor. Als erstes rief er seinen alten Freund Bill Bast an. »Er rief an und sagte: ›Laß uns essen gehen‹ und wir fuhren zur Villa Capri. Ich merkte bald, daß er sich hier gut auskannte. Beim Essen fragte ich ihn, warum er dieses Lokal gewählt habe, und es stellte sich heraus, daß Pier ihn das erste Mal hierher gebracht hatte.«

Jimmy beim Essen mit »dem weiblichen Marlon Brando«, Ursula Andress

Joe Hyams wurde ein enger Freund von Jimmy. Eines Abends stellte er Jimmy Humphrey Bogart vor. Hyams sagte darüber: »Bogie konnte seine Unsicherheit hervorragend überspielen, doch Jimmys Unsicherheit drückte sich in jeder Geste, in jedem Wort aus. Bogie bestritt den größten Teil der Unterhaltung, während Jimmy zu seinen Füßen saß und allem zustimmte. Es war überraschend für mich, daß mein junger Freund sich genau wie jeder andere als Fan benahm.«
Jimmy ging mit allen möglichen Frauen aus: Lilli Kardell, Katy Jurado, Leslie Caron, Pat Hardy, Ella Logan und Marilyn Morrison. Doch am häufigsten traf er sich mit Ursula Andress. Sie kam frisch aus Europa, hatte die Figur einer Brünhilde. In ihrem ersten Hollywood-Interview behauptete sie von sich, ein »weiblicher Marlon Brando« zu sein.

BANKING
INSURANCE
CITIZENS
BANK
BANK

KAPITEL X

Immer noch der gleiche (Herbst 1954 bis Frühjahr 1955

Zwei letzte Fernsehshows. Wieder in New York. Jimmys letzte Reise nach Fairmount zu den Winslows.

Nachdem Jimmy *East of Eden* beendet hatte, wollte er heimfahren. Erst nach New York und dann nach Fairmount, seiner Heimatstadt. Diese Heimreise wurde ein Fotoessay für »Life« – eine Gelegenheit, sein Image der Welt zu präsentieren und es für sich selbst neu zu definieren.
Jimmy reiste in Begleitung von Dennis Stock, einem jungen Hollywood-Fotografen, den er im Chateau Mormont, einem Hotel auf dem Sunset Boulevard, getroffen hatte. Stock schrieb über Jimmy: »Jimmy lud mich zu einer Vorschau von *East of Eden* ein. Ich hatte ihn in Nick Rays Bungalow kennengelernt und wußte nicht recht, wer er war. Aber als ich diese Bohnenfeld-Szene sah, wußte ich, daß er ein echter Star werden würde und wollte etwas zusammen mit ihm machen.«

Zwischen den Dreharbeiten zu *East of Eden,* die im August 1954 beendet waren, und dem Beginn der Dreharbeiten zu *Rebel without a Cause* (... denn sie wissen nicht, was sie tun, 1955) im Frühjahr 1955 machte Jimmy seine beiden letzten Fernsehshows:
I Am a Fool und *The Unlighted Road.* Beide sind kitschige Melodramen, doch in beiden stellte Jimmy Persönlichkeiten dar, die ihm selbst glichen. In *I Am a Fool* verliert er die Liebe seines Lebens, indem er eine fiktive Gestalt erfindet, was seinen Ruin bedeutet. In *The Unlighted Road* entgeht er einem kriminellen Leben, indem er sich ehrlich zu einem Mord bekennt, an dem er unschuldig ist.
I Am a Fool wurde damals als eine sehr progressive Produktion angesehen. Ein alter Mann (gespielt von Eddie Albert) erinnert sich an eine längst vergangene Liebe. Im Hintergrund hört man

traurige Harmonika-Musik. Jimmy spielt den jungen Albert. »Da war ich mit meinen neunzehn Jahren«, beginnt Albert, »zu erwachsen, um zu Hause herumzuhängen, und in der Stadt gab es keinen Job für mich. Also beschloß ich, in eine andere Stadt zu ziehen.«
Die Scheinwerfer bestrahlen Jimmy, der auf einem altmodischen Sofa sitzt. Die Mutter verabschiedet ihn unter Tränen, als er die Stadt verläßt. In der nächsten Stadt findet er einen Job als Stalljunge. Doch ihm schwebt etwas anderes vor. Er nimmt das Geld, das er gespart hat, kauft sich einen Anzug und geht in die Stadt. Dort stößt er auf eine Gruppe feiner Pinkel, denen gegenüber er sich als ein anderer ausgibt, als er ist: Walter Mathers aus Mariettah. Er lernt Lucy, seine große Liebe, kennen. Die Lucy wurde von Natalie Wood gespielt. Es war ihre erste Erwachsenenrolle, die ihr dann auch die Rolle in *Rebel without a Cause* einbrachte.
Am ersten Drehtag wartete Natalie nervös auf Jimmys Erscheinen. Sie sagte: »Nachdem wir bereits alle eine halbe Stunde lang die Tür angestarrt hatten, kam Jimmy herein – durch ein großes Fenster. Ich konnte nur noch denken: Er versteht seinen Auftritt. Er trug ein schmutziges Sporthemd und Jeans, sprang auf den Boden, schaute uns an, nahm sich ein Manuskript und setzte sich in die Ecke. Der Regisseur sagte: ›Los, Jimmy, setz dich neben Natalie. Immerhin sollst du dieses Mädchen ja lieben.‹ Jimmy grunzte nur.«
Ihre Liebesszene am Bahnhof bildet den Höhepunkt des Dramas. Walter weiß, er muß ihr hier die Wahrheit sagen, wenn er sie je wiedersehen möchte, stammelt sein Geständnis, als der Zug immer näherkommt.
Nach der ersten Probe setzte sich Jimmy mit Natalie zum Essen zusammen.
»Wir fanden ein Café«, erzählte Natalie, »und wie die meisten Schauspieler waren wir in unser Manuskript vertieft.
Als er gerade kräftig in ein Sandwich biß, sagte er: ›Ich kenne dich, du bist eine Kind-Schauspielerin.‹ Ich erwiderte, daß das stimme, aber daß das besser sei, als wie ein Kind zu spielen. Einen Augenblick war er verblüfft. Dann fing er an zu lachen. Ich stimmte mit ein, und damit begann unsere wunderbare Freundschaft.«
The Unlighted Road war Jimmys letzte Fernsehrolle. Wieder

spielt er das junge Unschuldslamm in einer korrupten Erwachsenenwelt. Jeff Litham, ein Anhalter, trinkt in einer kleinen Imbißstube einen Kaffee und verzehrt ein Sandwich. Der Besitzer, der fasziniert ist, weil er seine Kaffeemaschine reparierte, bietet dem Jungen einen Job einschließlich Essen und Wohnen an. Jeff sagt: Das hört sich gut an. Doch dann bieten ihm zwei Männer, die in einer Ecke des Lokals sitzen, einen Teilzeitjob an, der darin besteht, angebliche Wagenzahlungen zu kassieren. Eines Nachts, als Jeff wie üblich einkassiert, verfolgt ihn ein Polizeiwagen. Jeff ist überrascht, weil geschossen wird. Er jagt über die dunklen Straßen, bis der Wagen hinter ihm aus einer Kurve getragen wird und an einem Baum landet. Jeff fährt zu dem Lokal und erzählt Egan, dem Besitzer, und Schreiber, dem Anhalter, die Geschichte. Die beiden älteren Männer gehen an die Unfallstelle. Schreibers Expartner liegt mit gebrochenem Bein im Polizeiwagen. Sie geben ihm einen Schuß in die Schläfe und ver-

Jimmy liest James Whitcomb Riley, »diese schlaue alte Kratzbürste«

senken sein Auto im See. Dann kehren sie zum Lokal zurück und berichten Jeff, er habe den Polizisten getötet, indem er den Unfall verursacht habe.
Jeff kann mit dieser Schuld nicht leben und erzählt alles dem Polizeichef. Bei dieser Gelegenheit erfährt er den wahren Sachverhalt.
The Unlighted Road wurde schließlich 1956 gesendet und sechsmal wiederholt.
Im Januar 1955 gingen Jimmy und Dennis Stock nach New York. Jimmy betrachtete Manhattan als seine zweite Heimat, doch nach einem Jahr Hollywood hatte er sich so stark verändert, daß er sich fremd fühlte.
Jimmy besuchte altvertraute Plätze: Cromwell's Drugstore und Jerry's Tavern. Dennis fotografierte Jimmy, wie er mit Cyril Jackson Bongo spielte, Tanzstunden mit Eartha Kitt nahm. Jimmy liebte es zu improvisieren. Stock erinnerte sich: »Eines Nachmittags gingen wir den Broadway hinunter, und Jimmy blieb vor einem Möbelgeschäft stehen. Er sagte: ›Warte einen Moment‹, ging hinein, direkt in die Auslage und setzte sich dort auf einen Stuhl. Nach kurzer Zeit hatte sich eine Menschenmenge vor dem Schaufenster versammelt. Ich schoß eine Menge Bilder von Jimmy, dann spazierte er wieder heraus.«
Jimmy hatte sich auf seine alten Freundinnen gefreut, doch Dizzy erinnerte sich mit gemischten Gefühlen an das Wiedersehen. »Wir hatten gerade eine Party, als er anrief. Ich sagte: Komm halt vorbei. Als er kam, schien er nicht in Partylaune zu sein. Nach einer Weile gingen alle. Ich weiß nicht, wie er es geschafft hatte, aber in Kürze waren wir allein.«
Jimmys schmerzlichste Begegnung war der Abschied von Barbara Glenn. Obwohl er versucht hatte zu begreifen, daß er »nicht derjenige war, der sie glücklich machen konnte«, war er geschockt, als er bei seiner Ankunft erfuhr, daß sie jemand anderen heiraten wollte.
»Als ich Jimmy das letzte Mal sah, sagte ich ihm, daß ich heiraten wolle. Er erwiderte: ›Okay, ich möchte ihn kennenlernen.‹ Ich fand das keine gute Idee, doch er bestand darauf. Also gingen wir zu dritt zum Essen. Sie verstanden sich blendend. Am nächsten Tag rief mich Jimmy an und sagte: ›Ich wollte ihn eigentlich hassen, aber ich kann nicht. Er ist der richtige für dich. Doch ich möchte mich unbedingt noch von dir verabschieden.

Jimmy trommelt inmitten der Rinder

Können wir uns heute nicht treffen?‹ Als ich zu ihm kam, hatte er einen Koffer voller Geld und drängte mich, es zu nehmen. Während der zwei Jahre, als ich mit Jimmy gegangen war, hatte ich ihm oft Geld geliehen. Ich sagte also: ›Was soll das? Möchtest du mir das Geld zurückzahlen?‹ Und er sagte: ›Barbara, du kannst mich nicht verlassen. Es kann nicht so enden.‹ Doch ich erklärte ihm, daß es so enden würde, weil ich heiraten würde. Ich sagte: ›Lebwohl, Jimmy. Ich hoffe, irgendwann können wir Freunde sein‹, schloß die Tür und ging die Treppe hinunter. Er riß die Tür auf und schrie – es war das einzige Mal, daß ich ihn schreien hörte – und warf mir das Geld hinterher.
Nachdem Jimmy und Dennis zwei Wochen in New York verbracht hatten, fuhren sie nach Fairmount weiter.

Kaum daß er zurück war, zog er seine alten Sachen wieder an, damit Dennis Aufnahmen von ihm machen konnte. Der größte

Teil des Films wurde in der Umgebung der Farm gedreht – wie Jim seinem Großvater zuhört, die Schweine füttert, die Stadt und den Friedhof besucht und sich beim Valentinstag-Tanz vergnügt. Im Gegensatz zu den üblichen Hollywoodaufnahmen, mit Swimmingpools und Nightclubs als Hintergrund, sehen diese ländlichen Bilder heroisch und elementar aus.
Die Familie feierte die Rückkehr Jimmys. »Keiner von uns wird je dieses letzte Familientreffen mit Jimmy im Frühjahr 1955 vergessen«, sagte Emma Woolen Dean.
»Dank dem Fernsehen hatten wir an Jimmys New Yorker Zeit teilgenommen. Sobald er seine ersten Rollen bekam, kauften wir uns einen Fernseher. Marcus und Ortense hatten einen der ersten, dann kamen wir.«
Jimmy und seine Familie drängten sich im Eßzimmer der Winslows. Dennis hielt Jimmy, seine Großmutter und seinen Großvater, Marcus und Ortense und den kleinen Markie im Film fest. Dann wollte Jimmy von seinem Großvater Näheres über seinen Urgroßvater wissen, der 1918 gestorben war.
»Weißt du, Großpapa, in dem Film *East of Eden* spielte ich einen Typ namens Cal ... und Cal hieß doch dein Vater oder? Markie und ich, wir waren heute auf dem Friedhof und besuchten das Grab von Urgroßvater Cal Dean. Wie war er? Was interessierte ihn? Was war er für ein Kind?«
»Er war einer der besten Auktionatoren der Gegend.«
»Nun, was soll das bedeuten?«
»Man mußte sich auskennen, ein guter Menschenkenner sein und Talent haben.«
Jimmy freute sich auch zu hören, daß ein Dichter in der Familie war. Cals Bruder hatte ein Gedicht geschrieben, in dem alle sechs Namen der Dean-Jungs vorkamen: Joe Bennel, »Kil« (Achilles), Cal, Harry, Pat und John.
Bei früheren Besuchen hatte Jimmy jedesmal Adeline Nall besucht, hatte sie sogar oft in ihrer Klasse in der High School aufgesucht. Dieses Mal war er allzusehr damit beschäftigt, Dennis herumzuführen. Doch schließlich traf sie ihn vor dem Haus seines Großvaters.
»Das letzte Mal sah ich Jimmy vor dem Haus seines Großvaters«, erinnerte sich Mrs. Nall. »Jimmy beugte sich zu meinem Wagenfenster herunter. Ich versuchte, ihm klarzumachen, daß er nicht vergessen dürfe, freundlich zu sein. Er hatte nieman-

Jimmy, Charlie Dean, Ortense, Marcus, Emma Dean und Markie

den, zu dem er gehen konnte, der ihn er- oder entmutigt hätte. Jemand hätte ihm sagen müssen: Du hast das gewählt. Du wolltest Schauspieler werden. Doch er wollte sowohl Schauspieler als auch Privatperson sein.«

Die Fotogeschichte wurde am 7. März 1955 in »Life« veröffentlicht. Dennis sagte, die Herausgeber wären über die Farm-Bilder keineswegs entzückt gewesen. »Wie können wir behaupten, daß er ein Star ist?« Doch einer der Herausgeber rettete die Geschichte: »Schaut, dieser Junge ist wirklich ein ganz heißer Tip. Und Stock ist der einzige, der an ihn herankam, also müssen wir die Bilder haben.« Sie enthüllten die Identität des Farmerjungen und fügten auch Ausschnitte aus *East of Eden* hinzu. Die Story trug den Titel: »Moody New Star«.

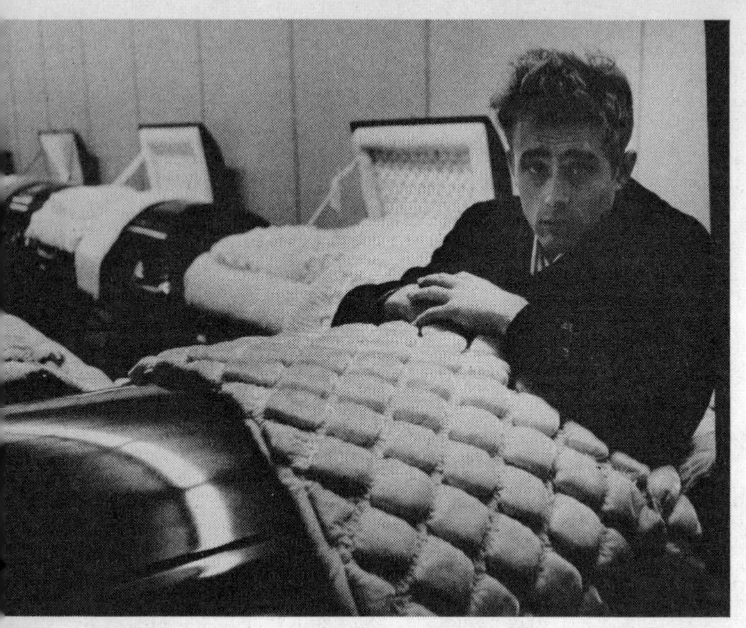

»Wenn man den Deckel zumacht, zerquetscht es einem die Nase«

»Jimmy wußte, daß er die Farm nicht mehr wiedersehen würde«, sagte Dennis. »Deshalb mußte ich die letzte Aufnahme von ihm vor dem Farmhaus machen. Er sieht geradeaus, und sein Hund Tuck wendet sich ab. Es war seine Interpretation von: ›Du wirst nie mehr nach Hause zurückkehren.‹ Ich möchte damit nicht sagen, daß er Todesahnungen hatte, sondern einfach, daß er das Gefühl hatte, daß es vorüber sei. Es gab keinen Weg zurück.«
Innerhalb eines Jahres kehrte Jimmy nach Fairmount zurück und wurde auf dem Friedhof außerhalb der Stadt, wo schon Generationen der Deans, Winslows, Woolens und Wilsons ruhten, beigesetzt.

KAPITEL XI

... denn sie wissen nicht, was sie tun (März bis Mai 1955)

Der Hintergrund von »... denn sie wissen nicht, was sie tun«. Nick Rays Methode. Jimmy als Jim Stark.

Rebel Without a Cause erzählt die Abenteuer und Schwierigkeiten, denen ein Junge an seinem ersten Schultag in einer neuen Schule begegnet. James Dean spielt die Rolle des Grünschnabels Jim Stark, eines neuen Jungen an der Dawson High School. Am ersten Schultag versucht er, sich mit dem Mädchen von nebenan (Natalie Wood) anzufreunden, indem er ihr anbietet, sie auf dem Motorrad mitzunehmen. Doch sie lehnt ab. Als er in die Schule kommt, sieht er, daß sie von einer Gruppe Schlägertypen (die Gang) beherrscht wird, die die schwächeren Jungs terrorisieren. Der Held nimmt sich des Schwächlings (Sal Mineo) an, verteidigt ihn gegen die anderen und geht aus diesem Kampf als Sieger hervor.
Jim Stark erscheint zu Beginn als bescheidener, zugänglicher Junge, doch bald merkt man, daß eine unterschwellige Glut flackert, die nachher zur Flamme auflodert. Schließlich muß der neue Junge seine geheimen Kräfte im Kampf einsetzen.
Dieser Film unterscheidet sich von den üblichen Schuljungen-Abenteuern darin, daß die Schule nicht mehr das einzige wichtige Spielfeld darstellt. Die meisten Aufnahmen werden außerhalb von Dawson High, spät nachts in einer Teenagerunterwelt der Gewalt, Romantik und des Todes gemacht. In diesem Film treten auch neue, mächtigere Autoritätsfiguren auf – Eltern und Polizei –, die die Probleme des Helden noch komplexer und schwieriger werden lassen.
Durch das Einbeziehen von Polizei und Eltern verlagert *Rebel* die alte Geschichte in die moderne Gesellschaft und porträtiert Jim Starks Prüfungen und Triumphe als eine positive gesellschaftliche Kraft. Schließlich überzeugt er seine Eltern, ihrem Frust zu begegnen, gewinnt die Liebe des Mädchens und wird

zum Erwachsenen. *Rebel* ist eindeutig James Deans Film. Er spielt darin sich selbst. Er ist sowohl Opfer als auch Held und er prägt den Film mit den verworrenen Fragmenten seiner eigenen Persönlichkeit. In seiner Rolle enthüllt er alles, was wir über Jimmy als James Dean wissen.

Jimmy schuf einen Helden, der sowohl zärtlich als auch wild, kindlich und männlich, männlich und weiblich ist.

Jimmy besaß die besondere Spannung, die Nick Ray, der Produktionsleiter von *Rebel* ein Leben lang bei den Schauspielern gesucht hatte.

»Nicht ich habe Jimmy für *Rebel* ausgewählt«, sagte Ray. »Wir beschnüffelten uns wie zwei siamesische Katzen, fuhren zusammen nach New York, damit ich sehen konnte, wo er lebte. Ungefähr eine Woche klebten wir zusammen, spielten Basketball, gingen ins Kino und betranken uns mit seinen Freunden. Als wir zurückkamen, um die Dreharbeiten zu beginnen, waren wir uns wirklich nähergekommen.«

Obwohl Ray in Jimmy die ideale Besetzung für den Film sah, kannte er noch nicht alle seine Qualitäten, die er dafür einbringen konnte. Ray wollte einen Film über die Jugendkriminalität in der Mittelklasse machen, wollte das Paradoxon von reichen Kindern, die einen Wagen stehlen, obwohl schon zwei in der Garage stehen, herausstreichen.
Er wollte auch eine romantische Story daraus machen. »Romeo und Julia« war für mich immer das beste Stück, das je über Jugendkriminalität geschrieben wurde«, sagte Ray. Die Haupthandlung sollte in einen Tag gepreßt werden. Der Tag sollte für Jim problematisch beginnen und ganz anders enden.
Rebel war ursprünglich ein Buch über einen jugendlichen Psychopathen, das von Dr. Robert Lindner geschrieben und 1946 von Warner Brothers erworben wurde. Während das erste Drehbuch geschrieben wurde, ging William Orr auf Talentsuche nach New York. Er stellte sich einen irregeleiteten Jungen vor, der aufgrund seiner Kindheitserinnerungen einen sinnlosen Mord begeht.
»Als ich 1947 die erste Probeaufnahme für *Rebel* machte«, sagte Orr, »gab ich die Titelrolle schließlich Marlon Brando. Das Drehbuch war noch nicht fertig, aber ich wußte, daß mir ein sensibler, ungewöhnlicher junger Mann vorschwebte. Alle machten mich auf Marlo Brinden oder Maylin Brandin aufmerksam. Keiner wußte genau, wie er hieß.
Als wir schließlich seine Agentin auftrieben, sagte sie uns: ›Oh, Marlon hat kein Interesse daran.‹«
Also lag das Drehbuch bis 1954 bei Warner Brothers in der Schublade. Inzwischen war die Jugendkriminalität zu einem gesellschaftlichen Problem geworden. Als Nick Ray den Warner Brothers vorschlug, eine Jugendstory zu bringen, die noch nie dagewesen war, waren Jack und Harry Warner sehr erfreut, daß sie ein Drehbuch dafür liefern konnten.
Nicholas Rays Sensibilität gegenüber der Jugend erwuchs aus einem angeborenen Mißtrauen seiner eigenen Generation. »Wir sollten das Schulsystem für Kinder über sechs abschaffen«, sagte er, »bevor sie ihren Lerninstinkt verlieren. Sie sollten sich erst einmal in der Gesellschaft zurechtfinden, bevor sie mit irgendwelchem Lernstoff traktiert werden.«
Diese Einstellung spiegelt sich in allen Filmen, die unter Rays Regie standen.

In *Rebel* zeigte Ray einen jugendlichen Delinquenten, der aus der Mittelklasse kam.
Ray hätte gerne seinen Freund Clifford Odets für das Drehbuch engagiert, doch Warners jüngstes Wunderkind Leon Uris bekam den Job. Obwohl sie zusammen recherchierten, hatten sie völlig unterschiedliche Ansichten.
Als nächstes arbeitete Irving Shulman, ein Romanautor, Filmautor und ehemaliger Lehrer an dem Manuskript. Shulman war auch ein Sportwagen-Fan, und Ray hoffte, diese Gemeinsamkeit würde ihn Jimmy näherbringen, was aber mißlang.
Shulman sagte: »Ich arbeitete zehn bis fünfzehn Wochen an dem Drehbuch und war fast damit fertig. Doch ich arbeitete nicht gern mit Ray, und das ganze Projekt erschien mir allmählich als Alptraum. Also ging ich zu Finley McDermit und sagte, ich wolle aussteigen. Natürlich war mein Drehbuch Eigentum von Warner Brothers, doch sie erlaubten mir, die Grundfabel für meinen Roman ›Children of the Dark‹ zu verwenden.«
»Nick hatte Shulmans Drehbuch abgelehnt und war verzweifelt«, sagte Leonard Roseman, den Ray für die Filmmusik engagiert hatte. »Eines Tages traf ich Stewart Stern, einen Autor, den ich in New York kennengelernt hatte, und bat ihn, mit mir ins Studio zu kommen und vielleicht ein paar Vorschläge zu unterbreiten. Und Stewart bekam den Job.«
Stewart Stern gelang es, alle Elemente zu vereinigen, ein Drehbuch zu schreiben, das provozierte, psychologisch untermauert und kosmisch war.
Ray begnügte sich für die übrigen Rollen nicht mit irgendwelchen zweitklassigen Schauspielern aus der Kartei. Glaubwürdige Jugendliche waren in Hollywood rar. Hunderte von Jugendlichen wurden ins Studio gebeten. Ray und sein Produzent David Wisebart testeten sie persönlich, stellten ihnen Fragen wie: »Wie kamen Sie mit Ihrer Mutter zurecht?« Anhand dieser Interviews wurden neun Laien ausgewählt, die die Gang bilden sollten. Auch für die weibliche Rolle der Judy wurden Tests gemacht. Als letzte kam Natalie Wood dran.
Er hatte nicht vor, Natalie die Rolle zu geben, da sie ein Kinderstar war. Eines Abends erhielt er einen Anruf von Dennis Hopper, der in der Gang mitspielte. Er hatte einen Unfall mit Natalie, und sie war verletzt. Ray versprach zu kommen und einen Arzt zu Hilfe zu rufen.

»Ich betrat das Zimmer, in dem Natalie lag. Sie zog mich zu sich herunter und flüsterte mir ins Ohr: ›Sehen Sie den Hundesohn?‹ und zeigte auf den Arzt. ›Er nannte mich eine jugendliche Delinquentin. Bekomme ich jetzt die Rolle?‹«
Als Nick die Mitglieder der Gang auswählte, sah er Sal Mineo, der sich von den anderen starken Jungs abhob. »Ich entdeckte im Hintergrund diesen Jungen, der wie mein Sohn aussah, bloß hübscher. Ich rief ihn zu mir und fragte ihn, was er bis jetzt gespielt habe. Er sagte, er habe gerade den jungen Tony Curtis in *Seven Bridges to Cross* gespielt. Ich stellte ihn neben die anderen Jungs und beschloß, daß er einen guten Plato abgeben würde.« Nun galt es nur noch zu testen, wie Jimmy und Sal miteinander auskämen. »Ich war richtig krank, denn ich wollte die Rolle unbedingt«, sagte Mineo, der damals 16 war. »Dann kam Jimmy in seinem T-Shirt und seinen Jeans.«
»Wir spielten eine Szene und nichts klappte. Nick schlug uns schließlich vor, uns eine Weile zu unterhalten. Wir redeten erst über New York und dann über Autos und waren in kurzer Zeit Kumpels. Dann nahmen wir unsere Szene wieder auf und es lief alles wie geschmiert.«
Jim Backus spielte Jimmys Vater. Er ist sehr bekannt als Schauspieler *(I Married Joan* und *Gilligan's Island)* und als die Stimme von Mr. Magoo. In *Rebel* stellt er eine Karikatur des Mittelklasse-Vaters dar.
Nicholas machte nicht nur einen Film über Jugendliche, sondern verschmolz mit dieser Welt.
Rebel war ein Gemeinschaftswerk. Ray ermutigte die jungen Darsteller zu improvisieren.
Leonard Rosenman nahm an den ersten Besprechungen teil: »Wir hatten uns in Nicks Bungalow in Chateau Marmont getroffen. Nick und Stewart wollten uns die Szene erklären, und wir würden unsere Meinung dazu sagen. Es war ein Hin und Her an Meinungen. Wir waren wirklich ein gutes Team.«
Nicholas Ray war in La Crosse, Wisconsin, aufgewachsen. Zuerst wollte er Architekt werden, entschied sich aber dann fürs Theater. Er ging auf die Schauspielschule und führte dann Regie.
Er hatte seine Karriere mit Orson Welles und John Housemann am Mercury Theater begonnen. Hier trugen Schauspieler, Regisseur und Autoren alle gleichermaßen zum Stück bei.

Bei Proben: Jimmy (vor dem Fernseher), Jack Simmons, Jim Backus, Natalie Wood, Nick Adams, Frank Mazzola, Dennis Tod Stock (vor dem Plattenspieler), Nick Ray und Stewart Stern (von links nach rechts)

In *Rebel* brachte er dieses Prinzip einer neuen Generation nahe. »Kein Regisseur kann alle Rollen spielen. Er ist ein Idiot, wenn er das meint«, sagte Ray. »Ich arbeite immer mit den anderen zusammen, seien es Jugendliche oder Erwachsene. Der Regisseur zeigt den Weg, läßt aber seinen Schauspielern freien Spielraum.«

Die Thematik von *Rebel* ist die Entwicklung einer neuen Generation. Jimmy spielte hier seine bedeutendste Rolle, Stewart Stern hatte hier seine erste große Produktion, Jim Backus seine erste dramatische Rolle und Natalie Wood ihre erste Erwachsenen-Rolle.
Ein paar Tage vor den Dreharbeiten verschwand Jimmy. »Niemand wußte, wo er war, und Warners waren wütend«, sagte Ste-

ward Stern, »drohten, ihn zu feuern. Eines Morgens gegen vier Uhr läutet mein Telefon, und ich höre ein Muh. Ich wußte, es war Jimmy und muhte zurück. Dann sagte ich: ›Wie geht's dir?‹ Und Jimmy fragte mich, ob ich der Ansicht sei, er solle den Film machen. Ich sagte zu ihm: ›Wenn du ihn machst, und wir sind darin schlecht, dann bin ich schuld daran.‹ Dann erzählte ich ihm, daß man erwäge, ihn zu feuern.
Jimmy sagte nur: ›Nun, ich komme nicht zurück. Sag das den anderen.‹
Er war ungefähr zehn Tage weg. Eines Tages tauchte er in meinem Büro auf, starrte auf die weißen Wände und tat so, als ob er ein Gemälde bewunderte. Er fragte mich, ob es echt oder eine Reproduktion sei, und ich erwiderte: ›Oh Gott, natürlich echt.‹ Und er fuhr fort: ›Nun, ihr Autoren ...‹ und verlor kein Wort darüber, wo er gewesen oder warum er zurückgekommen war. ›Ich weiß nicht, was ihn erschreckte, aber ich weiß, er war ängstlich.‹«

Schließlich begannen die Dreharbeiten zu *Rebel* im März 1955. Die Herstellungskosten waren niedrig gehalten, und man erhoffte sich gute Einspielergebnisse.
Nach einer Woche bekam Nick Ray den Befehl, die Dreharbeiten einzustellen. »Sie wußten nicht, was ich tat und wollten nicht, daß ich den Film zu Ende führe«, sagte Ray. Ich sagte: »Okay, verkauft mir die Filmrechte.« Man zögerte und teilte mir mit: »Wir rufen Sie zurück.«
Man rief mich also zurück und teilte mir mit: »Okay, Nick, machen Sie ihn zu Ende.«
Zwei Tage später wurde Nick wieder vorgeladen. Dieses Mal teilte man ihm mit, der Film, der ursprünglich in Schwarz-Weiß geplant war, sollte in Farbe gedreht werden. Das bedeutete, daß viele Aufnahmen nochmals gemacht werden mußten.
Corey Allen, der vor ein paar Tagen eine Messerstecherei mit Jimmy gedreht hatte, sagte: »Ray kam zu ›Hamburger Hamlet‹ herein und sagte: ›Ich sah die Aufnahmen von der Messerstecherei, sie sind wirklich phantastisch.‹ Ich sagte: ›Na prima.‹ Dann fuhr er fort: »Sie sind so phantastisch, daß wir sie nochmals machen müssen, denn Warners möchten sie jetzt in Farbe sehen.‹«
Die Farbe spielt in *Rebel* eine große thematische Rolle, vor al-

»Jimmy in seiner roten Jacke … Es ist nicht nur eine Pose, sondern eine Warnung, ein Zeichen«

lem die Farben Rot und Blau – Rot für Wut, Leidenschaft und Feuer, Blau für die Isolierung.

Jimmy erscheint in *Rebel* als erster auf der Leinwand. Er liegt stockbetrunken auf dem Trottoir, neben einem Spielzeugaffen, den er mit einem Stück Papier zudecken möchte.
Ohne vorgestellt zu werden, gibt Jimmy seinen eigenen Prolog zu dem Film. Er spielt ein isoliertes, hilfloses Kind, das sich in seine eigene Schutzphantasie verstrickt hat. Der Held wird uns als Kind mit seinem mechanischen Spielzeug vorgeführt.
Er möchte nichts weiter, als mit seinen Träumen alleingelassen werden.
Bev Long beobachtete, wie Jimmy diese Eröffnungsszene improvisierte. »Wir hatten uns für die Szene nichts ausgedacht. Also sagte Jimmy: ›Bitte laßt mich damit spielen.‹« So war das Ganze auf Improvisation aufgebaut.
»Ich erinnere mich, daß wir an dem Tag 23 Stunden gearbeitet hatten und erschöpft waren. Doch trotz unserer Müdigkeit harrten wir aus und beobachteten Jimmy. Es war so ergreifend, daß wir heulten.«
Dennis Hopper, der ein Gang-Mitglied namens Goon darstellte, schrieb über Jimmys Interpretation: »Ich habe ein Drehbuch in der Hand, das besagt, daß dieser Junge betrunken in der Gosse liegt, auf die Polizeiwache mitgenommen wird und sich darüber ärgert.
Nun, zuerst spielt der Junge mit einem Spielzeugaffen, versucht ihn zu wärmen. Dann wird er gesucht, und dieser ärgerliche, betrunkene Junge ist plötzlich empfindlich? Woher kam das? Das kam aus dem Genie. Niemand hat ihm das eingeimpft. James Dean führte Regie für James Dean.«
Jim, Plato und Judy werden vors Jugendgericht zitiert; jeder von ihnen aus einem anderen Grund: Jim ist betrunken, Plato hat einen kleinen Hund erschossen und Judy wurde aufgeschnappt, als sie spät in der Nacht herumstreifte.
Als Ray Jim hereinruft, sagt er zu ihm: »Du kannst mich nicht täuschen, Junge. Warum hast du deine Stiefel nicht an?«
Als Jimmy versucht, ihm einen Kinnhaken zu versetzen, rät er ihm, sich am Schreibtisch auszutoben.
Jimmy spielte die Szene voller Intensität, als er mit den Fäusten auf den Schreibtisch hämmerte.

Der Held der Geschichte, ein Kind, das mit seinen Träumen allein gelassen werden möchte

Die Schlüsselszenen von *Rebel* spielen in der Nähe des Griffith Planetariums in Los Angeles. Die Spannung beginnt während einer Vorlesung über das Universum, eskaliert in eine Messerstecherei hinter dem Planetarium und erreicht ihren Höhepunkt in einem Feuergefecht auf der Vordertreppe.
»Bereits von Anfang an zeigt sich das unendliche Schicksal, die Hand Gottes«, sagte Ray.
Rebel wird von Weltall-Musik untermalt.
Weder Jimmy noch Corey Allen hatten je mit einer Messerstecherei zu tun. Nick Ray hatte erlebt, wo die Jugendkriminalität endete – vor dem Gericht –, hatte aber keine Ahnung von einer Gang-Mentalität. Frank Mazzola führte sie in die Welt der Teenager-Gangs ein.
»Frank wurde von den Regisseuren abgelehnt, da sie ihn für zu zerrissen hielten. Doch er bestand darauf, mich zu sehen, und seine Ausdauer zahlte sich aus«, sagte Ray. Er war der Anführer einer Gang, lebte aber in besseren Verhältnissen als ich selbst. Ich wurde der Gang als sein Onkel vorgestellt. Wir planten einen Krieg, und Frank stellte die Regeln auf – keine Messer, keine Drogen, nur Ketten. In der Kriegsnacht kreuzten siebzig bis achtzig Jungs auf und warteten auf den gelben Ford – das Zeichen der anderen Gang. Zwei Mädchen trugen Messer bei sich.

Die Messerstecherei außerhalb des Planetariums war eine Mischung aus Improvisation und Choreographie. Da Jimmy und Corey echte Schnappmesser benutzten, trugen sie Brustpanzer unter ihren Hemden. Dennoch bestand Verletzungsgefahr.
»Ich war so verdammt nervös«, sagte Corey Allen. »Wir probten wie verrückt, doch es war schrecklich. Schließlich forderte uns Nick auf, eine Pause zu machen.
Jimmy und ich waren weder befreundet noch verfeindet. Doch bei den Dreharbeiten wußte ich immer, wo er war, was er tat. Ich reagierte übersensibel auf seine Gegenwart.
Dann kam er von der Pause zurück. Ich beobachtete ihn und sagte mir: Er kommt auf mich zu. Genauso geschah es. Jimmy ging auf mich zu und brachte mir ein Glas Wasser. Ich nahm es, trank es aus und sagte: ›Woher wußtest du, daß ich Lust auf Wasser hatte?‹«
Er sagte: »Ich bin um einiges älter als du.«
Die Spannung von Sex und Kraft bei dem Bandenkrieg findet einen Höhepunkt, als Buzz (ein Mitglied der Gang) mit dem Messer in Jimmys Reifen sticht. Jimmy gibt einen Seufzer von sich. Er kann dem Ärger nicht aus dem Weg gehen, geht auf die Gruppe zu:

Jim (müde):	Weißt du was?
Buzz:	Was?
Jim:	Du liest zu viele Comics.
Buzz:	He, er ist irre.
Jim:	Ich bin auch dufte.
	(Plötzlich gackert Goon wie ein Huhn. Die anderen machen es ihm nach.)
Jim:	Soll das ich sein?
Buzz:	Was?
Jim:	Das Huhn (chicken).

Die anderen lachen auf.

›Huhn‹ (chicken = Feigling) ist eines der Schlüsselworte von *Rebel.* Deswegen war er schon von einer anderen Schule geflogen, weil er einen Jungen, der ihn ›Huhn‹ genannt hatte, verprügelt hatte. Er versucht, dem Streit mit Buzz auszuweichen, doch es bleibt ihm keine Wahl.
Die beiden Jungs kreisen sich ein wie Wölfe. Buzz scheint die Situation zu gefallen, während Jim zögert. Buzz versetzt ihm

einen Stich in den Magen und grinst. Jim macht einen kleinen Satz und wird erneut verletzt.
Plötzlich schrie Ray mitten in einer Aufnahme nach Erster Hilfe, denn hinter Jimmys Ohr zeigte sich eine Blutspur.
»Jimmy war wütend, als Nick Einhalt gebot«, sagte Dennis Hopper. Er brüllte Nick an: »Was zum Teufel machst du da? Siehst du denn nicht, daß ich eine reale Szene erlebe? Wofür bin ich sonst wohl hier?«
Frank Mazzola wirkte bei dem Kampf als Berater mit, und Mushy Callahan, ein Exboxer, der Jimmys Stuntman war, gab auch seine Ratschläge ab.
Bev erzählte über die Dreharbeiten: »Keiner von uns war auf den anderen neidisch – außer Nick Adams. Nick war einer der ehrgeizigsten Schauspieler, die ich je erlebt habe. Er setzte sich immer in Szene, wann immer er konnte.«

Aus: ›Rebel Without a Cause‹. Von links: Sal, Corey, Jimmy, Frank, Nathalie und Bev

Als Dennis Hopper *Rebel* machte, sah er aus, als ob er noch nicht trocken hinter den Ohren wäre, aber er hatte das gewisse Funkeln im Blick. »Während der Dreharbeiten sagte ich einmal zu Jimmy, daß ich wissen müsse, was er täte, denn die Schauspielerei sei mein Leben«, sagte er. Ich fragte ihn, wieso er Schauspieler geworden sei, und er erwiderte: »Da ich meine Eltern hasse. Ich wollte auf die Bühne ... und es ihnen zeigen. Ich will dir sagen, was mich dazu bewog, Schauspieler zu werden. Meine Mutter starb, als ich fast neun war. Nachts schlich ich mich aus dem Haus meines Onkels und ging auf ihr Grab und weinte und weinte und fragte sie: Mutter, warum hast du mich verlassen? Ich brauche dich. Das endete damit, daß er zu ihr sagte: Da du mich verlassen hast, werde ich auch ohne dich groß.«

Rebel besteht aus einer Reihe konzentrischer Ringe, in deren Mitte Jim Stark gefangen ist. Er kann sich nur befreien, wenn er alle Barrieren durchbricht. Wenn er die Messerstecherei gewinnt, muß er noch schwierigere Tests bestehen:

Im Gegensatz zu Buzz, Crunch, Goon und den anderen Bandenmitgliedern, die offensichtlich ihre Eltern aufgegeben haben, ist Jim Starks Beziehung zu seiner Familie komplexer.

Einerseits hat er Verständnis für die Lage seines Vaters, andrerseits ärgert er sich darüber. Seine Frau und Schwiegermutter verspeisen ihn bei lebendigem Leibe. Jim sieht nur eine drastische Lösung: »Wenn er den Mumm hätte, es Mom mal tüchtig zu besorgen, würde sie aufhören, an ihm rumzunörgeln ...« sagt er zu Officer Ray.

Die Szenen zwischen Jim und seiner Familie erfordern großes Einfühlungsvermögen, denn der Dialog beruht auf so vielen psychologischen Klischees. Jimmy war der einzige echte Charakterdarsteller unter stereotypen Figuren.

Für das ›Chickie Run‹ fuhr Jimmy einen 46er Ford. Am verabredeten Platz sondern sich Jim und Buzz von den andern ab und empfinden am Rand der Klippe einen Augenblick lang Kameradschaft.

Szene: Jim und Buzz. Jim starrt hinunter. Er fängt an zu schwitzen, zündet eine Zigarette an. Ohne die Hand von Jims Schulter zu nehmen, nimmt ihm Buzz die Zigarette aus dem Mund, zieht daran und reicht sie wieder Jim. Jim zieht noch einmal daran und wirft sie dann in den Abgrund.

Buzz: (ruhig) Das ist die Ecke, Junge, das Ende.
Jim: Ja.
Buzz: Ich mag dich, weißt du.
Jim: Buzz? Wieso machen wir das?
Buzz: (immer noch ruhig) Wir müssen ja etwas machen, oder? (Großaufnahme von Jim und Buzz und Plato im Vordergrund. Jim und Buzz erscheinen Plato wie zwei enge Freunde. Plötzlich gehen sie wieder wortlos zu ihren Wagen.)

Das war das letzte Mal, daß sie miteinander sprachen, denn während des Rennens verfängt sich Buzz' Ärmel am Türgriff und er kann nicht raus. Er ist in seinem eigenen Wagen gefangen und gerät über die Klippe, und somit endet sein Leben im explodierenden Wagen. Jim, der über die Klippe schaut, erkennt, daß er seinen ersten Freund verloren hat.
»Es war richtig kalt, als wir dort draußen bei Nacht drehten«, sagte Corey, »und keiner von uns war warm genug angezogen. Ich ging zum Wagen rüber und wollte mir eine Decke holen – und bekam den Schock meines Lebens. Da lagen sechs Leichen, und das war ja ich!
Niemand hatte mir etwas davon erzählt. Sie sahen mir gleich, waren genauso angezogen wie ich. Beruhige dich, sagte ich zu mir selbst, es sind ja nur Puppen.«

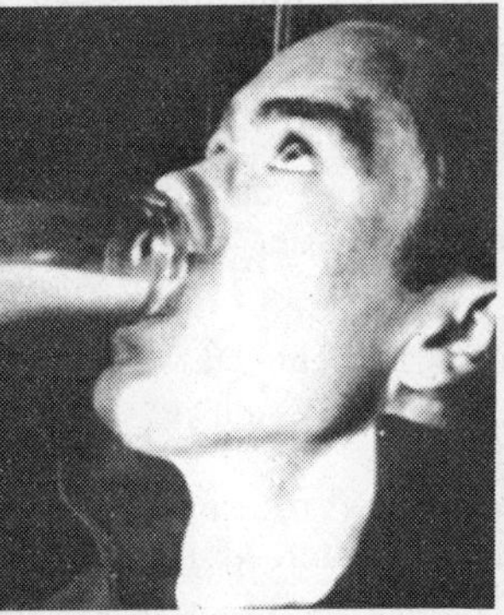

Jimmy kühlt seinen überhitzten Kopf

Nach Buzz' Tod ist seine Freundin Judy damit einverstanden, mit Jim heimzufahren. Zur Erklärung dieser unglaubwürdigen Entwicklung sagte Stewart: »Wir versuchten, eine Art poetischer Realität zu finden, preßten die ganze Handlung in einen Tag, denn es erschien uns unglaubwürdig, den Handlungsverlauf über ein Schuljahr auszudehnen.«
Erschöpft kehrte Jim nach Hause zurück. Er geht in die Küche, und wie um sein erhitztes Gehirn und seine angespannten Nerven zu beruhigen, drückt er den Kopf an das kühle Glas einer Milchflasche. »Er trank immer Milch, denn er brauchte eine Mutter«, sagte Stewart. »Die Idee mit der Milchflasche stammte von Jimmy.«
Nick bestätigt das: »Die Milchflaschen-Szene war von Jimmy improvisiert. Wir drehten bei mir zu Hause. Shulman hatte eine völlig unglaubhafte Szene geschrieben, die im Schlafzimmer der Mutter stattfinden sollte. Ich nahm also Jimmy mit zu mir, und wir gingen die Szene durch:

Szene: In Jims Wohnzimmer.
Der Fernseher ist an, flackert aber nur. Der Vater döst in einem Sessel am Kamin. Das Geräusch von Jims Schritten weckt ihn auf. Die Angst, seinem Sohn zu begegnen, bewirkt, daß er schnell wieder die Augen schließt. Der Junge kommt herein, immer noch mit der Milchflasche in der Hand. Als er seinen Vater sieht, bleibt er kurz stehen, möchte aber am liebsten fliehen. Statt dessen geht er zu dem Vater hin, betrachtet ihn. Seine Augenlider flattern, er scheint zu träumen ... Jim ist hin- und hergerissen zwischen seinem Wunsch zu gehen und zu reden. Dann legt er sich auf die Couch.
Durch das Fernsehen erfahren Jims Eltern, was geschehen ist. Sie nehmen die Nachricht passiv auf. Als Jim sie darauf aufmerksam macht, daß das, was sie soeben hörten, der Wirklichkeit entspricht, werden sie damit nicht fertig.

Mutter: Ich möchte nicht, daß er zur Polizei geht. Da waren noch andere Leute beteiligt, und warum sollte er der einzige sein.

Jim: Aber ich bin beteiligt. Ich war in ein Verbrechen verwickelt, Mom. Ein Junge wurde getötet. Man kann sich dem nicht entziehen, indem man so tut, als ob es nicht geschehen wäre.

Vater:	Du weißt, daß du unrecht tatest, das ist doch das Wichtigste.
Jim:	Nein, das ist gar nichts ...
Vater:	Mein Sohn, das geht alles so schnell ...
Jim:	Es ist besser, du gibst mir etwas schnell Wirkendes, Vater. (Der Vater ist hilflos ... Plötzlich schreit Jim) Dad?

Jim umklammert den Hals seines Vaters, drängt ihn die Treppe hinunter. Seine Mutter rennt ihm hinterher und kreischt: »Hör auf. Du tötest ihn. Jim, möchtest du deinen Vater töten?« Jim rennt hinaus, um bei dem einzigen Erwachsenen, den er sich in dieser Situation vorstellen kann, Hilfe zu suchen – dem jugendlichen Officer Ray. Doch statt dessen stößt er auf die Gang. Als sie Jim sehen, vermuten sie, daß er alles erzählen wird, also beschließen sie, auf ihn aufzupassen. Auf dem Nachhauseweg findet er Judy in der Auffahrt zu seinem Haus.

Jim:	Judy, was soll ich machen? Ich kann nicht heimgehen.
Judy:	Ich auch nicht.
Jim:	Nicht? Warum nicht? (keine Antwort) Weißt du was? Ich hätte nie gedacht, daß ich 18 werden könnte. Ist das nicht dumm?
Judy:	Nein.
Jim:	Jeden Tag betrachtete ich mich im Spiegel und sagte: »Was, du bist noch da? Donnerwetter. Sogar heute. Als ich heute morgen aufwachte, schien die Sonne, und alles war okay. Als erstes sah ich dich, und ich dachte, das wird ein toller Tag, den man auskosten muß, denn morgen kann schon alles vorbei sein.«

Als Jimmy Natalie küßt – ihr erster Leinwandkuß – kuschelt er sich an sie, als ob er sie beide warm halten wolle.
Er erzählt Judy, daß sie sich in einem alten Herrenhaus verstekken könnten, das Plato ihm gezeigt hatte.
Die Handlung in *Rebel* findet hauptsächlich bei Nacht statt. »Der Zweck des Films«, sagte Stewart Stern, »war es, die Geschichte einer Generation zu erzählen, die in einer Nacht erwachsen wird. Deshalb betrachte ich sie als mythisch, denn es war eine Nachtreise.«

Eine fiktive Familie entsteht in den romantischen Ruinen des Herrenhauses

In *Rebel* spielt Plato den homosexuellen Gegenpart von Jim – den Antihelden. Doch Plato ist zu schwach, um überleben zu können, und sein gewaltsames Ende läßt sich erahnen, als sich die Bandenmitglieder nähern. Er schleudert Jim, den er vorher als einen Vater identifiziert hat, entgegen: »Du bist nicht mein Vater« und verbirgt sich in den Büschen, als die Polizei eintrifft. Judy und Jim rennen hinter Plato her, der in das Planetarium eingedrungen ist und sich darin verbirgt. Inzwischen trifft die Polizei ein, auch Officer Ray, Jims Eltern und Platos Kindermädchen, um dem letzten Teil des Dramas beizuwohnen.
Jim dringt in das Planetarium ein und holt Plato unter dem gleichen Stuhl hervor, unter den er sich nachmittags schon mal verkrochen hatte.
»Glaubst du das Ende der Welt kommt bei Nacht?« fragt Plato und zittert wie ein kleiner Hund. Jim bietet ihm seine Jacke an

und bittet ihn, ihm das Gewehr zu geben. Er verspricht, es zurückzugeben, wenn er die Kugeln entfernt hat. »Hier«, sagt er, als er den Revolver zurückgibt, »Freunde halten ihr Versprechen oder?«
Jim bringt Plato zur Tür, doch Plato zögert, als er die Scheinwerfer sieht. »Das sind nicht meine Freunde« schluchzt er. Die Polizei eröffnet das Feuer, und das Kind fällt tot um. »Aber ich habe doch die Kugeln«, schreit Jim mit ausgestreckter Hand. Er geht zu Plato, dem zweiten Freund, den er innerhalb eines Tages verloren hat und legt ihm seine Jacke über: »Es war ihm immer kalt.«
Mit klassischer Einfachheit löst der Film die Frage, mit der er begann: »Du hast alles Menschenmögliche getan«, sagte Jims Vater, als er versucht, Jim und Judy zu trösten. Jim ist ein Mann geworden und hat eine Freundin gefunden.
Rebel ist wirklich James Deans Grabinschrift. In diesem Film stellte er das schwerst faßbare Stadium aller menschlichen Stadien dar – den Übergang.
Hier enthüllte Jimmy, was wir schließlich alle herausfinden: daß dieser bewußte Übergang ein normaler Zustand ist, ein fortwährender Entwicklungsprozeß, der nicht an eine Altersgruppe gebunden ist. »Niemand verachtet die Jugend mehr als die Ju-

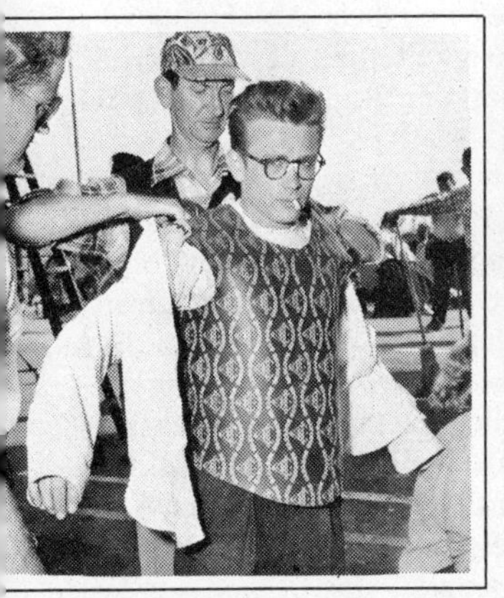

Links: Jimmy wird mit einem Brustpanzer ausgerüstet, rechts: »Ich habe die Kugeln«

gendlichen selbst«, sagte Ray. Wenn Jim Stark schreit: »Ich möchte jetzt eine Antwort«, kann ihm sein hilfloser Vater als einziges Zeit anbieten: »In zehn Jahren blickst du zurück und wirst über dich selbst lachen.«

Rebel without a Cause ist Jimmys Film. Er verwandelt sich selbst in ein Magnetfeld, von dem alle Kräfte ausgehen. In diesem Film ahmte er nicht mehr nach, sondern verflocht die unsichtbaren Fäden zwischen sich und den anderen Schauspielern.

Jede Szene in *Rebel* drehte sich um Jimmy. Jeder, der mit ihm in Kontakt kam, mußte reagieren, entweder positiv oder negativ. Als Ergebnis spiegelte sich Jimmys strahlende Persönlichkeit in allen Mitgliedern der Besetzung wider.

Jimmys Persönlichkeit war ideal für einen Übergangscharakter, der sich innerhalb des Films entwickelte.

Dieser Film stellt nicht nur eine neue Gesellschaft dar, sondern zeigt auch die Wirksamkeit einer neuen Gemeinschaft bei der Herstellung des Films: er war ein gemeinsames Unternehmen.

Rebel ist auch ein revolutionärer Film, denn in die Beziehungen untereinander schleicht sich Gewalt ein: zwischen Jim und der Bande, Jim und Judy, Plato und Jim, Jim und seinen Eltern.

Dieser Film war keine Komödie, keine Fallgeschichte oder eine moralische Allegorie, sondern ein realistischer Kriegsfilm – mit all der Heftigkeit, die die Gesellschaft über eine Familie bringen kann, die in ihrer Selbstgerechtigkeit und ihrer Ablehnung von Gefühlen verharrt ist. Die Feindseligkeiten an der Heimfront erfolgen sofort und instinktiv, heben den Kampf auf eine persönliche Ebene.

Der Film endet nur nach außenhin gut. Wir können nicht im Ernst glauben, daß Jims und Judys Probleme gelöst sind.

Der Schmerz, den Jimmy in diesem Film so intensiv darstellte, ist der Schmerz der Mutation. Im Gegensatz zu seinen Eltern, die ihr Unbehagen mit Schlaftabletten betäuben, erlebt Jim Stark den Schmerz, der aus der Unsicherheit des Übergangs erwächst. Dieser Schmerz ist in Wirklichkeit eines der Lebenszeichen des Lebens. Wie Gerald Heard in Jimmys Lieblingsbuch »Pain, Sex and Times« sagte: »Nur der Mensch kann sich noch weiterentwickeln. Wenn also die leidende Kreatur ein Mensch ist, ist die Entwicklung noch nicht beendet, und er muß sehr leiden, wenn er verletzt wird, wenn er keine Kanäle gefunden hat, durch die er diese geballte Energie ablassen kann.«

KAPITEL XII

Übergang (Mai bis 30. September 1955)

Jimmy beginnt Giant *(Giganten, 1955). Er gewinnt sein erstes Rennen. Ein neuer Porsche Spyder. Jimmy stirbt bei einem Autounfall in Cholame. Fairmount trauert.*

Jimmy gönnte sich nach den Dreharbeiten von *Rebel Without a Cause* keine Ruhe. Vor fast einem Jahr hatte er seine Mitwirkung bei *Giant* zugesagt. Es handelte sich hier um eine Texassaga, die auf Edna Ferbers Bestseller basierte.
George Stevens war Produzent und Regisseur von *Giant,* und das war einer der Hauptgründe, weshalb Jimmy bei dem Film mitwirken wollte. George Stevens war eine authentische Legende des alten Hollywood ... Er hatte mit allen großen Stars zusammengearbeitet: Fred Astaire, Ginger Rogers, James Stewart, Betty Grable, Cary Grant, Douglas Fairbanks Jr., Alan Ladd, Montgomery Clift, Katharine Hepburn und Spencer Tracy. In diesem Film würde Jimmy mit zwei der größten Hollywoodstars zusammen spielen: Elizabeth Taylor und Rock Hudson.
Jimmy hatte George Stevens auf dem Warner Brothers-Filmgelände kennengelernt, als er *East of Eden* drehte. Er wußte, daß Stevens *Giant* vorbereitete und daß es eine Mammutproduktion werden sollte. Stevens erinnerte sich: »Als Jimmy mit Gadge arbeitete, ging er jeden Tag in unserem Büro ein und aus, und bald freundete er sich mit Freddy Guoil an. Als er das erste Mal im Büro auftauchte, war meine Sekretärin etwas beunruhigt, denn sie kannte ihn ja nicht.
Als *East of Eden* fertiggestellt war, ließen wir uns den Film kommen. Der Junge war wirklich unglaublich. Als es um die Besetzung der Rolle des Jett Rink ging, sagte ich zu Fred:
»Wie könntest du dir Jimmy Dean in der Rolle vorstellen?«
»Am nächsten Tag sagte ich zu Jimmy: »Hier Jim, werfen Sie

einen Blick in dieses Drehbuch und überlegen Sie, ob es Ihnen zusagt.« Er sagte: »Okay.«
Nachdem er in aller Ruhe gelesen hatte, kam er in mein Büro, legte das Drehbuch auf den Tisch, stand da und schüttelte den Kopf. Jimmy hatte eine Art den Kopf zu schütteln, daß man nicht wußte, war es positiv oder negativ gemeint.
Nun, Jimmy stand da, schüttelte den Kopf und sagte:
»Ist nicht übel.« Wir unterhielten uns noch etwas darüber und er beschloß, die Rolle zu übernehmen.
Bei einer Presseparty arbeitete sich Jimmy bereits in seine Rolle als Jett Rink ein. Er trug abgetragene Jeans und ein altes rotes Flanellhemd, einen Cowboyhut, Stiefel und einen Gürtel mit silbernen Nieten. Er saß in einer Ecke, den Hut hatte er abgesetzt, eine Zigarette hing ihm im Mundwinkel, und als Stevens ihn vorstellte, stand er weder auf noch lächelte er – saß einfach da.
»Er starrte auf seine Stiefel«, sagte ein Reporter, der auf der Party war. »Als sich ihm ein Fotograf näherte, um eine Aufnahme zu machen, setzte er schnell seine dunkle Sonnenbrille auf.«
»Wären Sie so nett und würden Sie Ihre Sonnenbrille absetzen?«, bat ihn der Fotograf.
Jimmy tat so, als ob er ihn nicht hörte.
»Warum geben Sie dem Mann keine Chance?« fragte ihn ein Reporter. »Er muß ja auch seinen Job machen.«
Dean schüttelte den Kopf. »Ich wollte nicht unhöflich sein. Es ist nur, daß ich Ringe unter den Augen habe und nicht rasiert bin.« Jimmy fuhr fort: »Vielleicht ist Publicity wichtig, doch ich kann mich nicht daran gewöhnen ... Die Zeitungen bauen einen groß auf, doch bei der geringsten Gelegenheit machen sie einen fertig. Für den Künstler ist die Vorstellung wichtig, nicht die Publicity.

Noch bevor Jimmys Filme dem Publikum vorgeführt wurden, war er in Hollywood ein Star. Als *Eden* herauskam, war er eine begehrte Berühmtheit, um die sich Fans und Autoren drängten. Diese Aufmerksamkeit lenkte ihn eine Zeitlang ab. Als er anfing, zu spät zu kommen, sprach Stevens mit ihm:
»Er war nicht eigentlich zu spät dran, doch die anderen mußten auf ihn warten«, sagte Stevens. »Ich erklärte Jim, daß ich wußte, was er gerade erlebte, aber daß er ja schließlich seinen Job ma-

chen mußte. Wenn er meinte, er könne es nicht schaffen, solle er sich lieber ein paar Tage Urlaub geben lassen.« Das Zuspätkommen hörte auf, und es wurde nie wieder darüber gesprochen.« Bereits zu Beginn der Dreharbeiten zu *Giant* bemerkte Jimmy den großen Unterschied zwischen Stevens und den beiden anderen Regisseuren, mit denen er gearbeitet hatte. Stevens ist kein »Schauspielerregisseur« und rankt nicht seinen Film um die Schauspieler. Für Stevens sind die Schauspieler nur Fäden in einem komplexen Gewebe von Elementen. Obwohl Jimmy noch erschöpft war von *Rebel,* sollte ihn *Giant* auf andere Weise frustrieren, denn er konnte emotional nicht wachsen oder bei der Entstehung des Films mitwirken. Stevens hatte den Film total unter seiner Kontrolle.

Obwohl Jimmy Stevens und seine Arbeit respektierte, war er nicht einverstanden, daß er wie ein Objekt behandelt wurde. Es konnte geschehen, daß er um acht Uhr morgens schon zu den Dreharbeiten erschien, nur um den ganzen Tag bereitzustehen, wenn es Stevens einfallen sollte, mit ihm eine Szene zu drehen. Einmal wartete er den ganzen Tag, ohne auch nur einmal eingesetzt zu werden. Am nächsten Tag fehlte er.

Dennis Hooper, der Rock Hudsons Sohn spielte, erinnerte sich an das Gewitter, das am nächsten Tag losdonnerte:

»Stevens war wütend auf Jimmy, nahm ihn zu Jack Warners Büro und drohte, ihn aus Hollywood zu vertreiben (natürlich nach dem Film). Nachdem sie ihn ungefähr eine Stunde beschimpft hatten, sagte Jimmy: ›Seid ihr fertig? Nun, laßt mich auch mal was sagen. Ich bin keine Maschine. Ich habe die ganze Freitagnacht gewacht, um diese Szene zu spielen, habe mich die ganze Nacht darauf vorbereitet. Ich kam her, um zu arbeiten, und Sie lassen mich den ganzen Tag herumsitzen. Ist Ihnen klar, daß ich mit meinen Sinnen arbeite – Augen, Ohren, Geruch- und Tastsinn? Ich sage Ihnen, für jeden Tag, den Sie mich herumsitzen lassen, gibt es nächstes Mal zwei Tage, dann drei und dann vier. Und Sie zahlen dafür. Sie werden mich nicht vom Arbeiten abhalten. Nun laßt uns weitermachen.‹«

»Und wissen Sie was? Von dem Tag an wurde Jimmy jedesmal eingesetzt, wenn man ihn bestellte. Er saß nie wieder herum.«

Stevens wußte nichts von methodischer Vorbereitung, aber auch Jimmy verstand nicht Stevens' Probleme. Jimmy war im-

mer noch unkooperativ bei den Dreharbeiten, als Hedda Hopper versuchte, ihm das Ganze aus der Sicht des Produzenten zu erklären.
Hedda schrieb darüber in ihrem Buch »The Whole Truth and Nothing But«.
»Ich habe ein paar böse Dinge von dir gehört«, sagte ich. »Man sagte, du seist nicht zur Arbeit erschienen.«
»Ja, richtig. Stevens hat getobt. Ich saß seit drei Tagen da, erschien pünktlich jeden Morgen um neun Uhr, um zu arbeiten. Um sechs Uhr abends saß ich immer noch da, ohne eine Szene gedreht zu haben. Ich saß da und beobachtete mit stierem Blick, wie Rock Hudson Liz Taylor liebte. Ich wußte, was Stevens mit mir versuchte. Doch ich mache das nicht mit.«
»Ich möchte nicht für Stevens sprechen«, sagte ich, »aber du weißt nicht, daß Henry Ginsberg, Stevens und Edna Ferber Partner sind. Henry brauchte für diese Produktion zwei Jahre. Edna hat zum ersten Mal kein Geld genommen; sie begnügt sich damit, an dem Gewinn teilzuhaben. Wenn der Film ein Flop wird, kann Stevens einpacken, und die zwei Jahre in Ginsbergs Leben sind für die Katz.«
»Das habe ich nicht gewußt«, erwiderte Jimmy.

Jimmy versuchte, negative Gefühle zu unterdrücken, doch Nick Ray beobachtete, wie seine Spannung wuchs: »Es war richtig deprimierend«, sagte Ray, »wenn man beobachtete, wie dieser Junge litt. *Giant* schaffte ihn.«
Stevens beherrschte nicht nur den Film, unterband jeglichen Beitrag von Jimmy, sondern beherrschte auch noch Jimmys Privatleben.
»Drei Tage, bevor wir mit den Dreharbeiten zu *Giant* begannen«, erinnerte sich Stevens, »bestritt Jimmy ein Rennen in Palm Springs. Fred und ich, wir unterhielten uns darüber und machten uns Sorgen, er könnte verletzt werden. Ich sprach also mit Jimmy und sagte ihm: ›Ich hörte, du nimmst an einem Rennen teil. Aber was ist, wenn du dir einen Arm brichst oder sonstwas?‹ Und Jimmy erwiderte: ›Sie meinen wohl, was ist, wenn ich mir das Genick breche?‹ Ich sagte ihm, daran habe ich nicht gedacht; ich wollte, daß er sich gar nichts breche, denn es stand zuviel auf dem Spiel. Also verzichtete er auf das Rennen.«
Jimmy fuhr immer gern schnell. Nach seinem ersten Motorrad

auf der High School kaufte er sich nochmals sieben. In Hollywood besaß er einen MG, zwei Porsche, einen Ford, ein Triumph-Motorrad und einen Lancia Motorscooter.
Im Mai 54 kaufte sich Jimmy seinen ersten Sportwagen, einen gebrauchten MG-Roadster, verkaufte ihn aber nach sechs Monaten wieder. Während der Dreharbeiten zu *Rebel* kaufte er einen Porsche, sein erster Rennwagen.
»Das erste Mal traf ich Jimmy Dean bei einem kalifornischen Sports Car Club-Rennen auf dem Palm Springs-Flughafen im Mai 55«, sagte der ehemalige Sportreporter Wilson Springer. »Er war für die D-Klasse eingeteilt. Beim Rennen lernte ich Dean recht gut kennen, denn ich behandelte ihn wie jeden anderen Fahrer, denn ich wußte ja nicht, wer er war.
Ich fuhr immer mit dem Motorrad zu den Rennen, und Dean war von meiner Maschine begeistert, und so kamen wir ins Gespräch. Ich bemerkte, daß er sich selber an seinem Wagen zu schaffen machte und keine Helfer hatte. Da es für einen Fahrer wichtig ist, jemanden in der Box zu haben, der ihm Zeichen gibt und ihn informiert, war ich bereit, ihm zu helfen.
Als das Rennen begann, beobachtete ich, wie Dean in seine erste Runde fuhr und sagte mir: ›Dieser Junge versteht es, mit einem Wagen umzugehen.‹ Am Ende der ersten Etappe hatte er fünf Wagenlängen Vorsprung vor dem Zweiten. In den nächsten Etappen vergrößerte er seinen Vorsprung, und ich gab ihm ein Zeichen, die Geschwindigkeit zu drosseln, denn es hat keinen Sinn, den Motor unnötig aufzudrehen.
Dean gewann das Rennen und war sehr glücklich. Als er hereinkam, nahm er seinen Helm ab, zündete sich eine Zigarette an und grinste.
Am nächsten Morgen zeigte sich Jimmy in Weiß, der traditionellen Farbe für Rennfahrer. Ich stellte ihn Ed Kretz, einem der berühmtesten Motorrad-Rennfahrer, vor.
Jimmy führte überlegen in der D-Klasse und machte bei diesem Rennen den dritten Platz.
Ken Miles, ein Automechaniker, der bei diesen Rennen mitwirkte, war der Ansicht, daß Jimmy ein guter Rennfahrer sei, aber nie ein großer werden würde.
›Die meisten denken, daß Rennen in erster Linie eine Sache der Geschwindigkeit seien‹, sagte Miles. ›Das ist aber nicht so. Natürlich stellt die Geschwindigkeit einen wichtigen Faktor dar,

Jimmy zieht sich in sich selbst zurück – in der Warner Brothers-Kantine

aber diese Art von Rennen verrät in erster Linie die Geschicklichkeit des Fahrers.‹
Dean war gegenüber anderen Fahrern immer viel zu vorsichtig. Sein eigenes Leben war ihm nicht so wichtig, aber er wollte kein Risiko eingehen, andere Fahrer zu gefährden. Mit dieser Einstellung kann man keine Rennen gewinnen.
Jimmy liebte die Geschwindigkeit, wollte dahinrasen, je schneller desto besser.«
Für ihn trieb die Beschleunigung seinen Übergang von einem Augenblick zum anderen voran, schuf ein Gefühl der Schwerelosigkeit einen Flug durch das All. Er wollte so schnell wie das Licht sein – dabei konnte Jimmy sich selbst finden. »Das ist der einzige Augenblick, in dem ich mich als Ganzes empfinde«, sagte er über seine Liebe zu Rennen.
Im Mai 1955 bestritt Jimmy das Rennen von Santa Barbara. Er hatte eine schlechte Startposition, kämpfte sich aber nach vor-

ne, bis ein Porsche direkt vor ihm einscherte. Um einen Zusammenstoß zu vermeiden, wich er aus, streifte zwei Heuballen, schlitterte und fing sich wieder, um geradeaus weiterzufahren. Er gab Gas und war auf dem vierten Platz, als er ein Ventil verlor und an die Box fahren mußte. Das war sein letztes Rennen.

Es gab Spekulationen, daß Jimmys Geschwindigkeitsrausch ein Beweis für seine Todessehnsucht gewesen sei.
Dann könnte man auch seine Liebe zum Stierkampf und seinen 45er-Colt, den er in seinem Zimmer aufbewahrte, in dieser Richtung interpretieren. Jimmy versuchte lediglich, so weit wie möglich zu gehen und so schnell wie möglich.
Jimmy beschäftigte sich schon lange, bevor er Rennen fuhr, mit seiner eigenen Sterblichkeit. »Jimmy interessierte sich immer für den Tod«, sagte Billy James, der ihn in New York kannte. »Als Jimmy im Iroquois Hotel wohnte, hatte er einen kleinen Galgen, der beleuchtet werden konnte. Dadurch wurde der Schatten an die Wand geworfen. Wenn man das Zimmer betrat, sah man zuerst diesen großen Schatten.«
Der Fotograf Roy Schatt berichtete auch, Jimmy habe ihm gesagt, er werde jung sterben. »Heute würden die Astrologen und dergleichen Dummköpfe sagen, er hätte in die Zukunft blicken können. Vielleicht hatte er tatsächlich eine Todessehnsucht, aber das ist nur eine Vermutung. Er hat es nie geäußert. Doch er sagte: ›Ich werde nicht älter als dreißig.‹«
Irving Shulman beobachtete Jimmy in Palm Springs beim Rennen und sagte, daß er nicht aufgrund seiner Geschicklichkeit gewonnen habe, sondern wegen seiner guten Nerven und der Geringschätzung seiner Person.
»Jimmy war ein schrecklicher Fahrer. In jeder Kurve streifte er einen Heuballen. Das ist keine Art zu fahren, wenn man den Wagen wie eine Billardkugel herumreißt. Auch die Mechaniker in den Boxen fanden, er sei ein schlechter Fahrer.«
»Eines Tages war ich in der Tankstelle. Jimmy kam mit seinem Motorrad den Freeway heruntergefahren. Seine Bremsen versagten, und um zu bremsen, hechtete er über die Straße, quer durch die Tankstelle und landete auf einer Mauer. Es war ein echtes Wunder, daß er nicht getötet wurde.«
Jimmy liebte es, aus Nick Rays *Knock on Any Door* zu zitieren: »Lebe schnell, sterbe jung und habe einen schönen Leichnam.«

Während der Dreharbeiten zu *Giant* hörte er vom Tod zweier junger Stars: Bob Travis, der mit einem Privatflugzeug abstürzte, und Susan Ball, die an Krebs starb, und sagte zu einem Freund: »Denk dir nichts, ich werde Nummer drei sein.«
Zur gleichen Zeit, als er *Giant* drehte, machte er einen Werbespot für das National Highway Committee. Der Spot dauerte 30 Sekunden und warb für sicheres Fahren. Gig Young interviewte Jimmy, der als Cowboy gekleidet war, über Rennen. Als Jimmy an der Tür stand und gehen wollte, fragte er ihn, ob er einen besonderen Rat für die jungen Leute, die Rennen fuhren, hätte. Der Slogan hätte gelautet: »Fahre langsam, denn das Leben, das du vielleicht rettest, kann dein eigenes sein.« Statt dessen sagte Jimmy: »Und erinnert euch daran: fahrt sicher ..., denn das Leben, das ihr vielleicht rettet, kann meines sein.«

Im September kam Jane Deacy nach Los Angeles, um für Jimmy eine Fernsehrolle mit dem Titel *The Corn is Green* auszuhandeln. Mit Warners schloß sie einen neuen Vertrag: fast eine Million Dollar für neun Filme innerhalb der nächsten sechs Jahre. »An diesem Abend feierte Jimmy«, sagte sein Freund Joe Hyams. »Er ging mit Lew Bracker los, um einen neuen Porsche Spyder zu kaufen, einen Zweisitzer, der mehr als 6000 Dollar kostete, und mehr als 150 Meilen pro Stunde fuhr. Jimmy kaufte ihn ausschließlich für Rennen. Er fuhr mit ihm durch Hollywood, um ihn seinen Freunden vorzuführen.
Lew Bracker war einer der wenigen Freunde Jimmys in Hollywood. Er war ein Cousin von Leonard Rosenman und hatte Jimmy nach seinem Bruch mit Pier kennengelernt. Lew war Versicherungsagent und teilte Jimmys Interesse für Sportwagen. Er bestärkte Jimmy darin, den silbernen Porsche zu kaufen, redete ihm aber auch zu, eine Lebensversicherung für 100.000 Dollar abzuschließen. »5000 Dollar sind für Großmama und Großpapa Dean, 10.000 für Markies Ausbildung und der Rest für Ortense und Marcus«, sagte ihm Jimmy.
Lew fragte ihn, ob er schon ein Testament gemacht habe, und Jimmy versprach, sobald wie möglich eines aufzusetzen.«
Während der Dreharbeiten zu *Giant* fuhr Jimmy keine Rennen, aber sobald er fertig war, meldete er sich für das Rennen in Salinas an, das Ende September stattfinden sollte.
Jimmy liebte es, seinen Porsche Spyder zu zeigen. Eines Tages

fuhr er damit auf das Warner-Gelände. Obwohl Jimmy eigentlich mit den Dreharbeiten fertig war, gab es immer noch viel Arbeit am Film, und Stevens war mitten in einer Besprechung, als ihn jemand an der Schulter berührte. »Ich drehte mich um und es war James Dean«, sagte Stevens, »und er sagte, er wolle mir etwas zeigen.«

»Er nahm mich mit hinaus, und da stand dieser große Porsche vor der Tür. Er erzählte mir, er habe den Porsche gesehen und sich sofort in ihn verliebt und ihn gekauft. Er war so niedrig wie eine Badewanne. Ich setzte mich zu ihm in den Wagen, und er machte mit mir eine Runde. Als wir wieder zurück waren, strömten alle raus und umstanden den Wagen. In diesem Augenblick begriff ich seine Psychologie. Du möchtest, daß man deinen neuen Wagen bewundert. Also was tust du? Du forderst nicht deine Kollegen auf, herauszukommen, sondern den Regisseur. Dadurch läuft drinnen nichts mehr, und alle strömen heraus, um zu sehen, was los ist. Als wir zurückfuhren, hatten sich auch die Studiowärter zu uns gesellt und sagten: ›Sie können mit diesem Wagen nicht auf dem Gelände herumfahren; Sie könnten einen Schauspieler oder sonst jemanden töten.‹ Das war das letzte Mal, daß ich Jimmy sah.«

Bei den Filmarbeiten zu *Giant* hatte Jimmy den Fotografen Sanford Roth kennengelernt.

»Ich bemerkte einen jungen Mann, der mit einem Lasso spielte«, sagte Roth. »Er sah aus, als ob er sich mit Pferden und Vieh auskannte. Es war Jimmy Dean. Er beobachtete mich, als ich mich ihm näherte.«

Als Roth sich vorstellte, schaute Jimmy über den Rand seiner dicken Brille hinweg und erwiderte: »Sind Sie Sanford Roth? Haben Sie mit Aldous Huxley das Buch über Paris geschrieben?« An dem Abend ging Jimmy mit Sandy und seiner Frau Beulah zum Essen, und eine enge Freundschaft begann. Die Roths waren um die vierzig, hatten keine Kinder und sahen in Jimmy den Freund und den Sohn. Sie erzählten ihm von ihren Reisen und den europäischen Autoren und Schriftstellern, die sie kannten. Sie planten eine Reise zu dritt – nach Beendigung von *Giant.* Sandy interessierte sich auch für Jimmys Rennen und hatte vor, Jimmy nach Salinas zu begleiten.

Im September kamen Marcus und Ortense Winslow nach Los Angeles, um Jimmy zu besuchen. »Er schien sehr glücklich zu

Jimmy blickt in einen alten Spiegel in Sanford Roth's Haus.

sein«, sagte Ortense. »Er zeigte uns das Haus in Sherman Oaks. Wir aßen mit ihm, und er brachte uns zum Winton's House, wo wir wohnten. Doch wir blieben nicht lange, denn die Rückreise nach Fairmount ist lang. Er fuhr mit Marcus in seinem Porsche herum, ich verzichtete auf eine Probefahrt – der Wagen war so niedrig.«

Am 28. September, zwei Tage vor dem Rennen in Salinas, traf Jimmy Vorbereitungen für das Rennen. Seine Rennummer, 130, wurde in Schwarz auf den Wagen gemalt, und Jimmy fügte einen Spitznamen hinzu – ›Little Bastard!‹ Er hatte geplant, den Wagen nach Salinas bringen zu lassen, aber da der Wagen 1500 Meilen brauchte, um in perfekter Rennkondition zu sein und erst 150 hatte, beschloß er, ihn selber dorthin zu fahren.

Um sechs Uhr abends fuhr er von Los Angeles ab. In seiner Begleitung befand sich Bill Hickman, mit dem er in *Giant* zusam-

mengearbeitet hatte. Er war sein Dialoglehrer gewesen. Als sie in Santa Barbara anlangten, war der Nebel so dicht, daß sie umkehren mußten. Jimmy hielt, um zu Hause anzurufen. Er wußte, sein Vater würde nicht mit nach Salinas fahren, doch vielleicht sein Onkel Charles Nolan Dean. Doch Charles wollte am Freitag nach Mexiko fliegen, also konnte er nicht mitgehen. Doch er wollte sich am Freitag mit ihm zum Essen treffen.
Jimmy und Bill Hickman fuhren nach Los Angeles zurück, hielten bei der Villa Capri und gingen gegen drei Uhr morgens schlafen.
Der folgende Bericht über Jimmys letzten Tag, Freitag, den 30. September 1955, ist zusammengestellt aus Augenzeugenberichten, Zeitungsberichten und Erzählungen von Leuten, die mit ihm zusammen waren.
8 Uhr morgens. Jimmy traf in Begleitung von Rolf Wütherich bei Competition Motors ein, die den Porsche einer letzten Untersuchung unterzogen. Der Wagen war also jetzt total überprüft worden, und Rolf befestigte die Sicherheitsgurte am Fahrersitz. Da es bei dem Rennen keinen Beifahrer gab, verzichtete er auf den Sicherheitsgurt auf der Beifahrerseite. Dann wurde der Porsche an Jimmys Kombiwagen angehängt und Sandy Roth und Bill Hickman abgeholt.
12 Uhr mittags: Winton Dean und Charlie Dean kamen vorbei, um auf Wiedersehen zu sagen, und sie aßen bei Farmer's Market auf der Fairfax Avenue im Zentrum von Los Angeles zu Mittag.
1.30 Uhr: Rolf und Jimmy holten Sandy Roth und Bill Hickman ab. »Er fuhr mit seinem Ford-Kombiwagen, an den der Porsche angehängt war, bei mir vor«, sagte Roth. »Wir waren glücklich und freuten uns auf die siebenstündige Fahrt entlang der Küste, auf das Rennen und das kommende Wochenende in San Francisco. Es war ein herrlicher Tag, und Jimmy bedauerte es, im Kombiwagen sitzen zu müssen. Der Porsche wurde abgehängt, und Jimmy und sein Mechaniker benutzten ihn und wir den Kombiwagen.« Sie fuhren nach Cahuenga zum Freeway und dann hoch nach Sepulveda zur Ridge Route.
Sie fuhren die Ridge Route entlang und hielten bei Tip's Diner, um etwas zu essen. Jimmy trank ein Glas Milch. Rolf sagte: »Noch nie erschien mir Jimmy so glücklich, er redete und lachte und schien sich wohl zu fühlen.«

3 Uhr nachmittags: Auf der Grapevine gab Wütherich Jimmy ein paar Fahrtips fürs Rennen:
»›Fahr nicht zu schnell‹, sagte ich todernst. ›Versuche nicht zu gewinnen. Der Spyder ist ganz anders als der Speedster. Fahre nicht, um zu gewinnen, sondern um Erfahrung zu sammeln.‹
›Okay, Rolf‹, sagte er lächelnd.
Dann zögerte er einen Augenblick und zog einen Ring vom Finger. Es war kein teuerer Ring – irgendein kleines Souvenir, aber ich wußte, der Ring bedeutete ihm viel. Er paßte gerade an meinen kleinen Finger. Er gab ihn mir.
›Warum das?‹ fragte ich.
›Ich möchte dir etwas schenken‹, sagte er, ›um dir zu zeigen, daß wir Freunde sind.‹ Ich war gerührt.«
Jimmy fuhr hervorragend, fuhr mit seiner ganzen Seele.
Jimmy fuhr auf die Seite, damit Wütherich unter die Motorhaube schauen konnte, um zu sehen, ob alles in Ordnung war. Sanford Roth und Bill Hickman warnten Jimmy, er würde auf der kurvenreichen Straße zu schnell fahren. Sie konnten ihn bei 60 Meilen pro Stunde kaum im Auge behalten.
3.30 Uhr: Der Highway-Polizist Oscar Hunter verpaßte Jimmy einen Strafzettel, weil er statt 45 Meilen pro Stunde 65 gefahren war. Auch Sandy Roth bekam einen Strafzettel. Als sie weiterfuhren, verabredete Jimmy mit Sandy und Bill, daß sie sich in Paso Robles, ungefähr 150 Meilen entfernt, zum Dinner treffen würden. Jimmy fuhr weiter nach Norden, auf der 99., fuhr durch Formosa und Lost Hills und auf der Route 466.
5 Uhr nachmittags: Sie machten 15 Minuten Pause bei Blackwell's Corner an der Kreuzung der Routen 466 und 33. Es war eine monotone Fahrt, und beide waren froh über eine Pause. Wütherich sagte:
»Als wir bei Blackwell's Corner anlangten, stand ein grauer Mercedes vor dem Geschäft, ein anderer Rennwagen auf der Straße nach Salinas. Jimmy stieg auf die Bremse, und wir stiegen aus. Er betrachtete den Mercedes von allen Seiten und unterhielt sich mit dem Besitzer, Lance Revson, dem 21 Jahre alten Sohn von Barbara Hutton.
Dann kaufte er eine Tüte Äpfel und stieg wieder ein. ›Non-Stop nach Paso Robles‹, rief er und trat auf den Gashebel, ohne sich anzuschnallen.
Außer unserem Spyder und dem Kombiwagen war weit und

»Little Bastard« auf dem Weg nach Salinas. Das letzte Foto von Jimmy

breit kein Wagen zu sehen. Jimmy fuhr jetzt schneller, was ganz natürlich ist, wenn man sich allein auf einer guten Straße und in einem Rennwagen befindet. Es war ungefähr fünf Uhr nachmittags. Die Sonne, ein roter Feuerball, schien uns direkt ins Gesicht.
Es war immer noch sehr heiß. Links und rechts von uns war Wüste.«
5.30 Uhr: Zwielicht. Jimmy fuhr 75 Meilen pro Stunde. Die Straße wurde allmählich grau. Wütherich fing an, schläfrig zu werden:
»Alles okay?« fragte ihn Jimmy.
»›Alles okay‹, antwortete ich halb dösend. Das monotone Geräusch des Motors war wie ein Wiegenlied.
Wir fuhren schweigend. Nur ein Gedanke beherrschte zur Zeit Jimmys Gedanken: Er wollte das Rennen gewinnen.«

Ein paar Minuten später näherten sie sich der Kreuzung der Routen 466 und 41 in Cholame. Ein Ford, der auf der Route 466 in Gegenrichtung fuhr, wendete nach links. Der Fahrer schaute die Straße hinunter, sah kein Fahrzeug kommen und wendete. Jimmy sagte zu Wütherich: »Der Kerl dort muß doch halten; er sieht uns doch.«
5.45 Uhr: Jimmy Dean war tot.

Hickmann und Roth gelangten, kurz nachdem Jimmy mit dem Ford kollidiert war, an Ort und Stelle. Roth beschrieb die Szene folgendermaßen:

»Weit in der Ferne sah ich etwas, das aussah wie eine Straßenblockade. Als ich näherkam, nahm das Hindernis Form an. Es war eine Limousine, die da mitten auf der Highway stand und ganz schön etwas abbekommen hatte. Dann sah ich mich nach dem anderen Wagen um.
In einem Graben zur Rechten entdeckte ich plötzlich die Überreste des silbernen Porsche, der jetzt aussah wie eine zusammengeknüllte Schachtel Zigaretten. Doch wo war Jimmy? Mein Herz verkrampfte sich. Ich sprang aus dem Wagen und sah mich einem Highway-Polizisten gegenüber, der Fragen stellte.
Dann sah ich alles. Rolf war aus dem Wagen geschleudert worden; Jimmy lag tot auf seinem Sitz. Der Aufprall hatte ihm das Genick gebrochen.
Der Krankenwagen kam und ganz instinktiv fing ich an zu fotografieren. Ich bat den Notarzt, Jimmy auf dem Weg zum Krankenhaus mit Sauerstoff zu versorgen, aber es hatte keinen Zweck, genausowenig die rasende Fahrt zum Krankenhaus – Jimmy war tot.«

Donald Turnupseed, ein 23 Jahre alter Student aus Tulare, Kalifornien, stand neben der Straße. Er war aschfahl und heulte:

»Ich sah ihn nicht ... Ich schwöre, ich sah ihn nicht ...«
Sein Wagen hatte kaum einen Kratzer abbekommen, und die United Press schrieb, daß er von dem Unfall nur eine leichte Nasenverletzung davongetragen hatte.
Es gab keine Reifenspuren an der Unfallstelle. Jimmy hatte nicht einmal Zeit gehabt, auszuweichen. »Dean hatte keine Chance, den Zusammenstoß zu vermeiden«, sagte später ein

Highway-Polizist zu einem Reporter der New York Post. »Es lag keine überhöhte Geschwindigkeit vor ...«
Jimmy, der in seinen Sitz eingeklemmt war und dessen Kopf praktisch abgetrennt wurde, starb sofort. Er wurde ins Paso Robles War Memorial Hospital gebracht, und ein Arzt teilte später einem Reporter mit, »er habe sich das Genick gebrochen, habe mehrfache Knochenbrüche und Verletzungen am ganzen Körper erlitten«.

Am Samstagmorgen erfuhr die Welt die schreckliche Nachricht. Auf der Titelseite der »Los Angeles Time« war zu lesen: Filmstar James Dean bei Autounfall gestorben. Im »San Francisco Chronicle« stand: Autounfall tötet Filmstar James Dean. Im Radio hörte man: Filmstar James Dean stirbt bei Autounfall, und Dean fürchtete den Unfall, der ihn tötete.
Das Publikum kannte Jimmy nur von *East of Eden.* Doch alle waren sich darin einig, daß er »ein glänzender junger Schauspieler gewesen sei«, dessen Verlust Hollywood hart treffen würde. Sein Nachruf in der »London Times« begann: »Mr. James Dean, der bereits nach einem Film als großer Schauspieler bejubelt wurde ...« In Indiana wurde gemeldet: »Ein Mann aus Fairmount stirbt bei einem Autounfall im Westen.« Marcus und Ortense erfuhren die Nachricht erst, als sie zu Hause anlangten.
Im allgemeinen wird im Herbst das Arbeitstempo der Farmer in Fairmount langsamer, da sie sich auf den Winter vorbereiten. Es kommt die Zeit der Feste. Doch im Herbst 1955 war es niemand nach Feiern zumute, denn die Stadt bereitete sich auf Jimmys Begräbnis vor.
Vier Tage nach Jimmys Tod begleitete Winton Dean seinen toten Sohn nach Fairmount. Am Samstag, dem 8. Oktober 1955, nahmen 3000 Personen – 1000 mehr als Fairmount Einwohner hat – an der Beerdigung teil. Das Begräbnis und der Gedenkgottesdienst ein Jahr später waren die größten Ereignisse dieser Art, die Fairmount je erlebt hatte.
Von Mittwoch bis Freitag war Jimmys Körper im Hunt's Funeral Parlor feierlich aufgebahrt, und am Samstag stand eine Menge von 2400 Leuten vor der Back Creek Frieds Church (die nur 600 Personen aufnehmen konnte), als der Trauergottesdienst abgehalten wurde. Jimmys Sarg wurde dann von sechs ehemaligen Klassenkameraden – Paul Smith, Bob Pulley, Bob

Middleton, James Fulkerson, Rex Bright und Whitey Rust –, von denen vier in seiner ehemaligen Basketball-Mannschaft mitspielten, getragen. Die Prozession hatte zum Park Cemetary nur eine kurze Strecke zurückzulegen. Dort wurde James Dean auf dem Wiesengelände, das zwischen der Stadt und der Winslow-Farm liegt, neben seiner Mutter bestattet.
Vier Tage nach Jimmys Tod, am 3. Oktober 1955, gelangte *Rebel* in die Kinos. Die Kritiken erschienen kurz nach den Berichten über sein Begräbnis und alle waren sich darüber einig, daß James Dean seine Rolle hervorragend spielte.
»Dean manifestiert die Wildheit, die Qual, die rauhe Zärtlichkeit einer entwurzelten Generation«, schrieb Arthur Knight in »Saturday Review«. »Vorbei ist der Brando-Manierismus, der zu offensichtliche Kazan-Einfluß. Er zeigt sich als ein beachtliches Talent. Er wurde von denselben Leidenschaften gequält, die er so beredt in diesem seltsamen und zwingenden Film zum Ausdruck bringt.«
Jimmy entging sogar der Kritik jener, die den Film ablehnten. »Das Drehbuch und die Regie sind so lahm, daß alle Namen mit einer Ausnahme unerwähnt bleiben sollen«, schrieb William Zinsser in der »New York Herald Tribune«. »Die Ausnahme bildet Dean ... sein seltenes Talent und seine Persönlichkeit zeigen sich sogar in diesem schwülstigen Melodrama. Die übrige Besetzung erntete weder Sympathie noch Lob. Wie in *Eden* ist Jimmy so überwältigend, daß die anderen nur als Statisten zu fungieren scheinen.« Sogar der scharfe Bosley Crowther von der »New York Times« war Jimmys Charme erlegen.
Die Kritiken erwähnten auch die dramatische Ironie von Jimmys tragischem Unfall. »In diesem Film«, sagte »Newsweek Magazin«, »gewinnt er ein Autorennen mit dem Tod. Nur vier Wochen vorher verlor er mit 24 Jahren eines.« »America-Magazin« sagte: »Eine der wichtigsten Stellen, die die Unverantwortlichkeit der Jugendlichen demonstriert, ist das sogenannte ›Chicken-Spiel‹ ... Der tragische Zufall, daß Dean vor ein paar Wochen bei einem Autounfall ums Leben kam, verleiht dieser Sequenz eine fast unerträgliche morbide Note.«
Sein Unfall erweckte den Eindruck, als ob *Rebel* Jimmys persönliche Botschaft gewesen wäre. Die Reaktionen der Teenager bestanden unter anderem auch darin, daß sie versuchten, das »Chickie-Game« und die Messerszenen nachzuvollziehen.

Rebel schuf eine neue Mythologie der Gewalt mit ihren eigenen Totems – Wagen und Messer – und stellte Regeln für eine neue Form ritueller Kämpfe zwischen Jugendlichen auf. In Amerika stellte man ein Anwachsen der nachbarschaftlichen Messerstechereien fest. Die japanische Jugend war in ihrem Nachvollzug der rituellen Kämpfe in *Rebel* so wahrheitsgetreu, daß der Film verboten werden mußte. In London waren die Krankenhäuser von Opfern der englischen Version des »Chickie-Runs« überschwemmt.
In einigen Ländern wurde der Film verboten. Als er 1960 in Mexiko vorgeführt wurde, mußte er wieder abgesetzt werden, da es bei der Aufführung zu erheblichen Störungen gekommen war. Auch in Spanien war *Rebel* verboten, doch es wurden Kopien ins Land geschmuggelt, die bei Privatvorführungen gezeigt wurden. 1964 endlich gaben die spanischen Zensoren den Film frei. Der Film wurde zum Film des Jahres.
Stewart Stern bekam einen persönlichen Einblick in die Reaktionen auf *Rebel,* als er auf der Suche nach ›The Ugly American‹ rund um die Welt reiste: »Wo wir auch hinkamen, redeten die Leute über *Rebel.* Auf den Philippinen traf ich einen Jungen, der kein Wort Englisch konnte, aber das ganze Drehbuch auswendig wußte. Ich traf seine Eltern, die mir erzählten, der Film habe ihn ganz verrückt gemacht. Er nahm uns in den Film mit, und wir sind ihm dafür dankbar. Die Eltern wurden von ihren Kindern in den Film mitgenommen. Es war, als ob die Kinder sagen wollten: »Ich kann dir das nicht sagen, aber genau das meine ich.«
Einige Kritiker brachten ihre Einwände gegen den Film vor:
»... Man könnte den Eindruck gewinnen, daß jugendliche Banden der Westküste von Cocteau organisiert worden wären«, sagte »The Nation«. »Reiche Kinder, die verträumte Selbstmordspiele machen und Hand in Hand durch verfallene Herrenhäuser wandeln, verlorene Kinder in einer Welt des Alkohols, der Comics und der Polizeisirenen.
Jugendliche Delinquenten und Intellektuelle schienen jedoch paradoxerweise darin übereinzustimmen, daß Jimmys Tod die Ausweglosigkeit des Lebens noch unterstrich.«
Die »The New Republic« schrieb:
»Es ist bedeutend, daß wenig Interesse daran besteht, was Dean wohl getan haben mochte, wenn er nicht gestorben wäre. Sein

Tod war der passende Höhepunkt seines Lebens, sinnlos, doch gerechtfertigt durch die Geschichte. Es gab keine Zukunft für Dean.«
Es ist Jimmy zu verdanken, daß die Kritiker anfingen »aufgrund dieses Jungen, der Gutes tun möchte, aber durch eine sinnlose Welt verwirrt ist«, den Begriff »jugendlicher Delinquent« in Frage zu stellen. Viele sympathisierten mit dem Gefühl der Hilflosigkeit, das Jimmy repräsentierte. Auf der Suche nach einem Begriff, der die großen namenlosen Kräfte, die er bekämpfte, beschreiben könne, wandte sich die »The New Republic« an den Kosmos:
»In *Rebel* wird nicht gegen die Eltern oder gegen das Gesetz rebelliert, sondern gegen die allgemeinen Lebensbedingungen. Die Kinder rebellieren nicht gegen Gut und Schlecht, sondern gegen alles.
Bei James Dean, seinen Filmrollen, seinem Leben und Tod herrscht allgemein ein Mangel an Identität. Er ist wahrscheinlich genauso wie wir, und ihn zu kritisieren, würde bedeuten, Selbstkritik zu üben.«
Vielleicht nur ein einziger Kritiker verstand die Komplexität und Bedeutung von Jimmy und seinem Film. Es war François Truffaut:

»In James Dean entdeckt sich die Jugend von heute selbst. Weniger aus den üblich angeführten Gründen: Gewalt, Sadismus, Hysterie, Grausamkeit, als aus anderen, die viel einfacher und gewöhnlicher sind: Bescheidenheit des Fühlens, fortgesetztes Fantasieleben, moralische Purität ohne Bezug zur heutigen Moral, aber um so rigoroser, die ewige Vorliebe der Jugendlichen für Tests, Stolz und Bedauern, daß man außerhalb der Gesellschaft steht, Verweigerung und Wunsch, integriert zu werden, und schließlich Annahme oder Verweigerung der Welt wie sie ist.«

Jimmys Tod war untrennbar mit *Rebel* verknüpft. Dieser Film wurde buchstäblich seine Grabinschrift. Seine Persönlichkeit beherrschte nicht nur den Film, sondern besaß ihn mit Anmut und vertiefte seine Bedeutung, nicht als eine Metapher für Gewalt, sondern für Jimmy selbst.
Jimmy hatte gesagt, der Tod käme in Dreierform, und in *Rebel* vollendete sein Tod die Trinität des Films: Buzz, Plato und Jim

Stark. Stewart Stark wollte ursprünglich den Film mit dem Tod Jim Starks enden lassen, doch das Drehbuch wurde geändert. »Ich wollte, daß Jim getötet werde, in dem Augenblick, als er mit den Patronen in der Hand hinausrannte. Er wäre auch niedergeschosen worden«, sagte Stewart. »Alles wäre in den Schüssen untergegangen; nichts wäre mehr sinnvoll gewesen. Sein Vater wäre zu ihm gerannt und hätte gesagt: ›Hör zu ... du weißt, es war gerecht. Mein Gott, ich wußte ja nicht, was geschah. Ich wußte nicht, wie dir wirklich zumute war.‹ Und Jim hätte gesagt: ›Ich möchte nicht reden.‹ Doch der Vater hätte erwidert: ›Wir müssen reden. Wir haben solange nicht miteinander geredet.‹ Jim hätte geantwortet: ›Ich bin beschäftigt. Ich kann nicht reden.‹ Der Vater: ›Womit bist du beschäftigt?‹ Und Jim: ›Ich bin damit beschäftigt zu sterben‹ und wäre tot umgefallen. Ich dachte mir, was kann es Geheimnisvolleres geben, als unter den Händen der Eltern zu sterben und ihnen nicht zu sagen, weshalb.«
Jimmys enge Freunde und seine Kollegen empfanden seinen Tod als Schock.
In New York nahm Lee Strasberg die Nachricht von Jimmys Tod emotionslos hin. Erst später äußerte er sich dazu: »Ich sah Jimmy neulich in *Giant* und ich muß sagen, daß ... (er weint) Sie sehen, davor hatte ich Angst ... (lange Pause) ... Ich weinte. Als ich von seinem Tod erfuhr, weinte ich nicht. Jack Garefein rief mich an dem Abend, als es passierte, aus Hollywood an, und ich weinte nicht. Irgendwie hatte ich das erwartet ...« Andere reagierten zuerst mit fassungsloser Verständnislosigkeit und Trauer. Bei Warners sahen sich George Stevens und ein paar andere Mitwirkende gerade Aufnahmen von *Giant* an. Jimmy erschien auf der Leinwand, als der Anruf kam. »Stevens ging ans Telefon, und, mein Gott, ich dachte, sein Sohn sei gestorben«, erzählte Carroll Baker. Elizabeth Taylor, die sich mit Jimmy angefreundet hatte, erlitt einen Schock.
Dennis Hopper behauptet, Jimmy habe gewußt, daß er sterben werde. »Er kam bei mir vorbei und verabschiedete sich von mir. Er hatte sich für drei Tage in ein Kloster zurückgezogen und trug einen Anzug und Krawatte. Er fragte mich, ob ich von Mark Twain ›The Stranger‹ gelesen habe.«
Barbara Glenn erhielt einen Anruf von Martin Landau, und noch bevor er ein Wort sagte, wußte sie, was er sagen würde.

»Ich kann gar nicht sagen, wie sehr ich seinen Tod vorausahnte«, sagte Barbara, »doch er wußte, wie ich darüber dachte. Ich glaube nicht, daß er an dem besagten Tag vorhatte, Selbstmord zu begehen. Ich hatte nicht erwartet, daß er mit dem Motorrad wegfahren würde und sagen würde: Ich komme nicht mehr zurück. Aber ich wußte, es war latent vorhanden. Ich wußte, eines Tages würde er nicht mehr zurückkehren. Sicher, es war ein Unfall. Es wäre auch sonst ein Unfall gewesen.«
In »Rites and Symbols of Initiation« schrieb Mircea Eliade:

»Der Wunsch nach absoluter Freiheit ... der Wunsch, die Fesseln zu sprengen, die ihn an die Erde ketten und sich von seinen Eingrenzungen zu befreien, ist eine der Hauptsehnsüchte des Menschen. Der Flug mit dem Flugzeug bedeutet einen Akt der Transzendenz ..., beweist, daß man die menschliche Begrenztheit hinter sich gelassen hat, sich darüber erhoben hat.«
Je schneller und weiter man geht, desto schwerer ist es, stehenzubleiben, wenn man an die Klippe kommt. Jimmy hatte so hart gearbeitet und so lange gewonnen, daß man dachte, es gehe ewig so weiter. Seine Fantasien sind Wirklichkeit geworden, und das alte Gespenst, das Jimmy unermüdlich verfolgt hatte, nahm ihn schließlich mit sich. Die Kluft zwischen dem Weißen Bären und dem Star schloß sich auf der Straße nach Salinas, wo Jimmys erster mythischer Film begonnen hatte, als er auf einer grauen Straße in einem silbernen Wagen diese Erde verließ.

KAPITEL XIII.

Der Einzelgänger (Mai bis September 1955)

Jimmy als Jett Rink. Zusammenarbeit mit Liz Taylor und Rock Hudson. Konflikte mit George Stevens. Jimmys Zukunftspläne.

Jimmy Dean wuchs mit den Legenden des Alten Westens auf: Zane Grey, Lone Ranger-Rundfunkserien, Ciciso Kid-Comics. Von Fairmount aus gesehen erschien der Westen wie ein Paradies, in dem die Cowboys ein Abenteuer nach dem anderen erlebten. Bei einem Kostümfest zu seinem siebten Geburtstag trug Jimmy Cowboyhosen, einen Cowboyhut und ein Tuch um den Hals. Auf Fotografien sieht man ihn auf einem Pony sitzen, bereit, in den imaginären Westen aufzubrechen, fernab von der Zivilisation, wie Huck Finn, der in die Wildnis flüchtete: »Ich wollte in das weite Land hinausflüchten, denn Tante Sally wollte mich kultivieren, und das hielt ich nicht aus.«
Jimmy wollte immer mal in einem Western mitspielen. Wie der einsame kleine Prinz auf seinem Asteroiden B-612 ist der Cowboy niemandem Rechenschaft schuldig; er ist der Schmied seiner eigenen Fantasien.
Der Cowboy ist die logische Erweiterung des Charakters, den Jimmy in seinen ersten beiden Filmen entwickelt hat – der Idealist, der die Erwachsenenwelt ablehnt, der Gesetzlose, ein Wanderer, Rächer und Einzelgänger.
Vor seinem Tod hatte Jimmy einen Vertrag für *The Left-Handed Gun* unterschrieben. In diesem Film sollte er Bill the Kid spielen. In seinen bisherigen Filmen kam er in seiner Rolle als Jett Rink in *Giant* am meisten dem Westernhelden nahe. George Stevens, der bei *Giant* Regie führte, sah in dem Cowboy einen romantischen Helden, eine »Art Zusammenspiel von Heldenkräften ... der einsame Reiter und die Ritter von der Tafelrunde mit Sir Galahad als Vorreiter«. Stevens hatte seine Karriere in Hollywood begonnen, war Kameramann bei den

Hal/Roach Studios. In *Shane,* dem Film, bei dem er vor *Giant* Regie geführt hatte, hatte er damit begonnen, die neuen psychologischen und sozialen Interpretationen auf der alten Legende des Westens basieren zu lassen.
In *Giant* war Stevens' Romantik durch einen etwas skeptischeren Gesichtspunkt geschmälert. Ganz bewußt wählte er für den Film Schauspieler, die noch nie bei einem Western mitgespielt hatten. Um zu beweisen, wie sehr er darauf bedacht war, stereotype Typen zu vermeiden, hatte er sogar mit dem Gedanken gespielt, Richard Burton die Rolle des Jett Rink zu übertragen.
Jimmy hatte Edna Ferbers Roman »Giant« nicht gelesen, aber in Jett Rink den Westernhelden gesehen, den er immer spielen wollte.
»Für mich war die Geschichte von *Giant* eine Geschichte von Leuten«, sagte George Stevens, »die in ein Rennen verwickelt sind, was sehr amerikanisch ist. Das ist eine ausgezeichnete Gelegenheit, sich mit der amerikanischen Mentalität vertraut zu machen.«
Der Film war mehr als ein Blick auf Amerika durch die Augen von Texas, es war ein kurzer Blick Hollywoods durch seine eigenen müden Linsen, eines Hollywood, das den Perversionen seiner eigenen Träume zum Opfer gefallen war.
Suche, Abenteuer und Rache sind die Hauptthemen traditioneller Western. Doch *Giant* stellt weder einen guten alten Western noch eine gesellschaftliche Erforschung des neuen amerikanischen Westens dar. Ohne den Helden als Mittelpunkt bewegt sich der Film ziellos durch Dynastien, Reichtümer und sozialen Aufstieg. Der Film dauert drei Stunden und achtzehn Minuten und gleicht darin mehr einer russischen Produktion wie *Krieg und Frieden.*
Stevens arbeitete eng mit der Autorin Edna Ferber zusammen, was ihn wahrscheinlich davon abhielt, die Story frei zu gestalten. Stevens hat eine Schwäche für Riesenproduktionen, wie sich auch in seinem späteren Film *The Greatest Story Ever Told* zeigte. *Giant* ist ein Affenzirkus, in dem die Hauptattraktion, James Dean, inmitten von flüchtigen Zerstreuungen, fast verlorengeht. Bereits 1953 begann Stevens mit *Giant,* doch die eigentlichen Dreharbeiten begannen erst im Frühjahr 1955. Als freier Produzent konnte er es sich nicht leisten, die Bestseller-Rechte zu kaufen, also bot er Edna Ferber an, sie statt einer

Vorauszahlung an den Einspielergebnissen zu beteiligen und machte sie zusammen mit dem Produzenten Henry Ginsberg zur Partnerin. Das Drehbuch wurde von Fred Gill und Ivan Moffat geschrieben. Die ganze Produktion kostete 5.400.000 Dollar. Stevens legte das Manuskript Jack Warner vor. Er las es und sagte: »Ich investiere eine Million.« Wir investierten drei Millionen und verabredeten uns mit Jack. Er sagte: »Wieviel mehr?« Ich erwiderte: »Zweieinhalb Millionen.« Dann holte er einen Scheck heraus, den er auf den Betrag von 2,5 Millionen ausstellte, und sagte: »Hier, ich glaube, das kannst du brauchen.« Die Partnerschaft zahlte sich aus. *Giant* brachte bereits im ersten Jahr sieben Millionen ein.
Der Film beginnt damit, daß Bick Benedict (Rock Hudson) mit dem Zug nach Virgina fährt, wo er ein Rennpferd kaufen möchte.
In dieser »Alte-Welt-Atmosphäre« verliebt er sich in die Tochter des Rennstallbesitzers und bringt zwei Wochen später dieses »feine Mädchen« Leslie (Elizabeth Taylor) und das neue Pferd auf seine Ranch nach Texas.
»Ist Texas ein Geisteszustand«? fragte Leslie ihren frischgebackenen Mann, als sie auf die Reata-Ranch kommen, deren gotisches Herrenhaus sich surrealistisch inmitten von drei Millionen Morgen flachen Landes erhebt. Sie erkennt bald, daß dies nicht der romantische Westen aus der Legende ist.
Liz Taylor wirkt als eine Art griechischer Chor. Sie ist entsetzt über die groteske Parodie von Reichtum und angewidert von der Macho-Welt, in der ihr Mann lebt, mit ihrer mittelalterlichen Struktur von Millionären und armen Mexikanern. Bick stellt Leslie seiner unverheirateten Schwester Luz (Mercedes McCambridge) vor, die die Ranch führt. Sie lehnt Leslie ab und geht sogar so weit, den Neuvermählten getrennte Schlafzimmer zuzuweisen. Kurz danach reitet sie auf dem neuen Pferd aus und hat einen tödlichen Reitunfall.
Luz' Testament besagt, daß Jett Rink (James Dean) zehn Morgen Land auf der Reata-Ranch erben soll. Die Familienanwälte versuchen, Jett dazu zu bewegen, auf sein Erbe zu verzichten, doch er möchte es annehmen – aus Sentimentalität und aus Stolz.
Inzwischen hat sich Leslie um ein ernsthaft erkranktes Baby im nächstgelegenen mexikanischen Slum gekümmert. Auf dem

Rückweg hält sie mit ihrem 1924er Duesenberg vor Jetts »Little Reata« Ranch, und er bittet sie herein. Als sie wieder einsteigen möchte, bleibt ihr Fuß im Schlamm stecken, und Jett entdeckt eine schwarze Quelle. Er finanziert einen Bohrturm und fängt an, nach Öl zu bohren.
Als alle glauben, Jett sei am Ende, stößt er auf Öl, wird Millionär, gründet die Jettexas Company, baut einen Motel-Airport-Komplex und hat die Stadt in der Hand.
Dreißig Jahre vergehen. Jett hat sich zu einem heruntergekommenen Alkoholiker entwickelt, der immer noch ein extravagantes Leben führt und in einem komischen weißen Kabrio durch die Stadt braust. Bick Benedicts Kinder sind inzwischen erwachsen.
Jordy (Dennis Hopper) möchte Arzt werden, hat kein Interesse an der Ranch und heiratet eine Mexikanerin. Luz II (Carrol Baker) möchte nach Hollywood und liiert sich mit Jett Rink.
Bei einem Dinner zu seinen Ehren beschimpft Jett Jordys Frau, gerät mit Bick in Streit und ist schließlich stockbetrunken. Alle gehen und überlassen Jett sich selbst.
Der Film endet ohne Höhepunkt: Bick wird von einem rassistischen Besitzer einer Imbißstube in einen Mülleimer geworfen, und Angel (der im Korea-Krieg getötet wurde) wird beerdigt und die Kamera verweilt auf den pathetischen Gesichtern mexikanisch-texanischer Kinder.
Die meisten Außenaufnahmen von *Giant* wurden in Marfa, Texas, gedreht, wo die Besetzung und 250 Filmleute im Juli und August wohnten. Marfa war genauso schrecklich, wie es im Film wirkte, eine echte Wüste, wo es fünf Jahre lang nicht geregnet hatte. »Wir standen morgens um fünf Uhr auf«, sagte der Produktionsleiter Tom Andre, »und arbeiteten den ganzen Tag bis zur Dunkelheit. Es war heißer als in der Hölle. Dann kehrten wir ins Hotel zurück, duschten, aßen, schauten fern und versuchten zu schlafen. Nachts sanken die Temperaturen, doch es war nicht viel kühler, da es so verdammt feucht war und wir ohne Air Condition auskommen mußten.«
»Es gab in der Stadt nur ein Hotel, das ›Picana‹, und wir mußten zu dritt und zu viert ein Zimmer teilen. Die Stars waren in Häusern untergebracht, die wir in der Stadt gemietet hatten.« Stevens' größte Abweichung vom Buch bestand darin, daß er die Rolle des Jett Rink von Jimmy spielen ließ. Die Buchfigur war

Jett möchte sein Land nicht an die Landbarone verkaufen

ein großer, starker, spröder Mann, der so einfach, wild und riesig wie seine Heimat war. Physisch und temperamentmäßig unterschied sich Jimmy total von ihm. Doch er bemühte sich auf seine übliche intensive Weise um die Figur, suchte nach echten Texas-Typen, an denen er sich orientieren konnte. Er sagte in einem Pressebericht: »Ein Schauspieler sollte die Figur, die er darstellt, vollkommen begreifen. Es gibt keine bessere Methode, als zu versuchen, diese Person zu sein. Er muß dies für sich üben, fern von der Kamera. Ich entwickelte ein Programm, Jett Rink näher zu kommen, und verhielt mich so, wie er sich wohl verhalten hätte. Jett war ein Opfer seiner Stellung im Leben. Ich wollte ihn sympathisch darstellen.«
Sobald Jimmy in Marfa war, zog er seine Cowboystiefel, seine Jeans, seine Weste, sein T-Shirt und seinen Cowboyhut an. So lief er die ganze Zeit herum. Erst gegen Ende der Dreharbeiten,

als er sich in den alternden Jett Rink verwandelte, wechselte er die Kleidung.
Als Jett gewöhnte sich Jimmy den schleppenden südlichen Dialekt an, konnte mit einem Lasso umgehen, ritt wie ein Ranger und klimperte Cowboylieder auf seiner Gitarre.
Bei einem Abendessen schlug ihm Jane Withers, die das Mädchen von nebenan spielte, vor, er sollte doch mal das Hemd wechseln, das er seit zwei Wochen trug. Er erklärte ihr, das sei das Hemd, das er gern trage. Als sie ihm anbot, es für ihn zu waschen, erwiderte er: »Danke, Ma'am, aber ich mag es so, wie es ist.« Während der fünf Wochen in Marfa, einer kleinen Stadt mit 3500 Einwohnern, war Jimmy jedesmal ärgerlich, wenn ihn Zeitungsreporter und Fotografen unter den Farmarbeitern entdeckten. Wohl war am Gatter ein Wächter, aber er war mehr dafür zuständig, Informationen zu geben, als Besucher zu vertreiben. Manchmal waren mehr als 1000 Zuschauer anwesend. Jimmy war nur bereit, mit der Presse zu sprechen, wenn er sich nicht auf seine Arbeit konzentrieren mußte. Eine Reporterin, die ihn gerade im falschen Augenblick erwischt hatte, sagte:
»Aber Mr. Dean, ich bin extra von New York hierhergekommen, um mit Ihnen zu reden.«
»Und ich, Madam«, erwiderte Jimmy schlagfertig, »bin extra hierher gekommen, um zu arbeiten.«
Die Beziehung zwischen Jimmy und Rock Hudson unterschied sich nicht sehr von der feindseligen, die im Film zwischen Jett und Bick bestand. Jimmy hielt nicht viel von Hudsons hölzernem Spiel, und Hudson konnte Jimmys mürrisches Verhalten nicht ausstehen. Sie hatten das Pech, im gleichen Haus zu wohnen. Ungefähr fünfzehn Jahre später gestand Hudson einem Hollywood-Reporter, daß er Jimmy Dean nicht besonders leiden mochte:
»Er, Chill Wills und ich, wir lebten während der Dreharbeiten zu *Giant* drei Monate lang in einem Haus zusammen. Und obwohl wir mehr oder weniger unsere eigenen Wege gingen, war es mit Dean schwierig.
Er haßte George Stevens, fand nicht daß er ein guter Regisseur sei, war immer ärgerlich und voller Verachtung.«
Hudson erinnerte sich, daß Dean niemals lächelte. »Er war schnell beleidigt und hatte keine Manieren. Manieren sind mir nicht so wichtig, doch Dean hatte überhaupt keine.

Jetts Puppenstube. Jimmy mit Liz Taylor in ›Giant‹ (Giganten), 1955)

Und es war schwierig, mit ihm zu spielen und zwar aus Gründen, die nur ein Schauspieler verstehen kann. Er war immer ein Nehmer. Er saugte heraus, was er konnte, und gab nie zurück.«

Etablierte Hollywoodstars wie Liz Taylor und Rock Hudson sind es gewohnt, daß sie im Mittelpunkt der Kameras stehen. Liz Taylor machte sich nichts daraus, daß ihr Jimmy intuitiv die Schau stahl, doch Hudson ärgerte sich jedesmal, wenn sie zusammen spielten, daß er ihn an die Wand spielte.
In ihrer ersten Szene spielt Jimmy auf die persönliche Feindseligkeit, die zwischen den beiden Männern besteht, an, indem er Bick Benedicts Frage nicht beantwortet. Er murmelt etwas vor sich hin, läßt den Kopf hängen, knüllt seinen Hut zusammen – eine schweigende drohende Geste. Strasberg sah die implizite Drohung in diesem einfachen Kunstgriff als ein Indiz für Jimmys

Fähigkeit, die physische Sprache der Figur zu schaffen: »Rock Hudson kommt herüber und lehnt sich an den Wagen, und Jimmy beobachtete einfach und zog dann den Hut in die Stirn. Heute macht das jeder Schauspieler, wenn er nicht weiß, was er tun soll. Doch als Jimmy das machte, war es kein Zufall, sondern sehr ausdrucksvoll.«

Stevens sagte, er sei mit Jimmys Darstellung des Jett Rink zufrieden gewesen, doch Jimmy war es nicht.
»Er war zu gut dafür«, sagte Stevens. »Jeder hätte diese Rolle spielen können.«
Giant soll eine Geschichte des Ubergangs und der gesellschaftlichen Veränderung darstellen. Jett Rink treibt diese Veränderungen voran, während die Familie Benedict sie zu absorbieren versucht. »*Giant* ist ein Film der Veränderung«, sagte Regisseur George Stevens, »doch der Punkt ist, daß sich die Leute nicht verändern. *Giant* beinhaltet die Erwartung der Eltern an ihre Kinder. Jett Rink fungiert bei diesem Übergang als Katalysator.« Jimmy fügte sich Stevens' Regie, doch es gelang ihm trotzdem zu überraschen. »Rock Hudson, Elizabeth Taylor, Mercedes McCambridge, Chill Wills« ... schrieb ein Kritiker in ›The Nation!‹ »sind Schauspieler, die weder überraschen noch enttäuschen. Sie tun, was man ihnen sagt und gleichen ihre mangelnde Fantasie durch Erfahrung aus. Für Aufregung sorgte James Dean.«
Stevens erkannte Jimmys allgemeine Anziehungskraft – »Jimmy war jung und besaß die Möglichkeit der Jugend, überall hinzugehören« – doch es gelang ihm nicht, alle Fähigkeiten, die Jim für die Rolle mitbrachte, zu nutzen. Tatsächlich lehnte er sie ab. Jimmy glaubte zu wissen, was Jett Rink bewog, und wollte dies auch zum Ausdruck bringen. Doch die Improvisationen, die er Stevens vorschlug, wurden abgelehnt.
»Eine meiner Lieblingsszenen erschien nicht auf der Leinwand«, sagte Dennis Hopper. »Luz hat Jett zehn Morgen Land vermacht. Bick und die Anwälte rufen ihn herein, und Jett befürchtet, sie wollen ihn von der Ranch vertreiben, da Luz seine einzige Gönnerin gewesen war. So betritt er den Raum mit der Haltung: ›Feuert mich ruhig, macht mir nichts aus.‹ Doch sie sagen: ›Komm herein, Junge, wir lieben dich.‹ Und es spielt sich folgendermaßen ab:

›Die Anwälte reden über Luz und wie nett sie war. Und er sagt ja, ja, sie behandelte mich immer gut. Und dann eröffnen sie ihm, daß sie ihm ein kleines Stück Land hinterlassen habe, das nichts wert ist. Sie wollen ihm einen großen Gefallen tun und geben ihm fünfhundert, nein, tausend Dollar dafür.
Doch er verkauft nicht. Damit steht er auf, geht zur Tür, tippt sich an den Hut und geht hinaus.
In dieser Szene ist einer der besten Augenblicke enthalten, die je im Film gezeigt wurden. Er steht auf, schaut alle diese Anwälte und mächtigen Kerle an und ist jetzt selber Landbesitzer, ist einer von ihnen. Er schaut sie an, als ob er ihnen die Hand schütteln wolle ... nimmt seine Flasche aus der Jackentasche und bietet ihnen einen Drink an. Es wird nichts gesprochen, alles liegt in der Gestik, wie er von einem zum anderen geht, bis er bei der Tür gelandet ist. Er begreift, was los ist und steckt die Flasche zurück. Als er an seinen Hut tippt, heißt das: Bis bald, ihr Holzköpfe.‹
Es gab noch viele solcher Szenen in dem Film, und hauptsächlich darum ging der Streit zwischen Stevens und Jimmy. Jimmy wollte alles voll ausschöpfen.«
Jimmy hatte das Gefühl, daß seine Interpretation der Rolle des Jett Rink, in die er sich sorgfältig eingearbeitet hatte, sabotiert wurde, und er kämpfte darum, die Figur als Ganzes zu bringen. Obwohl Stevens mit seinen Interpretationen nicht einverstanden war, mochte er Jimmy und versuchte zu verstehen, was ihn bewog: »Ich hatte mich so über ihn geärgert, und da stand er und es blitzte hinter seinen Brillengläsern. Doch im nächsten Augenblick setzte er die Brille ab, lächelte und war völlig verwandelt. Und man konnte ihm nicht mehr widerstehen.«

Stevens ist bekannt für seine authentischen Produktionen. *Giant* bildete da keine Ausnahme. Mitten im August holte man aus dem Sequoia National Forest einen Weihnachtsbaum. Allein der Transport kostete 500 Dollar. Zwei Schlangen wurden auf einer drei Tage dauernden Safari eingefangen (und nie gebraucht) und ungefähr 4100 Rinder eingesetzt. Jimmy zeigte seinen Frust inmitten dieser Extravaganzen auf seine Art. »Als ich eine Außenaufnahme machen wollte«, sagte Stevens, »sah ich ein rotes Kabrio mitten in einer Herde stehen. Man mußte mir nicht erst berichten, wer das war. Natürlich Jimmy.«

Jimmy war bei den Dreharbeiten nervös. Das erste Mal war er ein Neuling unter lauter Profis. Bezeichnend dafür ist eine Szene mit Liz Taylor. Er dachte immer an ihren Status als Star, war verkrampft und konnte nicht spielen.
»Er spielte diese Szene mit Elizabeth Taylor«, erinnerte sich Dennis Hopper, »die Szene, in der er das Gewehr über der Schulter trägt und sie zum Tee hereinbittet. Kurz zuvor hatte er das Land geschenkt bekommen. Es war seine erste Szene mit Liz. Damals hielten sie alle für die Leinwandkönigin, und Jimmy war verdammt nervös.
Sie machten eine Aufnahme nach der anderen, und es klappte nicht.
Plötzlich verließ er den Schauplatz und ging zum Fußballplatz, wo sich die Leute drängten. Er ging einfach zu ihnen, stand da, öffnete seine Hose, nahm seinen Penis heraus und pinkelte. Dann ging er zurück und sagte: ›Okay, Aufnahme.‹ Und die Szene klappte auf Anhieb.
Auf dem Heimweg fragte ich ihn, was heute mit ihm los gewesen sei.
›Ich war nervös‹, sagte er. ›Ich bin ein methodischer Schauspieler. Ich arbeite mit meinen Sinnen. Wenn man nervös ist, können die Sinne das Unterbewußtsein nicht erreichen, und dann klappt es nicht. So stellte ich mir vor, wenn es mir gelänge, vor diesen Tausenden von Leuten zu pinkeln, würde ich auch die Szene vor der Kamera schaffen.‹«
Zu Beginn der Szene befindet sich Leslie auf dem Heimweg von den mexikanischen Slums. Von der Windmühle aus, von der Jett immer Wasser pumpt, sieht er sie und feuert einen Schuß ab. Sie hält an und er bittet sie zum Tee herein. Jetts Hütte ist wie ein Puppenhaus, und er freut sich wie ein Kind über den Besuch einer so schönen Frau. Die Szene ist geladen mit sexuellen Untertönen. Jimmy und Liz reagieren aufeinander und man möchte, daß zwischen den beiden charismatischen Superstars etwas geschehe. Doch ihre Beziehung bleibt im Keim stecken. Stevens stellte sich Jett Rink als eine Bedrohung vor, speziell eine sexuelle Bedrohung. Doch das kommt nicht zum Ausbruch, und infolgedessen verliert Jetts Konflikt mit Bick einiges an Schärfe.
Das Hauptsymbol in *Giant* ist das Öl, eine Metapher für Geld und Sex, eine Macht, die die Menschen verändern kann. Jett

Die Entfernung zwischen Jimmy und George Stevens war so groß wie die Reata-Ranch

stellt einen Bohrturm auf, der ihm zu Reichtum verhilft. Als er von Kopf bis Fuß mit dem schwarzen Rohöl bedeckt ist, sieht er heroisch aus. Dieses magische Element verwandelt Jett in ein Monster, einen Midas, der seine Unschuld und Harmonie mit der Erde verloren hat. Er wird zu einem alternden Trunkenbold, der von der Wirklichkeit, die er nie begriffen hat, überrollt wird. Filmkritiker bezeichneten Jimmys Altern in *Giant* als einen Mißgriff. In Wirklichkeit alterte er aber überzeugender als Rock Hudson oder Liz Taylor, die sich nach dreißig Jahren außer der Haarfarbe nicht verändert haben.
In seinem Porträt von Jett Rink gelang es Jimmy, einen Outsider zu verkörpern, der versucht, in einer Gesellschaft, die ihn nicht will, auch dann nicht, als er versucht, sie nachzuahmen, zu leben. Ein Kritiker schrieb: »Eine virtuose Darstellung durch Dean, dessen Jett Rink eine glänzende Variation seines eigenen

Charakters darstellt – der zärtliche, heftige Jugendliche, der von der Welt, die er ablehnt, abgelehnt wird.«
George Stevens sah in Jimmy einen Jugendlichen, der seine Tagträume in den Film übertragen wollte.
Zwanzig Jahre später gibt Stevens zu, daß Jimmys Verständnis der Rolle des Jett Rink nicht hätte so autokratisch abgetan werden sollen.
»Wenn ich einen Film mache, glaube ich, daß ich die Charaktere kenne, denn ich habe ja das ganze Drehbuch intus. Ich erinnere mich an eine Szene mit Jimmy, als die Benedicts die Party für Leslie gaben. Ich sagte zu Jimmy: ›Geh zu ihr rüber, und wenn du an der Bar vorbeikommst, gieß dir einen Drink ein und kippe ihn runter. Schenk dir nach, wenn du magst.‹ Er erwiderte: ›Schau, ich habe da diese Flasche in meiner Tasche. Warum soll ich nicht zur Bar gehen, mir ein Glas geben lassen und das Zeug aus meiner Flasche einschenken?‹ Ich meinte daraufhin:
›Vergiß es Jimmy. Es ist ihr Alkohol. Schenk dir einen Drink von ihrem Zeug ein.‹
Vor ein paar Jahren wurde mir klar, daß das, was Jimmy tun wollte, die stärkste Stelle des Films gewesen wäre. Es hatte etwas mit Stolz zu tun – er war zu stolz, um einen Drink von ihrem Tisch zu nehmen. Im allgemeinen bilde ich mir ein, ich kenne eine Rolle besser als die anderen, doch das, was ich zu Jimmy sagte, war grundfalsch. Da er mir seine Idee nicht darlegte, begriff ich sie nicht. Doch er kannte die Figur, die er darstellte, wirklich, und das ist das größte Lob, das ich seinem Talent als Schauspieler zollen kann.«
Jimmy empfand das Schlußbankett als schwierigste Szene.
»Jimmy wurde mit jeder Szene, die er zu spielen hatte, fertig«, sagte Stevens. »Doch als die Bankettszene kam, bei der er im Vollrausch eine Rede halten mußte, bat er mich, sie zusammen mit ihm durchzugehen. So probten wir jeden Abend, nachdem die anderen gegangen waren, eine Stunde lang. Wir machten das sieben Abende lang, bevor wir die Szene drehten. Doch letztlich waren alle Bemühungen umsonst. Es war eine seltsame Szene, und alles, was Jimmy von sich gab, klang fremd.«
In seiner letzten Szene wird Jett von einem Sprecher als »ein typischer amerikanischer Junge«, angekündigt, »eine Legende zu Lebzeiten«. Dies schien ein passender Nekrolog für die Leute, die seinen Film nach seinem Tod sahen, gewesen zu sein. Als

der Sprecher zur Seite tritt, um Jett das Terrain zu überlassen, damit er seine Rede an die lachende und johlende Menge halten kann, ist er wie erstarrt, steht auf, murmelt ein paar Worte, verlöscht dann wie eine Kerze und läßt den Kopf auf den Tisch fallen.
Jett scheint sich vor unseren Augen aufzulösen, in eine andere Welt hinüberzugleiten – ein alter Mann, der alles erreicht hat, was er wollte, der ungraziös hinwegstolpert. In dieser Szene war Jimmys Stimme so undeutlich, daß der ursprüngliche Ton nicht verwendet werden konnte. Da Jimmy starb, bevor eine neue Tonaufnahme gemacht werden konnte, sprach ein unbekannter Schauspieler den Text noch einmal. Jimmys letzte Worte waren nicht seine eigenen.
Giant brauchte bis zur völligen Fertigstellung ein Jahr. Stevens nannte es »eine schreckliche Stickarbeit«. Stevens sagte über diese Zeit: »Ich verbrachte sechs Stunden mit Jimmy Dean, wie meistens in den letzten zwei Monaten. Er saß ständig im Vorführraum, und lauerte, ob mir irgend etwas an ihm auf der Leinwand nicht gefiele. Doch es gab keine Stelle, die mir nicht gefallen hätte.«

Jimmys Vertrag nach *Giant* beinhaltete neun Filme in den nächsten sechs Jahren. Er sagte zu einem Reporter, er wolle sich nicht »verausgaben« ... In den letzten zwei Jahren habe er zwei Filme gedreht. Doch es sah nicht danach aus, als ob ihm viel Zeit zum Entspannen bliebe, denn er war bereits wieder für zwei Filme unter Vertrag genommen worden: als Billy the Kid in *The Left-Handed-Gun* und als Rocky Graziano in *Somebody Up There Likes Me.*
Giant war Jimmys dritter und letzter Film.
»James Dean war ein Genie«, sagte Edna Ferber. »Ich glaube nicht, daß ein anderer Schauspieler auf der Welt Jett so hervorragend hätte darstellen können wie er. Doch wie die meisten Genies litt Dean an Erfolgsvergiftung.«
Sie hatte diesen Begriff für Jett Rink erfunden. Wie Jett entsprangen Jimmy Deans große Energien einem amerikanischen Traum, daß das Absolute unbefleckt auf dem Gipfel materieller Macht gefunden werden kann. Auch er glaubte an den Erfolg. Er glaubte an ein Hollywood, das sich schnell auflösen würde, bei dessen Zerstörung er mithalf.

Links: ... Jimmy scheint vor unseren Augen zu verschwinden, rechts: Ein mürrischer Gigant

Jimmy hatte sich mit Nick Ray über eine eigene Produktionsgesellschaft unterhalten, hoffte, er könne auch die Arbeit hinter der Kamera lernen und schließlich sogar schreiben: »Die Schauspielerei ist wunderbar und schafft unmittelbare Befriedigung«, sagte er zu Hedda Hopper, »doch mein Talent liegt hinter der Kamera, und dann schwebt mir vor zu schreiben. Das ist das Höchste. Ich bin aber noch zu jugendlich und zu dumm. Ich muß ein gewisses Alter dafür haben. Ich habe große Angst vor dem Schreiben, doch eines Tages ...«
Jimmy war unzufrieden mit manipulierenden Regisseuren. Er dachte, wenn er selber Regie führte, könnte er seine ganzen fantastischen Visionen verwirklichen. Kurz vor seinem Tod hatte er zusammen mit Bill Bast an einem Drehbuch geschrieben, bei dem Jimmy Produzent und Schauspieler sein wollte: »Dr. Jekyll and Mr. Hyde.«
»Veränderung«, hatte Jimmy James DeWeerd aus New York geschrieben, »ist das Wesen des Genies.« Vor langer Zeit hatte er in seinem Tagebuch Elbert Hubbards Definition des Genies festgehalten:
»Genie ist lediglich die Kraft, ständige Fortschritte zu machen ... 1. Eine Person, die ihre Zeit, ihr Land und ihre Verwandten beleidigt, also eine Person, deren Geburtstag hundert

Jahre nach ihrer Kreuzigung, Verbrennung, Ächtung oder einer anderen Todesart in der ganzen Welt gefeiert wird. 2. Eine Person, die an beiden Enden einer Perspektive steht: Gleichzeitigkeit der Sicht; sich selber zu sein und ein Synonym und Antonym für alles. 3. Die Fähigkeit, weise zu handeln – die Kraft, das richtige zum ersten Male zu machen. 4. Die Fähigkeit, harte Arbeit von sich zu schieben.«
Jimmy äußerte gegenüber einem Autor: »Der Schauspieler ist der einsamste Mensch auf der Welt. Die Bühne ist wie die Religion: Man widmet sich ihr ganz und merkt plötzlich, daß man keine Zeit für Freunde hat. Man ist allein mit seiner Konzentration und Fantasie, und das ist alles.«

JAMES
DEAN
STORY"

KAPITEL XIV

Osiris (1955–1974)

Hollywood mumifiziert seine Götter. Die Reaktion auf Jimmys Tod. Die Entstehung eines Kults. Die Verkörperungen von James Dean. Osiris, der ägyptische Gott der Erneuerung.

Von den babylonischen Geschichten D. W. Griffiths bis zu Cecil B. De Milles biblischen Epen der fünfziger Jahre haben sich Hollywoods Mammutproduktionen mit Ägypten und seinem Kult mit den lebenden Toten befaßt. Bogart, Gary Cooper, Gable, Boris Karloff und viele andere Stars leben weiter »in Gesellschaft der Götter«.
Als Stadt hat Hollywood eine eigenartige Friedhofsatmosphäre – die erstickende Hitze der leeren Straßen, die hieroglyphenartigen Leuchtschriften, die Wohnsitze, die an Totenmonumente erinnern, und die mißmutigen Palmen. In Hollywood und Beverly Hills scheint es kein Leben mehr zu geben.
Hollywood machte James Dean, den Helden und Jugendgott unsterblich, nahm ihn auf in die Reihe der lebenden Toten.
Als *Rebel* in die Kinos kam, war Jimmy schon tot; geblieben war nur sein Filmgesicht. Die anfängliche Reaktion auf seinen Tod war weniger ein Ausbruch an Hysterie als eine Reaktion auf eine psychische Realität. Wenn sein Geist so allgegenwärtig war, wie konnte er da tot sein?

Ein Kult ist ein Phänomen, eine Bestätigung, daß etwas Bedeutendes geschehen ist und am Leben erhalten werden muß. Nach Jimmys Tod schufen seine Bewunderer eine Gemeinschaft, in der sich die Jugend als eine eigene Lebenskraft erkennen konnte.
Jim Bridges, der später Regie bei *Paper Chase* führte, erinnerte sich an eine Zeremonie, die er mit seinen Freunden inszeniert hatte, um Verbindung mit James Deans Geist aufzunehmen.

»Als ich James Dean das erste Mal sah, ging ich auf die High School in Arkansas und war gerade mit meiner Band unterwegs«, sagte Bridges. »Ich sah ihn auf der Leinwand und wußte, mein Leben hatte sich verändert. Ich hatte zuvor nie etwas von Dean oder Kazan gehört, aber als ich aus dem Kino kam, wußte ich, daß mein Leben anders als vorher war.«
Als Jimmy starb, war ich im College. Ein Junge kam hereingerannt und schrie: »He, ihr, Jimmy ist tot«, und wir betäubten uns dann mit 'ner Menge Alkohol. Wir konnten es nicht fassen. Dann gingen wir zum Fluß hinunter, machten ein Feuer und hielten unsere eigene Totenwache. Wir machten eine Schlammschlacht und sangen: Gib uns ein Zeichen. Auf der anderen Seite des Hügels bellte ein Hund, und wir wußten, er war dort ...«
Der Kult, der nach Jimmys Tod begann, vereinte die Jugend. Ein untröstliches Gefühl des Verlustes wurde durch die Identifizierung mit Jimmy intensiviert. Sein Tod wurde ihr Tod.
Fans schrieben an Jimmy, als ob er lebte. Diejenigen, die wußten, daß er bei dem Autounfall umgekommen war, freuten sich auf seine Reinkarnation, seine Auferstehung. Die Presse schrieb: »Die Verehrung und Heiligsprechung von James Dean nimmt immer mehr zu.« »Er ist eines der Phänomene dieser Ära, die Berühmtheiten auf den Altar erhebt, was für zukünftige Anthropologen bestimmt von Interesse sein dürfte.«
Einige Fans behaupteten, er sei verkrüppelt aus dem Wrack gezogen und in ein Heim gesteckt worden, entstellt und krank. Schließlich würde er wieder als der Jimmy, den sie kannten, zurückkehren. Ein Mitglied des James Dean Death Club sagte 1956 zu dem Autor Lee Belser:
»Wir wissen, wo er ist und wir waren dort. Die Jalousien sind heruntergelassen. Doch eines Abends gelang es uns, einen Blick in sein Zimmer zu werfen. Er saß da, in Bandagen gehüllt.«
Es war offensichtlich, daß dieser junge Fan glaubte, was er sagte. Er nahm uns sogar zu einem der Kult-Hauptquartiere mit, wo er 40 oder 50 Kerzen anzündete. Hier trafen sich die Fans jede Woche, spielten Wagner und unterhielten sich über den Nonkonformisten James Dean.

Überall wurden Fan-Clubs gegründet. Allein in Indiana gab es 26 Fan-Clubs. New York hatte den größten amerikanischen Club, den James Dean Memory Ring.

Man traf sich in der Wohnung von Mrs. Teresa Brandes. Nach einem Brief in einem Fan-Magazin bekam Mrs. Brandes sogar aus Malta und Rußland Post. Sie korrespondierte mit den Fans. Der Club machte Spenden und schickte Blumen für Jimmys Grab. Mrs. Brandes bemühte sich, alle Briefe zu beantworten, doch dafür hätte ein Leben nicht ausgereicht.
Jeden Samstagabend wurde eine Party gefeiert, auf der sich junge Männer trafen, die James Dean glichen. Der Liedermacher Alan Bernstein nahm auch an diesen Parties teil: »Mrs. Brandes war eine sehr nette Italienerin in mittleren Jahren. Meistens kamen junge, hungrige Schauspieler. Wir mußten nicht unbedingt wie Jimmy aussehen, doch wir versuchten es. Wir bekamen zu essen und tanzten mit den Mädchen, doch zu trinken gab es nichts, zumindest nichts Alkoholisches. Sie hatte einige Regeln aufgestellt, wie z. B. keine Profanität, keine Eifersucht etc.«
Wie Jimmy auszusehen, wurde zu einer Manie. Roy Schatt, der Jimmy in New York gekannt hatte, war entsetzt über den Kult, der mit ihm getrieben wurde. »Alle fingen an, wie Jimmy auszusehen. Ich hatte 19 Jimmy Deans, die alle versuchten, von mir entdeckt zu werden. Ich habe ja Jimmy nicht entdeckt. Blödsinn. Eine Zeitlang lungerte Steve McQueen hier im Studio herum, da er wußte, daß ich mit Jimmy befreundet war. Ich sagte zu McQueen, er würde es nie schaffen. Doch ich behielt nicht recht. Auch Dean hatte ich prophezeit, er sei miserabel und hätte keine Chance. Auch in seinem Fall hatte ich unrecht. Doch nach wie vor halte ich die beiden nicht für gute Schauspieler.«
1956 erhielt ein Schüler an der High School in Pennsylvania ungefähr 20000 Briefe, in denen ihm bescheinigt wurde, er sei das offizielle James Dean-Double. In der Zeit war es »in«, wie James Dean auszusehen. Als Frank Anthony Horton nach einem Überfall festgenommen wurde und von dem Opfer als »James-Dean-Typ« bezeichnet wurde, mußte die Anklage gegen ihn fallengelassen werden. Der Polizist, der ihn gefangennahm gab zu, daß sie vielleicht den Falschen erwischt hätten. Er sagte: »Tausende von Jugendlichen sehen aus wie James Dean.«
Nick Adams gehörte zu den Leuten, die ihre Bekanntschaft mit Jimmy als Hilfe betrachteten, um ihre eigenen Ambitionen zu fördern. In roter Jacke und Jeans erschien er bei der Premiere von *The James Dean Story* in Marion und gab unzählige Interviews und verteilte Fotos.

1956 wurde Jimmy zum besten Schauspieler für seine Rolle in *East of Eden* vorgeschlagen. Zum ersten Mal in der Geschichte der Motion Picture Academy hatte ein Schauspieler posthum diese Ehrung erhalten.
1957 wurde Jimmy für einen zweiten Oscar vorgeschlagen und zwar für seine Darstellung in *Giant*. Doch in beiden Fällen weigerte sich die Academy, einem Geist den Preis zu geben. Jimmy gewann zwei posthume Preise für seine Rolle in *Eden*. Im Dezember 1955 gewann er zusammen mit Jennifer Jones den Preis der Motion Picture für die beste Darstellung des Jahres. Beim anschließenden Bankett im Beverly Hilton Hotel wurde ihm zu Ehren eine Gedenkminute eingelegt. Im Februar flogen Jimmys Großeltern, Charles und Emma Dean, nach Hollywood, um vom Photoplay-Magazin eine Goldmedaille in Empfang zu nehmen. Die Leser des Magazins hatten James Dean zum besten Schauspieler des Jahres 1955 gewählt.
Warner Brothers waren besorgt über die Auswirkungen, die Jimmys Tod auf den Erfolg seiner Filme haben würde. In der Vergangenheit hatte der plötzliche Tod eines Stars unvorhersehbare Reaktionen hervorgerufen: Die Hysterie, die Rudolph Valentinos Tod bewirkte, war förderlich für seine Filme, doch der Tod von Fatty Arbuckle und Jean Harlow hatte für die Kinokassen fatale Folgen.
Es kursierten Gerüchte, daß Warner Brothers aus Jimmys Tod eine Sensation machen wollten, indem sie andeuteten, er könne vielleicht noch am Leben sein. Warners wollten dazu keine Stellung nehmen. Die Werbung für *Rebel* war schon fertiggestellt, als Jimmy noch lebte und wurde so beibehalten. Doch die Warners wußten nicht, wie sie bei *Giant* vorgehen sollten und konsultierten einen Psychologen, um eine Ausnutzung des James Dean-Kults zu vermeiden.
Im Oktober 1955 wurde das Studio mit Briefen überschwemmt, die ihre fast hysterische Trauer über Jimmys allzu frühen Tod bekundeten. Dann folgte ein gewisser Stillstand. Doch Ende Dezember nahmen die Briefe wieder zu, waren jetzt mehr vergeistigt. Im Januar erhielt das Studio über 3000 Briefe und im Juli stellte man fest, daß im Monat durchschnittlich 7000 Briefe eingingen. Am ersten Jahrestag von Jimmys Tod hatten über 50000 Fans aus aller Welt an das Studio geschrieben.
»Die Fan-Post stammte überwiegend aus dem Ausland«, sagte

Bob Frederick, der damals die Post bearbeitete. »Viele Briefe kamen aus Südamerika und waren direkt an James Dean, Warner Brothers, Burbank, USA, adressiert. Nicht alle wußten, daß er tot war. Sie schrieben, wie sehr sie seine Filme mochten und baten um ein Foto. 90 % der Schreiber verlangten ein Foto. Eine Zeitlang verschickten wir die Fotos, bis uns gesagt wurde, wir sollten die Briefe an die James Dean Foundation in Indiana weiterleiten.«

Die Reaktion auf Jimmys Tod war so weitverbreitet und spontan, daß es undenkbar ist, daß eine solche »Massenhysterie« durch Publicity hätte hervorgerufen werden können.

Die Warner Brothers waren nicht daran interessiert, die Trauer um Dean zu vertiefen. Sie fürchteten, Souvenirjäger könnten das Studio überschwemmen, um auf die Bühne zu klettern, wo ER gearbeitet hatte, in die Cafeteria eindringen, wo ER Kaffee getrunken hatte usw.

Sie antworteten auf die Anschuldigung, sie würden den Dean-Kult fördern: »Wir bringen einen großen Dean-Film heraus, und natürlich möchten wir, daß sein Name in aller Munde ist, aber über diesen Kult sind wir genauso erstaunt wie sonst jemand.«

Ein Publizist sagte: »Ich dachte, Dean sei eine Legende, doch ich hatte unrecht. Er ist größer als das; er ist eine Religion.« Als immer mehr Fan-Clubs entstanden, wurde Dean zu einem internationalen Phänomen. Ein riesiger Bedarf an Fotos, Artikeln, und Interviews über ihn entstand. Gewiefte Geschäftsleute erkannten schnell, daß hier einiges zu machen wäre.

Bereits einen Tag nach Jimmys Tod ging es los: »Sie stellten alles auf den Kopf«, sagte Joe D'Angelo, Jimmys zweite Besetzung in *Giant*. »Die Geier kamen und rissen sich alles unter den Nagel.« Das gleiche passierte mit dem winzigen Appartement, das Jimmy in der 68. Straße in New York hatte. Bill Bast, der sich damals an der Westküste aufhielt, erfuhr, daß Freunde sogleich seine persönlichen Dinge wie Bücher, Briefe, Zeichnungen, Telefonnummern beiseite schafften, um sie vor dem Zugriff zu bewahren. Das Porsche-Wrack wurde erst in verschiedenen High-Schools in Los Angeles herumgezeigt, um die Schüler zu ermahnen, vorsichtig zu fahren. Nachher wurde es für 1000 Dollar von Dr. William Eschrich abgekauft, der Teile des Motors in sein Auto einbaute.

Er lieh den Wagen seinem Freund Dr. McHenry, der damit bei einem Rennen umkam (Oktober 1956). Beim gleichen Rennen war Dr. Eschrich in einen Unfall verwickelt. Als er gefragt wurde, ob er abergläubisch sei, antwortete er: »Nicht die Spur.« Später wurde das Wrack von einem Paar aus Kalifornien ausgestellt. Sie verlangten für eine Besichtigung 25 Cents.
Es gibt eine ganze Liste von Souvenirs: Fotografien, Buttons, Bubble-Gum-Karten, Spielzeugaffen, Bilder und Schnappmesser mit der Aufschrift »The James Dean Special«. Es wurden auch Pop-Platten aufgelegt: »Jimmy Dean's First Christmas in Heaven«, »The Ballad of James Dean«, »James Dean – the Greatest of All«, »Secret Doorway« (Titelmusik aus *Rebel*), »Jimmy Plays the Bongos« und »His Name was Dean« (bereits in der ersten Woche wurden davon 25 000 Exemplare verkauft). Um dreißig Dollar konnte man eine Reproduktion von Kenneth Kendalls Steinbüste von Jimmy erwerben; in Bronze kostete sie 150 Dollar. Lebensechte Masken kosteten fünf Dollar. Bei Mattson's wurden Tausende von roten Jacken um 22,75 Dollar verkauft. Steffi Skolsky sagte: »Alle Schüler an den High Schools trugen rote Jacken. Alle wollten sie Jimmy Dean sein.«

Die Menschen begannen zu glauben, daß James Dean immer noch unter ihnen weilte, unsichtbar, doch gegenwärtig. »Der Spiritismus läßt eine primitive Vorstellung wiederauferleben, wonach die Toten, die körperliche Geister sind, die unsichtbar überall sein können, unter den Lebenden weilen«, schrieb Edgar Morin in ›The Stars‹. Während einer Vorführung von *Giant* schrie ein Mädchen: Jimmy komm wieder. Ich liebe dich. Wir warten auf dich.« Das Verlangen, sich mit Jimmy in seinem Leben-und-Tod-Zustand zu vereinen, nahm verschiedene Formen an. Seine Fans versuchten in Gedichten, Porträts und Stücken ihr übernatürliches Verlangen auszudrücken. Ein Fan schrieb an Warner Brothers: »Vielleicht ist er körperlich tot, doch haltet ihn bitte geistig am Leben ... Für mich ist er nicht der tote James Dean und wird es nie sein. Eines Tages werde ich ihn wiedersehen, ich weiß nicht wo, aber ich werde ihn wiedersehen ...«
Am tollsten trieb es ein Magazin mit dem Titel »Jimmy Dean Returns.« Die Fans werden aufgefordert, »seine eigenen Worte aus dem Jenseits zu lesen – Wie ich durch die Liebe eines Mäd-

chens nach dem Tod ein neues Leben fand ...« Es wird die Geschichte einer kleinen Verkäuferin erzählt, wie sie und Jimmy sich ineinander verliebten und wie er sich ihr aus dem Jenseits durch die magische Schrift mitteilt:

»... Dein Glaube ist wie ein Magnet, gibt mir die Kraft, zu dir zu sprechen. Sollte dein Glaube je wanken, müßte ich wieder schweigen ... Der Autounfall war gar nichts. Ich fühlte nichts. Ich sah mich da liegen, sah auf die Person herunter, die Jimmy Dean war und es doch nicht war ... Ich beobachtete voller Verwunderung, und allmählich erkannte ich – das war der Zustand, den wir Tod nennen. Doch es war nicht das Ende. Der andere Körper, der hier vor mir lag, war nur eine Hülle. Ich, das wirkliche Ich, der ihn bewohnt hatte, war noch am Leben ...«

Es wurden von »Jimmy Dean Returns« 500 000 Exemplare verkauft (zu 35 Cents pro Stück). Die Zeitschrift war geschmack-

Reliquien von James Dean

los, baute aber auf dem Übernatürlichen auf. Weder der Name der Herausgeberin (Judy Collins) noch ihr Foto in dem Magazin sind echt. Dadurch entsteht der Verdacht, daß es sich hier um Betrug an einem Leserkreis handelt, der nur allzu bereit ist, sich so offensichtlich täuschen zu lassen. Maurice Zolotow, der später eine Biographie von Marylin Monroe herausbrachte, verurteilte solche spiritistischen Auswüchse: »Was aus unserem Land morgen wird, wird in gewisser Weise durch die Personen bestimmt, die unsere Kinder heute bewundern«, sagte er gegenüber der ›Detroit Free Press‹ mit einem Seitenhieb auf Jimmy Dean. »Ein zweitrangiger Schauspieler, dessen Manie schokkiert, da sie auf Lügen und himmelschreiendem Unsinn basiert ... Warum sollen wir wegen eines solchen Mannes Krokodilstränen vergießen?«
Zolotow behauptet, er halte sich nur an Fakten, habe nicht die Absicht, Jimmy zu verurteilen und fährt fort, Dean habe jedem Mädchen, das ihm seine Zuneigung geschenkt habe, das Leben zur Hölle gemacht.
Zolotow war einer der wenigen, der Valentino als leuchtendes Gegenbeispiel zu James Dean darstellte. Die meisten Autoren stellen einfachere Vergleiche an: »Seit Valentino wurde kein Schauspieler nach dem Tod mehr auf den Sockel gehoben als James Dean«, sagte Louella Parsons. Der Vergleich mit Valentino ist genauso absurd wie der mit Brando. Valentino war ein sentimentales, exotisches Idol, das besonders in nicht mehr ganz jungen Frauen Illusionen erweckte, war ein Symbol für »primitive Liebe«. Als er 1926 mit 31 starb, nahmen 100000 Menschen an seinem Begräbnis teil. Viele von ihnen nahmen auf Betreiben eines habgierigen Managers teil, der hoffte, daß er durch die Publicity genügend Geld auftreiben würde, um Valentinos Schulden von 156.000 Dollar zahlen zu können.
Solche Vergleiche mit Valentino sollten dazu beitragen, Amerika davon zu überzeugen, daß die vielen Menschen, die an Jimmys Beerdigung teilnahmen, und der anschließende Totenkult nicht ganz echt waren. Doch es besteht da ein grundlegender Unterschied. Bis zu seinem Tod war James Dean nur in einem Film in Erscheinung getreten, und seine Bestattung fand nicht in New York City, sondern in Fairmount, Indiana, statt, einer Kleinstadt, die weder per Flugzeug, Bus oder Zug zu erreichen ist.

Gedenkgottesdienst in Fairmount, Oktober 1956

Pilgerfahrten zur Heimatstadt eines Filmstars sind in der Geschichte Hollywoods fast unbekannt. Doch die Wallfahrten nach Fairmount haben nie aufgehört. Nach Jimmys Tod besuchten buchstäblich Tausende von Menschen aus aller Welt den kleinen Friedhof auf dem Jonesboro Pike, und viele machten noch einen Abstecher zur Winslow-Farm.
Die Winslows standen dem Trubel, der plötzlich über sie hereinbrach, etwas verständnislos gegenüber. An einem Wochenende im November 1956 parkten 185 Wagen vor ihrem Haus. Diese Besucher versuchten im allgemeinen, ins Haus zu gelangen und möglichst ein Souvenir von Jimmy zu bekommen.
»Wir waren nie mehr allein«, sagte Marcus, »denn es stand immer jemand vor der Tür, der Jimmys Grab besucht hatte und sich mit uns unterhalten wollte. Wir dachten, das wäre irgendwann vorbei, Jim könne in Frieden ruhen, doch wir hätten es

besser wissen müssen. Sein ganzes Leben lang tat Jimmy immer das Gegenteil von dem, was wir von ihm erwarteten.«
Briefe, die an die Warner Brothers oder die Winslows adressiert waren, enthielten oft Geld. Daraus erwuchs der Gedanke, die James Dean Memorial Foundation zu gründen. Die Fans sandten Geld für »eine Art Gedenken«, doch Marcus wußte, daß eine Statue im Park oder ein Monument auf dem Friedhof nicht das richtige wären: »Jimmy hätte bestimmt keine Statue gewollt. Er hätte gesagt: Nicht für mich, Marc. Das ist nichts für mich.« Eine Statue würde einfach Jahr für Jahr dastehen, erleben, wie das Gras im Sommer braun wird und im Winter mit Schnee bedeckt wird; sie würde weder Böses tun, aber auch nichts Gutes bewirken. Und Jimmy konnte keine Minute ruhig bleiben.
Statt dessen wurde am 15. Mai 1956 die ›James Dean Memorial Foundation‹ ins Leben gerufen, eine uneigennützige Körperschaft mit speziellen Zielen:

1. Sie fungiert als lebendes und dauerndes Denkmal für James Dean.
2. Sie betreibt ausschließlich die Förderung der dramatischen Kunst, der Musik und der Literaturwissenschaft.
3. Sie fördert die Ausbildung auf diesen Gebieten, indem sie Stipendien und sonstige finanzielle Mittel zur Verfügung stellt.
4. Sie verhilft zu Studienplätzen auf diesen Gebieten.
5. Um zur Leistung auf diesen Gebieten anzutreiben, werden Preise, Geldpreise und andere Anerkennungen verliehen.
6. Sie fördert die Information der Öffentlichkeit und unterstützt die Theaterwissenschaft.
7. Sie macht Schenkungen an solche Organisationen, die vom Board of Directors und dem Board of Advisors benannt werden.
8. Sie unterstützt finanziell junge notleidende Talente, die von einem der beiden Boards benannt werden.

Die Foundation wurde von den Bürgern von Fairmount verwaltet, mit Ausnahme des Vizepräsidenten Kent Williams aus New York City, der als Verwalter fungierte. Ein Informationszentrum wurde in der 116. North Main Street untergebracht. In den ersten Monaten kamen dort fast täglich 100 Fans vorbei. Es wur-

de ein kleines Museum aufgebaut, in dem persönliche Dinge von Jimmy gezeigt wurden, die man bei den Winslows entliehen hatte.
Eine Zeitlang störten die vielen Fans, die Fernsehkameras das ruhige Leben in Fairmount. Die Quäker pflegen nicht einen einzelnen zu verehren – sie haben keine Heiligen und verehren allein den Geist.
Die Verehrung James Deans erfolgte fast ausschließlich von außerhalb seiner Heimatstadt. Am Jahrestag von Jimmys Tod schlug ein deutscher Fan-Club einen Gedenkgottesdienst vor, der von 3000 Personen besucht wurde. »Doch sie kamen meistens von außerhalb«, stand in der »Fairmount News«.
Die Memorial Foundation organisierte ein Sommertheater, dessen Schauspieler meistens Studenten aus der Gegend waren. Das Geld ging zur Neige, als Gerüchte auftauchten, die Foundation würde schlecht verwaltet werden. Sie wurde »zeitweilig eingestellt« und ist es immer noch.
Im Mai 1956 wurde in der High School von Fairmount eine Skulptur von Jimmys Kopf gezeigt. Eine Kopie wurde auf einer Säule im Park Cemetery aufgestellt und eine andere wurde der Princeton University geschenkt.
Joe Archer, ein Mann aus Indiana, schrieb ein spiritistisches Traktat mit dem Titel »Here is the Real Story of My Life by James Dean as I Might Have Told it to Joe Archer.« Er beginnt:

Von irgendwo hinter Eden

Liebe Freunde auf Erden,

von irgenwo hinter dem Schleier, der die Äonen der Ewigkeit von den Stunden der Zeit trennt, schreibe ich an meine lebenden Freunde auf der Erde.
Nein, das ist unmöglich, und ich muß über das Medium eines anderen Geistes Kontakt zu einem Volk aufnehmen, das in der Dunkelheit der Fiktion dahindämmert, und ihm die Hoffnung geben, daß eines Tages das Licht der Hoffnung über ihm scheinen wird ...

Die Abhandlung behandelt Jimmys »durchschnittliche und normale Kindheit« und den Tod seiner Mutter, vermeidet aber jede Anspielung auf Hollywood und schließt:

Jimmie Dean und seine geliebte Mutter haben die ewige Ruhe gefunden, dort, wohin die Schienen der Zeit jede lebendige Seele hinführen. Die Moral dieser Geschichte: Der Mensch, das Meisterwerk von Gottes Schöpfung, wird, ob groß oder klein, eines Tages durch das Tor eintreten, das sich bereits für Jimmie Dean geöffnet hat ...

Die Souvenirjäger, die die Stadt Fairmount unsicher machen und an Jimmys Grabstein rütteln, sind ein Ärgernis für Fairmount, aber noch schlimmer sind die Fans, die nach der Quelle seiner Energie suchen, die wie Jimmy Dean sein wollen. Sie stellcn den Bürgern Fragen, die nicht einmal ein Orakel beantworten könnte.
»Die anderen kannten ihn besser als wir«, sagen die Bürger. Manchmal hat es den Anschein, als ob Fairmount sich am liebsten von dem Mythos James Dean befreien würde.
Adeline Nall erklärte die Wallfahrten als den Wunsch, »auf dem Boden zu gehen, wo Jim ging, die Luft einzuatmen, die er eingeatmet hat. Nun warum nicht?«
»Immer ist der Platz, an dem ein Held geboren wurde oder wo er gewirkt hat, markiert und geheiligt«, sagte Joseph Campbell in »The Hero with a Thousand Faces«.

1956 nahmen der Produzent George W. George und Robert Altman *The James Dean Story* in Angriff, einen biographischen Film, in dem Altman Regie führte. Als erstes wollten sie einen Schauspieler, der Jimmy darstellte, und faßten Robert Conrad ins Auge, der später bei *Hawaiian Eve* und *Wild Wild West* mitwirkte. Zu der Zeit war Conrad ein 21 Jahre alter Sänger in Chicago, der von einem Public-Relations-Mann entdeckt wurde. Conrad fuhr sogar nach Fairmount, damit Adeline Nall beurteilen konnte, ob er Jimmy ähnelte. Gott sei Dank wurde die Idee, jemanden Jimmy spielen zu lassen, wieder aufgegeben, und man erwog, James Dean selbst mitwirken zu lassen. Es sollte ein Dokumentarfilm werden, in dem er selbst zu Wort kommen sollte, in den Fotos, Filmausschnitte und Interviews eingebaut würden.
Marlon Brando erzählte in einem Interview mit Truman Capote, daß man ihn aufgefordert habe, den Sprecher zu spielen. Brando zog einen Brief heraus ... »von einem Freund. Er macht

einen Dokumentarfilm über James Dean. Er möchte, daß ich den Sprecher mache. Ich glaube, ich sollte.« Er legte den Brief zur Seite und machte sich über seinen Apfelkuchen her. »Vielleicht doch nicht. Ich kann mich schnell für etwas begeistern, aber das dauert nie länger als sieben Minuten. Genau sieben Minuten ... Aber ich überlege mir diese Dean-Sache. Sie könnte wichtig sein ... Ich glaube, gegen Ende fand er seinen eigenen Weg als Schauspieler. Aber diese Glorifizierung ist falsch. Aus diesem Grunde halte ich den Dokumentarfilm für wichtig. Um zu zeigen, daß er kein Held war, zu zeigen, was er wirklich war – ein verlorener Junge, der versuchte, sich selbst zu finden. Das sollte geschehen, und ich würde es gerne machen – vielleicht als eine Art Buße für meine Sünden.«
Schließlich sagte Brando doch ab, und Martin Gabel übernahm die Sprecherrolle. Stewart Stern schrieb den Text. Das Ergebnis war ein anekdotisches, sentimentales und gekünsteltes Werk. Keiner von Jimmys Freunden wirkte bei dem Film mit. Bill Bast, Bill Gunn, Barbara Glenn, Martin Landau und Elizabeth Sheridan vermieden alle jegliche Publicity nach Jimmys Tod. Die Winslows, Jimmys Großeltern und Bing Traster spielten mit und waren der einzige Lichtblick in diesem überladenen »Tränendrücker«. Stewart Stern schrieb: »Er glaubte, daß die Welt nach Zärtlichkeit zwischen den Lebewesen schreit – und er fühlte, daß Zärtlichkeit von einem Mann mehr Mut verlangt als Gewalt. Die Männer sind tapfer genug für den Krieg, doch nicht für die Liebe. Das war Jimmys Ansicht.«
Die *The James Dean Story* erwies sich als Flop. Nachdem er 1957 in New York vorgeführt worden war, wurde er ans Fernsehen verkauft.

1956 veröffentlichte Bill Bast eine Kurzbiografie mit dem Titel »James Dean«.
»Nach Jimmys Tod wurde eine Menge Positives, aber auch Negatives veröffentlicht«, sagte Bill. »Einige Leute wußten wohl nicht, was sie da anrichteten. Ich tat nur zwei Dinge – ich schrieb ein Buch mit dem Titel *James Dean,* und dann begrub ich ihn. In der letzten Woche vor der Fertigstellung des Buches hatte ich nachts einen schrecklichen Alptraum von Jimmy. Im Traum kehrte er zurück und sagte, er sei wirklich nicht tot und sei meiner Gnade ausgeliefert. Er sagte, ich besäße ein Geheimnis,

einen Schlüssel und könnte ihn vor dem Grab bewahren. Doch ich hatte keinen Schlüssel, so holten sie ihn ab und schleiften ihn schreiend hinaus und legten ihn in einen Sarg.
Tagelang befand ich mich in schlechter Gemütsverfassung. Ich hatte Weinkrämpfe. Als ich mich wieder beruhigt hatte, war mir klar, daß ich in dem Buch ihm und unserer Beziehung Gerechtigkeit widerfahren lassen mußte. So beendete ich es und sagte: Mehr konnte ich nicht tun, um dich am Leben zu erhalten. Das ist meine Interpretation. Nun geh zurück und laß dich begraben. Sei tot, denn du bist tot.«
Bill hatte mehrere Träume von Jimmy. Am lebhaftesten erinnert er sich an den Traum, den er hatte, als er selber todkrank war. »Ich hatte eine schlimme Grippe mit 40 Grad Fieber, und ich war recht deprimiert, denn nichts klappte. Ich lag in diesem miesen Zimmer, wo sich die Tapeten von den Wänden lösten und fand, daß es sich nicht lohnte zu leben. Es war mitten im Winter. Ich riß die Fenster auf und legte mich zum Sterben nieder. Ich war fast eingeschlafen und hatte diesen gräßlichen Traum. Ich war in Jimmys Zimmer in der 68. Straße, und er saß an seinem Schreibtisch mit dem Rücken zu mir. Der Boden schien mit feinem weißen Puder bedeckt zu sein. Ich ging zu ihm, und er drehte sich plötzlich um und sagte: »Hüte dich vor dem Tod, er hat scharfe Zähne« und das Blut strömte aus dem Mund.
»Ich wachte auf, und es war Morgen und ich war völlig gesund, hatte kein Fieber mehr, konnte seit Tagen wieder das erste Mal essen und zur Arbeit gehen.«
»Man kann sich kaum jemanden vorstellen«, sagte ein Psychiater, der 1956 über den James-Dean-Kult interviewt wurde, »mit dem sich die jungen Leute von heute besser identifizieren könnten. In fast jeder Hinsicht stellt er ein bemerkenswert lebendiges Symbol für die Verwirrungen dar, die man in der Jugend erlebt. Die Teenager sehnen sich nach der Würde und Kultiviertheit der älteren Leute. Sie wollen um jeden Preis reif sein. Deans Tod hat ihnen vielleicht etwas gegeben, dieses Bedürfnis zu stillen.«
In Amerika identifizierten sich Studenten, Transvestiten und Punker mit James Dean und zwar aus der Überzeugung heraus, daß das Ego, das er darstellte, das war, das sie wirklich sein wollten.

In jedem Land der Welt wurde James Dean populär. Sein Bild ging rund um den Erdball.
Die englischen Teenager, die den Amerikanern in Sprache und Sitten am nächsten stehen, waren die ersten, die James Dean nacheiferten. Adam Faith, einer der bekanntesten englischen Sänger der frühen 60er, erinnerte sich an Jimmys Wirkung auf ihn und seine Freunde, als sie sich *Rebel* angesehen hatten: »Das berührte mich so sehr, daß ich James Dean sein wollte. Ich erinnere mich, daß ich Jeans und die passende Jacke trug – das war damals noch nicht üblich. Ich fühlte mich wie ein Cowboy, und als wir aus dem Kino kamen, sagte ich zu meinem Schulfreund: »Weißt du, was ich vorhabe? Ich möchte ins Filmgeschäft einsteigen.«
Und von dem Augenblick an war das mein ganzes Sinnen und Streben.
Der deutsche Korrespondent Edmund Redschneider schrieb über den Dean-Kult: »Nach dem Krieg war alles zusammengebrochen, zerstört. In dieser Zeit konsolidierten sich die Jugendlichen, und die Alten waren froh, überlebt zu haben, wollten keine Verantwortung mehr tragen. Zwischen der älteren und der jüngeren Generation entstand eine Kluft. James Dean glaubte an sich selbst. Vor dem Krieg sah man in Deutschland Amerika als Traumland an, und Hollywood trug viel zu diesem Image bei. Es war reich und schön, und wer mochte das nicht? Deans größter Erfolg in Deutschland war *Giant,* da er hier jemanden verkörperte, der nichts hat und etwas wird, und davon träumten zu der Zeit alle.«
Frankreich verlieh Jimmy den Kristallstern als bestem ausländischen Schauspieler für *East of Eden* und *Rebel.* Auch hier kursierten, wie in Italien, Gerüchte, er lebe noch und sei in einem Heim untergebracht. »Cinemonde«, die französische Version von »Photoplay«, widmete ihm vier Jahre nach seinem Tod jede Septemberausgabe.
»Die Studenten trugen schwarze Trauerbinden am Arm, als sie von Jimmys Tod erfuhren«, erzählte eine Griechin. »Und als die Lehrer herausgefunden hatten, daß es sich nicht um einen Trauerfall in der Familie handelte, mußten wir die Trauerbinden bis zum Schulende abnehmen. Aber dann zogen wir sie wieder über. Junge Leute schrieben ihm Gedichte, schauten sich seine Filme an. Es war eine platonische Liebe, aber sie huldigten ihm

Links: Deckblatt von Andy Warhol für ›The Immortal‹, rechts: Jimmys Popularität in Deutschland (1957)

alle. In Griechenland war er wie ein Gott, wie Apollo. Sie wissen ja, wir romantisch wir sind.«
Im Iran wurde James Dean das Symbol für alles Neue, Moderne, Amerikanische. Wenn jemand nach der neuesten Mode gekleidet war, sagte man: »He, da geht James Dean.«
Fast zwanzig Jahre nach seinem Tod wurde die Identifizierung mit James Dean in unsere Kultur und unsere Existenz aufgenommen. Er ist nicht länger ein bewußtes Modell, sondern bleibt innerlich gegenwärtig. Seine Botschaft ging an uns über. Wie Osiris, der ägyptische Gott der Fruchtbarkeit und Erneuerung, ist der Same von James Dean, wie sein Freund Bill Gunn sagte, »die Wurzel der Kultur der sechziger und siebziger Jahre«.
»Ich glaube, die Reaktion auf Jimmy führte die jungen Leute direkt in die sechziger Jahre ein«, schrieb Bill. »Diese Person, über die sie nach seinem Tod geschrieben haben, riß jeden mit. Keiner von uns starb. Wir waren zu jung zum Sterben. Und Jimmy starb nicht bei einem Rennen, sondern durch die Schuld irgendeines Idioten namens Turnupsee.«
Was einst nur in Filmen und Liedern möglich war, wurde in den fünfziger Jahren Teil unseres Lebens.

Es ist kein Zufall, daß der Rock 'n Roll und James Dean zur gleichen Zeit ins nationale Bewußtsein drangen. Nach dem Zweiten Weltkrieg hatte Amerika den wirtschaftlichen Aufschwung geschafft. Die satte Wohlstandsgesellschaft der fünfziger Jahre erzeugte dann eine reaktionäre Subkultur. Die Jugendlichen lehnten den repressiven Konformismus ihrer Eltern ab und lebten ihre Fantasie an Filmstars und Rock-Musik aus.

James Dean und der Rock'n'Roll bedeuteten eine neue geistige Einstellung. Auch wenn Jimmy und Elvis Presley sehr verschieden waren, begriffen sie, daß sie am selben Strang zogen. Jimmy liebte afrikanische Musik, klassische Symphonien und Bartok, doch er mochte auch Rock-Musik. Nach Nick Ray sah Presley in Jimmy ein Idol: »Eines Tages saß ich in der Cafeteria von MGM, als Presley auftauchte. Er wußte, daß ich mit Jimmy befreundet bin. Er kniete sich vor mir nieder und rezitierte ganze Passagen aus *Rebel*. Er mußte sich den Film ein dutzendmal angesehen haben und konnte den ganzen Text, den Jimmy sprechen mußte ...«

In den sechziger Jahren fingen die Beatles, die Rolling Stones und andere englische Gruppen an, den Rock'n'Roll zu verfeinern, ihn für die Mittelklasse aufzubereiten.

In den frühen siebziger Jahren sah man in James Dean einen Volkshelden der Rockkultur. 1974 verschmolz David Essex in seinem Hit »Rock On Rock« und James Dean zu einer Hymne an die Bewegung, die Jimmy eingeleitet hatte.

Ein Jahr nach seinem Tod hatte der James Dean-Kult das Wesen eines religiösen Phänomens.

Zwielichtige Zeitungen und wissenschaftliche Untersuchungen stellten den unvermeidlichen Vergleich mit Christus, Adonis, Tammuz und Osiris an.

Filme sind unsere Grundform der Mythologie, und die Fantasien, die sie darstellen, bilden unsere persönlichen Mythen. Im Unterbewußtsein kann oft die Wirklichkeit nicht von den inneren Bildern unterschieden werden. James Deans Publikum nahm an dem, was ihm so lebendig auf der Leinwand geboten wurde, teil.

Durch seine Kunst und seine Verwandlungen ließ Jimmy sein Ego hinter sich und verschmolz mit dem idealisierten Image von James Dean. Diese Kunst der Metamorphose wird auch dem ägyptischen Gott des Todes, Osiris, zugesprochen. Osiris be-

hauptete, jedes seiner positiven Teile von einer anderen Gottheit bekommen zu haben: »Mein Haar ist das Haar Nus; meine Augen die von Hathor, mein Hals der der Göttin Isis.« Auch Jimmy setzt sich aus »Gottheiten« zusammen: die gebeugte Haltung von Brando, die Wunden von Montgomery Clift, der Tonfall von Gary Cooper, die Ausstrahlung von Greta Garbo.
Die Aneignung von Kräften verleiht Jimmy eine ungeheuere Fähigkeit, die im ägyptischen Totenbuch als die Macht des Menschen, jede Gestalt anzunehmen, bezeichnet ist. Der Geist dieser Verwandlung heißt ›ka‹ und jeder besitzt ihn.
»Der Mensch hat immer seine Sehnsüchte und Ängste in Bilder projiziert«, sagt Morin in seinem Buch über den Filmstar. »Er hat immer in sein eigenes Image sein Bedürfnis, sich im Leben und Tod zu übertreffen, hineinprojiziert.«
Eine Generation von Embryo-Deans kreiste um sein Image und versuchte, seine Form anzunehmen. Jimmys Anhänger verschmolzen mit seinem ›ka‹ und wurden James Dean. »Er ist ich und ich bin er«, sagten sie.
»Lieber Jimmy«, schrieb ein Fan in Worten, die fast wörtlich dem Totenbuch entnommen waren. »Wir lieben deine ausdrucksvollen Lippen, die küssen können wie sonst keine oder halb geöffnet sind und nach Luft schnappen oder verbittert zusammengekniffen oder so schmelzend lächeln, was sie leider zu selten machen.«

James Dean erfüllte so viele mythische Attribute, daß es ganz natürlich ist, daß sein Tod einen Kult bewirkte. In James Dean fanden seine Anhänger ihr eigenes persönliches Sakrament. Filme sind eine Art der Magie.
Mit unseren Augen haben wir Jimmy in uns aufgenommen, und er verbleibt in unserem Inneren wie Osiris, der Gott der Erneuerung.

Try and catch me.
You think I have to
come down from up
there don't you. I
hate all earthlings
Love

KAPITEL XV

Der wandlungsfähige König

»Versuch, mich zu fangen. Vielleicht denkst du, ich sollte von hier oben herunterkommen oder? Ich hasse alle Erdenwürmer.«

Jimmy schuf aus dem Mythos seines Lebens und der Wirklichkeit seiner Filme eine gefährliche Verschmelzung von sich und den Leinwandtypen, die er heraufbeschwor. Sein plötzlicher Tod erhöhte nur noch die Kraft und das Geheimnis dieser rätselhaften Kreatur – James Dean. James Dean ist der Prototyp des amerikanischen Helden, dessen Leben eine Reihe moderner Parabeln darstellt: die Unschuld des Bösen *(East of Eden)*, den Zorn empörter Unschuld *(Rebel Without a Cause)* und den Verrat dieser Unschuld *(Giant)*.

Was Jimmy passierte, passierte auch Amerika. In seinem Leben und in seinen Filmrollen stellte er gleichzeitig eine Pilgerfahrt durch Amerika dar, von der Farm zur Stadt, zur Erfüllung des Traumes vom Erfolg. Jimmy brach voller Unschuld von Fairmount aus auf. Sein Leben beleuchtet unser Leben, da er neugierig genug war, mit sich selbst zu experimentieren und sensibel genug, Spuren von seiner Reise zu hinterlassen.

Jimmy erfand James Dean, und füllte seine Kreatur mit all den Widersprüchen des amerikanischen Traums, eine Figur voller Sinnlichkeit, Fantasie und Kraft, Junge und Star. James Dean ist eine Verfeinerung von Amerikas geheimem Ideal von sich selbst: der jugendliche Träumer, ein einsamer Mensch und Symbol für Veränderungen. In Jimmys Persönlichkeit finden sich alle schizophrenen Elemente einer Nation, die auf dem Alten und dem Neuen gründet, auf Romantik und Puritanismus, einem Traum eines geistigen Utopia und eines materiellen El Dorado.

Jimmys Stern ging in dem Augenblick in der amerikanischen Geschichte auf, als unsere ursprünglichen Ideale so irregeführt waren, daß die Lektüre der Verfassung als Verrat angesehen worden wäre. Unter Eisenhower zeigte unser Land Symptome,

die einst die ersten »Pilgrims« nach Westen getrieben hatten und die amerikanischen Kolonisten zur Rebellion gegen einen gleichgültigen Tyrannen veranlaßten. Doch die Krankheit kurierte sich selbst. Der neue Wohlstand hatte Amerikas Jugendliche erfaßt. Diese große Gruppe erhielt jetzt eine neue Wirtschaftsmacht, die es ihr ermöglichte, ihre eigene Kultur zu schaffen. Sie fingen an, sich zu profilieren. Bis zu diesem Zeitpunkt hatten die Jugendlichen in der wirklichen Welt nicht existiert, man sah in ihnen nur ältere Kinder. Es fehlten ihnen Helden, mit denen sie sich identifizieren konnten. James Dean gab den Jugendlichen ein Gesicht, sein Gesicht, womit sie sich definieren und verteidigen konnten.
»Die Beweglichkeit seiner (James Deans) Ausdruckskraft vermittelt auf wunderbare Weise die Doppelseitigkeit des jugendlichen Gesichts«, sagte Edgar Morin in ›The Stars‹, »schwankt noch zwischen der Melancholie der Kindheit und der Maske des Erwachsenen. Das Gesicht James Deans ist eine Landschaft in dauerndem Wechsel, in der die Widersprüche, Unsicherheiten und Begeisterungen der jugendlichen Seele gelesen werden können.«

Damit ein Volk die Wechselfälle einer sich verändernden Gesellschaft überleben kann, muß ein König erstehen, der den Übergang vom Alten zum Neuen schafft. In der Entwicklung Amerikas bedeutet dies immer Rückkehr zum Anfang.
Die Teenager erkannten als erste das herrliche Monster, das Geschöpf eines neuen Geschlechts: James Dean, der wandlungsfähige König.

Er wurde zum psychologischen Mittelpunkt, um den herum die Jugend eine Gemeinschaft bildete.
Er ist ein Ausgeflippter, der zwei Rollen auf einmal spielen muß. Er muß noch zum Alten gehören und doch schon das Neue symbolisieren. Sein Erfolg hängt von seiner Darstellung ab, und von dieser Darstellung hängt die Zukunft des neuen Geschlechts ab.
Jimmy verwechselte sich in seinem Versuch, den Mythos des totalen Lebens zu verkörpern, oft selbst mit der Welt. Auf seiner Suche, die sich als unmöglich erwies, opferte sich Jimmy und fand den Tod.

Das war die Erfüllung seiner Mission und sein Wunsch. »Ich glaube, es gibt nur eine echte Form der Größe für den Menschen«, sagte er zu James DeWeerd, »wenn der Mensch die Kluft zwischen Leben und Tod überwinden kann. Wenn er nach seinem Tod weiterleben kann, ist er ein großer Mann ... Für mich ist die einzige Größe die Unsterblichkeit.«
Jimmys innere Vision war so absolut, daß er sich gern opferte. Er sehnte sich danach, als Star, als göttlicher Narziß zu leben. Die Stars neigen in ihrem Narzißmus dazu, austauschbar zu werden. Jackie Curtis sagte: »Der junge Gary Cooper sah in den Spiegel und sah Greta Garbo. Greta Garbo sah in den Spiegel und sah James Dean.« Doch im Gegensatz zu den Masken von Cooper oder der Garbo ist Jimmys Gesicht leuchtend.

James Dean wurde durch seine Mutationen ein Mythos, ein Geheimnis, das wir nie ganz begreifen werden. »Das unlösbare Geheimnis verleiht Jimmy den größten Reiz«, sagte Stewart Stern. »Sogar im Tod werden die Geheimnisse bewahrt; das Geheimnis von James Dean ist nicht gelöst.«
James Deans Tod vollendete seine Erfindung. Der Mythos James Dean bleibt bestehen ...

Dean im Rundfunk

Kleine Rollen in:
CBS Radio Workshop
Alias Jane Doe
Stars Over Hollywood
Sam Spade

Dean im Fernsehen

1951 Pepsi-Cola-Commercial
Hill Number One
Beat the Clock
1952 US Steel Hour – Prologue to Glory
Kleine Rollen in Episoden von:
Tales of Tomorrow
Treasury-Men in Action
Martin Kane
Campbell Sound Stage
Danger
Kraft Theatre
1953 Kate Smith Hour – Hound of Heaven
Treasury-Men in Action – The Case of the Watchful Dog
Treasury-Men in Action – The Case of the Sawed-off Shotgun
Campbell Sound Stage – Something for an Empty Briefcase
Campbell Sound Stage – Life Sentence
Kraft Theatre – Keep Our Honor Bright
Kraft Theatre – A Long Time Till Dawn
Danger – No Room
Danger – Death is My Neighbor
US Steel Hour – The Thief

Studio One Summer Theatre – Sentence of Death
Omnibus
Johnson's Wax Program – Robert Montgomery Presents »Harvest«

1954 General Electric Theatre – I Am a Fool
General Electric Theatre – The Dark, Dark Hours
Danger – Padlocks
Philco TV Playhouse – Run Like a Thief

1955 Schlitz Playhouse – The Unlighted Road
Interview in Lever Brother's Lux Video Theatre für die Vorschau von *East of Eden* (Jenseits von Eden)
Colgate Variety Hour-Preis, der posthum von *Modern Screen* anläßlich ihres 25jährigen Jubiläums vergeben wurde.

1956 Steve Allen Show. Eine Ehrung

1957 Eine Rückschau auf Dean in der CBS.
Die James-Dean-Legende, produziert von Associated Rediffusion England.

Deans Theaterrollen

See the Jaguar
Drama in drei Akten von N. Richard Nash
Produzent: Lemuel Ayers in Zusammenarbeit mit Helen Jacobson
Inszenierung: Michael Gordon
Darsteller: Philip Pine (Hilltop), David Clarke (Yetter), Constance Ford (Janna), Roy Fant (Grampa Ricks), Margaret Barker (Mrs. Wilkins), Arthur Kennedy (Dave Ricks), Cameron Prud'Homme (Brad), George Tyne (Harvey), Arthur Batanides (Frank), Ted Jacques (Meeker), Florence Sundstrom (Mrs. Meeker), *James Dean* (Wally Wilkins), Dane Knell (Jee Jee), Harrison Dowd (Sam), Harry Bergman (Andy), Tony Kraber (Carson)
Premiere am 3. Dezember 1952 im Court Theatre

The Immoralist
Drama in drei Akten von Ruth und Augustus Goetz
Nach einem Roman von André Gide
Produzent: Billy Rose
Inszenierung: Daniel Mann
Darsteller: Geraldine Page (Marcelline), John Heldabrand (Dr. Robert), Charles Dingle (Bocage), Louis Jourdan (Michel), *James Dean* (Bachir), Paul Huber (Dr. Garrin), Adelaide Klein (Sidma), David J. Stewart (Moktir), Billy Gunn (Dolit)
Premiere am 1. Februar 1954 im Royal Theatre

Deans Filme

Sailors Beware (Seemann paß auf)
1951
Regie: Hal Walker
Besetzung: Dean Martin, Jerry Lewis, Corinne Calvert, Marion Marshall

Fixed Bajonets
1951
Regie: Samuel Fuller
Besetzung: Richard Basehart, Gene Evans, Michael O'Shea, Richard Hilton

Has Anybody seen my Gal?
1952
Regie: Douglas Sirk
Besetzung: Charles Coburn, Rock Hudson, Piper Laurie, Lynn Bari, William Reynolds

East of Eden (Jenseits von Eden)
1954
Produktion und Regie: Elia Kazan
Drehbuch: Paul Osborn, nach dem Roman von John Steinbeck

Musik: Leonard Rosenman
Kamera: Ted McCord
Bauten: James Basevi, Malcolm Bert
in: CinemaScope, Warner Color
Laufzeit: 115 Minuten
Uraufführung in den USA am 9. April 1955
Besetzung: *James Dean* (Cal Trask), Julie Harris (Abra), Raymond Massey (Adam Trask), Richard Davalos (Aron Trask), Burl Ives (Sheriff Sam), Jo Van Fleet (Kate), Albert Dekker (Will Hamilton), Lois Smith (Anne), Harold Gordon (Mr. Albrecht), Richard Garrick (Dr. Edwards), Timothy Carey (Joe), Nick Dennis (Rantani), Lonny Chapman (Roy), Barbara Baxley (Krankenschwester), Bette Treadville (Barmädchen), Tex Mooney (Barkeeper), Harry Cording (Rausschmeißer), Loretta Rush (Kartengeberin), Bill Philipps (Coalman), Mario Siletti (Piscora), Jonathan Haze (Piscoras Sohn), Jack Carr, Roger Creed, Effie Laird, Wheaton Chambers, Ed Clark, Al Ferguson, Franklyn Farnum, Rose Plummer (Kirmesleute), John George (Fotograf), C. Ramsey Hill (Englischer Offizier), Edward McNally (Soldat), Earle Hodgins (Schießbudenmann)

Rebel Without a Cause (... denn sie wissen nicht, was sie tun) 1955
Regie: Nicholas Ray
Drehbuch: Stewart Stern nach einer Vorlage von Irving Shulman von einer Story von Nicholas Ray
Produzent: David Weisbart
Musik: Leonard Rosenman
Kamera: Ernest Haller
Bauten: Malcolm Bert
Schnitt: William Ziegler
In: CinemaScope, Warner Color
Laufzeit: 111 Minuten USA (in England 105 Minuten, da der Messerkampf ursprünglich der Zensur zum Opfer fiel).
Uraufführung in den USA am 29. Oktober 1955
Besetzung: *James Dean* (Jim Stark), Natalie Wood (Judy), Sal Mineo (Plato), Jim Backus (Jims Vater), Ann Doran (Jims Mutter), Corey Allen (Buzz), William Hopper (Judys Vater), Rochelle Hudson (Judys Mutter), Virginia Brissac (Jims Großmutter), Nick Adams (Moose), Dennis Hopper (Goon), Jack Sim-

mons (Cookie), Marietta Canty (Platos Dienstmädchen), Jack Grinnage (Chick), Beverly Long (Helen), Steffi Sidney (Mil), Frank Mazzola (Crunch), Tom Bernard (Harry), Clifford Morris (Cliff), Ian Wolfe (Lehrer), Edward Platt (Bewährungshelfer Ray), Robert Foulk (Gene), Jimmy Baird (Bean), Dick Wessel (Führer), Nelson Leigh (Sergeant), Dorothy Abbot (Krankenschwester), Louise Lane (Weiblicher Polizist), House Peters (Polizist), Gus Schilling (Aufpasser), Bruce Noonan (Monitor), Almira Sessions (Alte Lehrerin), Peter Miller (Ganove), Paul Bryar (Wachhabender Sergeant), Paul Birch (Polizeichef), Robert Williams (Mooses Vater), David McMahon (Crunchs Vater).

Giant (Giganten)
1956
Regie: George Stevens
Drehbuch: Fed Guiol und Ivan Moffat nach dem Roman von Edna Ferber
Produzenten: Henry Ginsberg und George Stevens
Musik: Dimitri Tiomkin
Kamera: William C. Mellor
Bauten: Ralph Hurst
Schnitt: Fred Bohaman und Phil Anderson
In: Warner Color
Laufzeit: 198 Minuten (neuere Fassung meist um 20 Minuten gekürzt)
Uraufführung in den USA am 24. November 1956
Besetzung: Elizabeth Taylor (Leslie Lynton Benedict), Rock Hudson (Bick Benedict), *James Dean* (Jett Rink), Mercedes McCambridge (Luz Benedict), Chill Wills (Onkel Bawley), Jane Withers (Vashti Snythe), Robert Nichols (Pinky Snythe), Dennis Hopper (Jordan Benedict III), Elsa Cardenas (Juana), Fran Bennett (Judy Benedict), Carroll Baker (Luz Benedict II), Earl Holliman (Bob Dace), Paul Fix (Dr. Horace Lynnton), Judith Evelyn (Mrs. Horace Lynnton), Carolyn Craig (Lacey Lynnton), Rodney Taylor (Sir David Karfrey), Alexander Scourby (Old Polo), Sal Mineo (Angel Obregon II), Monte Hale (Bale Clinch), Mary Ann Edwards (Adarene Clinch), Napoleon Whiting (Swazey), Charles Watts (Whiteside), Maurice Jara (Dr. Guerra), Victor Millan (Angel Obregon I), Pilar Del

Rey (Mrs. Obregon), Felipe Turich (Gomez), Sheb Wooley (Gabe Target), Francisco Villalobos (Mexikanischer Priester), Ray Whitley (Watts), Tina Menard (Lupe), Anna Maria Majalca (Petra), Mickey Simpson (Sarge), Noreen Nash (Lona Lane), Guy Teague (Harper), Natavidadad Vacio (Eusubio), Max Terhune (Dr. Walker), Ray Bennett (Dr. Borneholm), Barbara Barie (Mary Lou Decker), George Dunne (Vern Dekker), Slim Talbot (Clay Hodgins), Tex Driscoll (Clay Hodgins der Ältere), Juney Ellis (Essie Lou Hodgins).

Register

C

D

E

F

G

H

I

J

K

X, Y

Z